［基金项目］本书系国家民委民族理论政策研□□□□□
"基于本土建构的差异化治理：独龙族扶贫与发展的乡土实践"
（项目号2019－GMH－003）最终成果。

# 本土建构的差异化治理：

## 基于独龙族脱贫与发展的乡土实践

杨　艳◎著

知识产权出版社
全国百佳图书出版单位
—北京—

**图书在版编目（CIP）数据**

本土建构的差异化治理：基于独龙族脱贫与发展的乡土实践/杨艳著. —北京：知识产权出版社，2020.12

ISBN 978 - 7 - 5130 - 7357 - 8

Ⅰ.①本… Ⅱ.①杨… Ⅲ.①独龙族—扶贫—工作经验—中国 Ⅳ.①F126

中国版本图书馆 CIP 数据核字（2020）第 260950 号

**内容提要**

独龙族集"直过民族"、跨境民族和人口较少民族为一身，聚居于云南省怒江傈僳族自治州贡山独龙族怒族自治县独龙江乡，在怒江州内率先实现了整族脱贫。本书稿基于独龙族脱贫与发展的乡土实践，指出其乡村治理应立足本土建构探索差异化路径，进而推动独龙族脱贫攻坚与乡村振兴战略有效衔接，以此为民族贫困山区乡村振兴提供可资借鉴的经验。

责任编辑：高　超　　　　　　　　　责任校对：潘凤越
封面设计：王洪卫　　　　　　　　　责任印制：刘译文

**本土建构的差异化治理：基于独龙族脱贫与发展的乡土实践**

杨　艳◎著

| | | | |
|---|---|---|---|
| 出版发行： | 知识产权出版社 有限责任公司 | 网　　址： | http://www.ipph.cn |
| 社　　址： | 北京市海淀区气象路 50 号院 | 邮　　编： | 100081 |
| 责编电话： | 010 - 82000860 转 8383 | 责编邮箱： | morninghere@126.com |
| 发行电话： | 010 - 82000860 转 8101/8102 | 发行传真： | 010 - 82000893/82005070/82000270 |
| 印　　刷： | 北京建宏印刷有限公司 | 经　　销： | 各大网上书店、新华书店及相关专业书店 |
| 开　　本： | 720mm×1000mm　1/16 | 印　　张： | 19.25 |
| 版　　次： | 2020 年 12 月第 1 版 | 印　　次： | 2020 年 12 月第 1 次印刷 |
| 字　　数： | 311 千字 | 定　　价： | 78.00 元 |

ISBN 978 - 7 - 5130 - 7357 - 8

# 序　言

对于一名教师来说，自己的学生有所作为，对社会有些许贡献，总是一件令人高兴的事儿。本书的作者曾是我带的博士研究生，书的内容也与其博士学位论文有关，在书稿付梓之际，学生邀我为之写序，我也不便推辞。

现在学界似乎有一种共识，认为带博士生是一件苦差事。导师们不仅要替学生的学位论文担责，而且要为他们发小论文劳神；不仅要为他们的出路着急，还要为他们的德行与心理健康操心。杨艳 2015 年入学时，已是一位 6 岁男孩的母亲，担负着工作、家庭、学业的多重压力。作为一名在职攻读学位的博士生，能否按照学校规定的四年时间正常毕业，我十分担心。出乎意料的是，她由于自己的努力，居然达到了学校规定的提前毕业条件，用三年时间完成了学业。这让我十分欣慰。回想起来，她能走得比较顺，可能有三方面的原因。一是基础较好，她入学前受过较系统的民族学、社会学的教育和训练，当过几年高校的专业教师，科研能力较强，上学时已获副教授职称；二是有进取精神，认准了的事，不达目的不罢休；三是勤奋刻苦，她在就读的三年间，除了学习、调研、写作之外，好像没有什么娱乐生活，据我观察，她的时间管理能力较强，工作的效率较高。其有闯劲、能吃苦的性格特点，在田野调查、论文撰写阶段表现得尤为突出，这对其顺利完成学业起了重要的作用。

博士学位论文的选题，是我与她反复商讨的结果。入学初，杨艳考虑自己是湖北人，曾想将学位论文的田野点选在武汉市或原单位所在的河南省南阳市，打算研究城市散杂居少数民族问题或河南蒙古族发展问题。根据她的学术基础和研究能力，我希望她的选题要更具挑战性。时值国家在西南边疆民族地区实施扶贫攻坚战略工程，一些特困少数民族面临前所未有的发展机遇，民族社区亦显现出深刻变革的转型迹象，这为民族发展和社会变迁提供了难得的观察窗口和重要的研究契机。因此，我建议她以云南人口较少、"直过民族"独龙族为研究对象，以全国唯一的独龙族聚居区贡山县独龙江乡为田野点，争取写出一篇高质量的学位论文。我也知道，这想法虽好，但实施的难度很大。一是武汉与云南贡山相隔遥远，虽然现在的交通已大有改善，但当年的贡山，特别是独龙江乡，仍然十分落后，交通不便，生活艰苦；二是独龙族作为人口较少的"直过民族"，生存环境特殊，有自己独特的语言文化和习俗，一个生长在中原地区的女生，要深入这特殊的小社会，面对独特的小传统，难度可想而知；三是舍近求远，社会调查可利用的资源将十分有限。虽然明知前途有艰险，但杨艳"女汉子"的特点表现出来，居然接受了我的建议，并且立即执行。2015 年的冬天，她竟拉上自己的父亲一路西行，到中缅边境的怒江傈僳族自治州（以下简称怒江州）贡山县独龙江乡，开始了近一个月的预调研。由于预调研做得较为扎实，到 2016 年春，我们就最终确定了这个选题。此后，她几次赴独龙江乡调查，田野工作渐入佳境，一次比一次深入。她对选题的信心也感染了我。至于田野期间她遇到过多大的困难，吃过什么样的苦头，她不说其他人只能猜想。不过有一次她从云南回来，腿上、胳膊上留下的摔伤、划伤，还是给大家留下了深刻印象。扎实的田野工作，为论文的撰写奠定了较好的基础。

经过一年多的撰写，到 2017 年年底，其学位论文初稿《云南贡山独龙江乡的扶贫与发展研究》基本成形。尔后，又经过反复的修改打磨，论文最终顺利通过校外专家的盲审，结果是四优一良。评审专家和答辩专家对论文的肯定，主要有两点。一是论文注意从自然、历史、人文、社会等多方位、多角度分析研究独龙族的生境。通过透视制约独龙族发展的诸因素，回溯既往的扶贫与发展历程，总结不同阶段政策与实践的得失，为探索适合独龙族发展的新路径提供了有力支持。二是论文注重从实际出发构建本土化的发展路径。例如，论文特别提炼出独龙江产业发展的"新小农"模式，并从培育本土新型农业经营主体、推动特色种植品种产业化经营、提供生态农业技术支持等方面，提出了具有地域特色、民族特点的可持续发展的对策建议。研究中的新发现和对发展路径的新探索，使论文具有了一定的创新性。

　　杨艳毕业后，并未急于出版论文，而是在之后两年多的时间里，多次回到独龙江乡进行追踪调查，继续对论文进行补充、修改，最终形成了现在的书稿《本土建构的差异化治理：基于独龙族脱贫与发展的乡土实践》。该书稿基于独龙族脱贫与发展的乡土实践，运用中国化的马克思主义民族理论与政策，从社会、观念、党建、产业和文化发展五个方面，进行了交叉研究，指出民族地区乡村治理不能脱离本土建构，应立足发展援助对象所处的原生背景，探索差异化治理路径和适宜性发展模式。伴随独龙族整族脱贫后全面现代化进程的持续推进，独龙江乡已由过去的原始"秘境"，建设成为富裕、民主、文明、和谐、美丽的现代乡村，成就了脱贫攻坚的"独龙江模式"。本书可能对促进独龙族脱贫攻坚与乡村振兴有效衔接、探索民族地区特色发展之路等，有所助益。

　　因了学位论文的选题和对云南的热爱，杨艳于 2019 年从广西民族大学民族研究中心调到了云南省大理大学的马克思主义学院，并担任了滇西社会治理与乡村振兴研究院的领导职务。这一举动，再次体现了其执着的性格特点与爽快的行事风格。这本专著的因和果，竟成了影响她人生走向的一个重要因素。这是我没有想到的。

　　"雄关漫道真如铁，而今迈步从头越。"过去的已经过去了，后面的科研之路还很长，田野之路亦不平坦，但愿杨艳博士不忘初心，踏实前行。路就在脚下，希望就在前方！

雷振扬 于武昌南湖畔

2021 年 1 月 31 日

# 自 序

独龙族世居中缅边境，分布于独龙江流域的河谷地带，少数分散而杂居于云南维西傈僳族自治县、西藏察隅县等地，云南省怒江州贡山独龙族怒族自治县独龙江乡是其全国唯一聚居区。由于地处偏远、自然条件恶劣、社会发育程度低，和其他少数民族相比，独龙江乡经济社会发展水平相对落后，致贫原因复杂，扶贫成本较高，脱贫难度也较大。作为"直过"、跨境和人口较少民族，独龙族贫困状况受到了党和国家领导人的高度重视，独龙江乡是落实西部边疆少数民族帮扶政策的前沿阵地和云南省扶贫攻坚的重点，尤其"十二五"期间的"整乡推进整族帮扶"和之后的精准脱贫成效显著，2018 年年底在怒江州率先实现整族脱贫，被媒体誉为脱贫攻坚的"独龙江模式"。那么，这个曾处于深度贫困的人口较少民族，如何从封闭的边疆民族贫困山区走出大山实现经济社会的跨越式发展？"直接过渡"至今，其民族发展具体经历了怎样的阶段性历程？脱贫致富进程中的经济社会转型带来了怎样的观念结构变化？何种路径才是本土产业发展的良方？基层政府又采取了哪些差异化乡村治理举措解决现代转型初期出现的不适？对于这些关乎发展主体民生的深切关注构成了本书的研究初衷。带着上述思考，2015 年 12 月、2016 年 8 月、2019 年 5 月、2020年 8 月、12 月，笔者以其全国唯一聚居区独龙江乡为田野点，五次进入独龙江乡完成了历时 5 年、累计 1 年的田野调查和追踪调查，跨度自该乡2015 年完成整体式扶贫伊始至 2018 年年底实现整族脱贫，再到 2020 年巩固脱贫成效推动乡村全面振兴，希望以"直过民族"立足本土建构差异化治理的考察对这些问题进行尝试性解答，讲述一个正在独龙江畔发生着的、与中原农村不一样的故事。

本书以马克思主义民族理论与政策为专业背景，进行了马克思主义中国化与马克思主义民族理论与政策的交叉探索。同时，借鉴了民族学、历史学、社会学、经济学等跨学科的理论与方法，使用的具体技术主要有文献分析法、田野调查法、定量与定性相结合和福柯的话语分析。学术创新之处有四：一是观点创新。笔者阐述了独龙江乡产业发展中党群一心探索出的本土农业生产模式，将其首创性地概括为"新小农"模式，认为，在少数民族贫困地区的发展帮扶中，应以"人的发展"为宗旨在知识建构过程与发展介入过程之间进行有效衔接，只要经实践证明有益于发展创新，有益于人的发展，有益于文化核心价值的再生产，都可以被作为有益的尝试。二是思路创新。学界已有的扶贫与脱贫攻坚研究通常从政策视角将扶贫作为一种政府和社会行为，研究其本身，如内容、方法、目标、体系、工作机制创新、成效、借鉴研究等，本书系将个案扶贫、脱贫攻坚作为研究背景，探讨帮扶项目与当地经济社会、观念发展、乡村治理、生态产业各方面发生的互动，基于此反思民族发展的本土路径。三是理论创新。西奥多·舒尔茨在《改造传统农业》一书中提出了传统农业现代改造的三条路径，认为应基于本土知识发展现代农业，却并未给出如何衔接的技术路径，本书基于对国内外相关研究的观点思考，结合传统农耕文化的价值反思，探讨了解题思路之"中国方案"。四是资料与方法创新。本书使用的资料突出实证性和时效性。定性研究中使用话语分析的方法是本书的方法创新。

综观学术前史，学者们从马克思主义社会发展理论、社会变迁、国家在场、实践论、生存动力理论、"国家—社会"等多元理论架构，对独龙族、扶贫与发展，以及产业发展中的小农经济进行了研究，对本书的写作具有较大启示价值，但亦存在三方面不足：一是独龙族研究方面。从最初较单一的民族志到跨学科研究，内容多集中于文化、历史和变迁，系统的扶贫研究较少，多从宏观层面进行扶贫对策探讨，缺乏对独龙族民族发展的系统研究与反思。二是发展援助与扶贫研究方面。发展问题是人类学视野中的经典，但人类学的发展研究未逾百年，特别是在中国起步不久，对民族发展的探讨较多关注理论建构，应用研究不足；扶贫、脱贫研究则是理论与借鉴研究较多，与民族发展结合起来的综合研究较少。三是时效性方面。过往研究缺乏整族脱贫之后的学术研究，多为新闻报道。本书使用的资料截至2020年，切入独龙族村民的日常生活，对帮扶后独龙族唯一聚居乡的扶贫、脱贫与民族发展情况进行了第一手资料的收集，将以实证性和时效性为新时代独龙族研究提供资料和知识样本。

本书的主要构架采取了"田野—实证—路径"的思路，重点围绕"一根主线""四大板块""一个目的"渐次展开。一根主线将"独龙江乡的脱贫与发展"作为主线和基本命题，紧紧围绕这根主线展开分析；四大板块指"理论基础""田野背景""实证研究""对策研究"；一个目的，即在脱贫攻坚和全面小康即将实现的背景下推动独龙族脱贫攻坚与乡村振兴战略的有机衔接。独龙族的发展实践将为我国贫困山区实现全面现代化提供有效路径和经验借鉴。本书的主要内容包括：首先，作为"理论基础"，"绪论"部分交代了研究背景、相关述评、旨趣与创新、理论关照与核心概念、研究方法与田野过程。本书认为，与其他少数民族地区相比"直过民族"和人口较少民族的现代化推进主要以外源性动力为主，在民族地区扶贫与发展的实践中极具特点，所以推进内生式发展需实现差异化治理与现代化之间的互动。其次，作为"田野镜像"，第一章对独龙族与独龙江乡概况进行了描述，主要从历史与文化、自然生境与沿革两个方面展开。其三，作为本书主要内容的"现实支撑"部分涵盖了共五章内容，包括第二章独龙江乡经济社会发展的当代经验与脱贫攻坚实践、第三章独龙族传统经济观念的现代适应与转型、第四章以基层党建为引领创新乡村治理机制、第五章立足本土探索生态保护与产业脱贫的双赢之路、第六章独龙族传统农耕文化的价值保护与发掘利用。第二章到第五章分别从"经济社会跨越""观念体系变迁""基层党建创新""生态产业发展"和"农耕文化建设"这五大块内容，对独龙族民生、观念、制度、经济、文化的发展进行了论述。最后，"对策研究"部分为第七章内容，基于五大发展理念对实现整族脱贫后该乡如何巩固脱贫成效推动乡村全面振兴进行了政策建议。

纵览全篇，虽然未设专门章节和标题论述差异化治理，但是该核心观点贯穿在所有章节之中。正如乡村振兴不仅仅是产业振兴，而且是乡村文明的振兴、是乡村的全面振兴，笔者提出基于本土的差异化治理亦不仅仅局限于村民自治的基层治理，更是民生、观念、组织、经济与文化的治理，是涵盖各个体系的全面治理。本书的研究内容能以典型性和代表性丰富少数民族贫困地区脱贫攻坚的乡土实践，对于完善相关民族理论与现实具有一定学术价值；同时，以实践为主导推动少数民族地区扶贫、脱贫的项目创新，为顺利推进边疆少数民族贫困山区的全面现代化进程献计献策，对于增加其发展的生命力亦具有现实意义。在国家的大力投入和支持下，扶贫、脱贫、乡村振兴等各阶段国家战略在独龙江乡落地生根具有很大可控性。伴随新时代全面现代化进程的持续推进，通过"巩固脱贫成效，实施乡村振兴"行动方案的贯彻落实，作为独龙族的全国唯一聚居区，该乡将在保持原始"秘境"特色的同时，大步走向"富裕、文明、和谐"的现代美丽乡村，以其乡土实践成就脱贫致富的地方样本和中国经验。

最后，基于独龙族脱贫与发展的乡土实践，笔者认为：乡村治理不能脱离本土建构，针对某一特定族群的特定发展应探索适宜性的发展模式。不管发展以多么多元的形态呈现，本土建构都在社会大步迈进的背后悄然发生着作用，应跳出传统发展观念的窠臼，立足于发展援助对象所处的原生文化背景，借助历史、地缘、社会、文化等各类本土元素，展开脱贫与发展的实践。本书提出的"新小农"模式，正是小农户基于独龙族本土建构形成的生态种植产业，是基于原生环境与文化生成的现代产业发展路径，在推动独龙江乡经济、文化发展的过程中发挥了正面推进变迁的作用。对于相似的少数民族小型封闭山区虽具有借鉴意义，但在具体应用时须从借鉴地区的本土情况出发，反复思考、改进，寻找最适合本地区发展的路径，不能照搬。新时代民族工作应坚持以马克思主义实践观为基本原则，马克思主义辩证唯物论是我们认知事物的根本方法。具体研究技术则需注意多学科的交叉与融合，尤需深耕中国经验，讲好中国故事，将社会科学之根深深扎进中国大地。无论是马克思主义中国化在民族地区的实证研究，还是中国化的马克思主义民族理论研究，都应扎实开展田野调查，基于中国化马克思主义的先进成果分析和判断社会的发展现实，用中国化的马克思主义理论为民族地区发展提供理论指导；同时又能将产业发展、资本的分析性关照与民族学对"人"与"物"的深度描写相结合，立足跨学科的文化解释路径让现实分析回归乡土社会的大背景。对于研究者个人来说，需从"专家"变成理解当地文化的"倾听者"，从客位回归主位、由书阁深扎田野，坚持"自观"与"他观"的互补，在群众面前保持谦逊的态度，结合本土视角去发现隐藏在"问题"中的需求和必然，揭示那些容易被政策、经济和科技覆盖或忽略的重要方面。中国正处在一个伟大的时代，而我们有幸正在经历着这个呼啸着走向田野、包容开放、继往开来的新时代。

# 目　录

# 绪 论

"发展"这个词很像 19 世纪时的"文明",不仅指一种价值,而且是一张巨网,问题百出,任人解读。而我们正是透过网眼看到世界上的贫困地区,每日的观察于是变得有意义、可理解。

——弗格森❶

## 一、研究缘起及意义

### (一) 研究缘起

20 世纪现代民族国家的发展中,科学技术和经济增长起到了决定性作用。现代化理论在此背景下应运而生。该理论认为,发展的差异是现代化程度不均衡的结果❷,不同文化和经济境况的国家与地区经过科学技术和现代工业、农业的改造,最终都将完成科技现代化之路。当"现代化"特质从发达地区传向欠发达地区特别广袤的农村时,后者也会依照现代科技的普遍路径,发展成富足和进步的现代社会。"发展主义"话语在 20 世纪下半叶,极大影响了国际组织、发达国家政府对贫困地区扶贫计划的设计和制订。伴随贫困与反贫困研究的逐步深入,各类发展援助项目在发展中

---

❶ FERGUSON J. The Anti – Politics Machine: Development, Depoliticization and Bureaucratic Power in Lesotho [M]. Cambridge: Cambridge University Press, 1990: 4.

❷ 潘天舒. 发展人类学概论 [M]. 上海: 华东化工学院出版社, 2009: 39.

国家纷纷落地发芽。有的成功，如海地森林植被恢复项目❶、苏丹和洪都拉斯"高粱与小米国际研究课题"项目❷；有的失败，如贝都因人定居项目❸；有的令人啼笑皆非，如太平洋土著岛民免费牛奶援助项目❹；还有梅尔在《人类学与发展》❺一书中讲述，把不适当的发展项目强加给农民的其他故事。伴随着人类学观念介入各类发展项目和发展干预中，学者们发现，以西方发展话语指导被援助地区的发展与变迁问题重重。正如福柯所说："有关现代性的人类学其实是关乎人作为经济动物寻索确切真理的主体，实际上是被规范驯育的个体，而所建立的秩序，其实是特定理性和资本主义规律下的秩序。这样的现代性因此始终是一个欧洲的经验，尽管它力图成为普泛经验。"❻福柯、马格林、阿帕杜雷等一批学者纷纷对现代性和农业工业化进行了批判。斯科特、埃斯科瓦尔、塞林斯、班努里、阿基里、阿马蒂亚·森等学者从哲学、经济学、人类学、社会学等多个领域，批判了"发展主义"话语，对发展与主体知识、发展主义与权力系统进行

---

❶ 20 世纪 80 年代，美国国际发展署专门针对海地恶劣的生态环境状况，耗巨资设计了一个森林植被恢复项目，往海地当地免费运送了数以百万计的树苗，海地地方当局也积极宣传、引导、督促当地农民植树造林。他们将桉树当作一种经济作物在农民中进行了推广，农民们让出耕地进行植树，通过桉树销售收入补偿粮食减产的损失，从而获得了项目的成功。

❷ 高粱和小米是一些欠发达国家人民的主要口粮，20 世纪 70 年代，国际发展署（AID）设计了一系列为提高发展中国家农作物产量的跨学科研究项目，"高粱与小米国际研究课题"是其中较有影响的研究项目之一，人类学家负责了该项目社会经济层面。人类学家运用田野技能获取了第一手资料，了解和掌握了苏丹和洪都拉斯资源贫困地区，高粱和小米种植者在生产、分配、消费过程中所受社会、经济因素的束缚情况，摸索整理出一套"耕种系统研究"模式。该模式全面、清晰地让决策者看到，农民们为缓解资源匮乏如何发展出与所处社会环境相匹配的生存模式和策略。

❸ 贝都因人是阿拉伯民族的一部分，是以氏族部落为基本单位在沙漠旷野过游牧生活的阿拉伯人。对于政府而言，贝都因人居无定所、四海为家的游牧居住方式与现代文明的进程格格不入，因此，所在地方政府为贝都因人规划了定居区。但贝都因人酷爱自由而不受约束，宁愿过艰苦的游牧生活。经过软硬兼施的行政劝服，虽然大多数贝都因人搬入了政府为其圈定的定居区，但在发展农业生产的同时，仍然改变不了喜好放牧的传统生计方式，过度放牧造成定居周边草场的严重沙漠化。不久之后，数个定居点均因居住环境持续恶化而被放弃，地方当局不得不鼓励大多数贝都因人重拾传统、回归自然，轰轰烈烈的贝都因人安居项目以无奈收尾。

❹ 20 世纪 70 年代，为改善南太平洋地区土著居民的营养和健康状况，国际组织将大量奶粉空运到岛上，供岛上居民免费饮用。然而，多数岛民在喝奶之后就腹泻不止，因为他们体内天生缺少一种能消解乳酸的酶。岛民们便将奶粉冲泡的白色浆水用于粉刷他们的房子，这是当地人为治愈腹泻等常见疾病所举行的传统仪式。

❺ MAIR. Anthropology and Development [M]. London：Macmillan，1984.

❻ FOUCAULT M. The Order of Things：An Archaeology of the Human Sciences [M]. New York：Vintage Books，1970：257 - 262.

了重新探讨，将目光更多聚焦在本土知识、人与自然的关系、差异性与发展主体的参与与需求上。

作为世界社会主义大国，我国的发展援助主要体现在农村扶贫上，大致经历了两大阶段。一是国家一体化发展阶段。如农村合作社、合作化运动、"大跃进运动"、家庭联产承包责任制、国企改革、乡村工业化运动、林权改革等。二是"发展干预"阶段。1978 年，中央政府通过体制改革，开始了大规模扶贫工作❶，主要以提供物资的救济式扶贫为主；20 世纪 80 年代则开始了以政府为主导、多方参与的开发式扶贫和综合发展项目；90 年代以后，伴随我国农村生活水平的提高和贫困人口数的减少，贫困的区域性和地缘性特征越来越明显，政府启动了"八七扶贫攻坚计划"；进入 2000 年以后，我国农村贫困状况进一步凸显在中部和西部地区的贫困村，针对特定群体与地区，经与国际性援助组织接轨，国家实施了各级、各类扶贫开发项目。概言之，从 90 年代之前的少数民族贫困地区工业发展，到早期通过输血式援助进行的基础设施建设；从 2000 年以整村推进为主的扶贫开发，到当前被广泛应用的参与式发展，"扶贫－反贫困"成了国家战略发展的重要议题。党的十八大将扶贫开发纳入"四个全面"战略布局；习近平总书记指出，"全面实现小康，少数民族一个都不能少，一个都不能掉队"❷；党的十九大再次对脱贫攻坚做出部署，明确指出要重点攻克深度贫困地区的脱贫任务；2020 年成为全国脱贫攻坚的收官之年。当前的脱贫攻坚工作，少数民族贫困地区始终是重点，而人口较少民族贫困山区则是攻克深度贫困的重中之重。

我国 28 个人口较少民族中，独龙族以其"直过"的社会发展特点，唯一聚居、较少杂居的人口分布特点，两山夹一江、峡谷森林地貌的地理环境特点，受到了历届国家领导人和云南省政府的高度关注，成为落实西部边疆少数民族帮扶政策的前沿阵地和云南省扶贫攻坚的重点。20 世纪末开始，得益于国家的大力支持，云南省展开了对独龙江乡多方面的帮扶工作，尤其是 2010—2015 年实施的"整乡推进整族帮扶"成效显著。2016

---

❶ 张海阳. 中国农村扶贫开发［M］//宋远洪. 农村改革三十年. 北京：中国农业出版社，2009：358.

❷ 时政新闻. 习近平：全面建成小康社会，一个民族都不能少［EB/OL］.（2017/06/12）［2018/03/06］. http://theory.people.com.cn/n1/2017/0612/c40531-29333825.html.

年1月，在总结以往帮扶经验的基础上，地方政府编制了《贡山县独龙江乡整乡推进独龙族整族帮扶后续发展规划（2015—2020）》和《独龙江乡脱贫摘帽攻坚方案》，开始了新时期的精准扶贫。2017年10月，中共怒江州委、怒江州人民政府印发了《独龙江乡"率先脱贫、全面小康"行动实施方案》的通知。在全面实现小康社会"一个都不能少"的背景下，经数年帮扶，该乡实现了经济社会的跨越式发展，被媒体誉为"独龙江模式"。2019年3月，贡山县全国人大代表马正山正式向全国人民宣布："2018年年底，独龙族已经从整体贫困实现了整族脱贫，贫困发生率下降到2.63%。"● 2019年4月，习近平总书记给独龙江乡群众回信，祝贺独龙族实现整族脱贫，同时勉励乡亲们再接再厉、奋发图强，同心协力建设好家乡、守护好边疆，努力创造独龙族更加美好的明天。为贯彻落实习近平总书记给贡山县独龙江乡群众回信的重要精神，2019年5月，中共怒江州委办公室、怒江州人民政府办公室又印发和贯彻实施了《独龙江乡"巩固脱贫成效、实施乡村振兴"行动方案》的通知。

其实，早在2015年独龙族被社会各界聚焦之前，笔者与研究团队便因为国家民委、交通部在藏南、滇北、川西山区的"溜索改桥"项目，对地处中缅边境滇西北的独龙江乡产生了深厚的研究兴趣。彼时，该乡"十三五"时期的"整乡推进整族帮扶"项目正近尾声，解决当地村民大雪封山半年交通困境的"独龙江隧道"亦刚刚建成开通。初步见证了该乡的发展，笔者不禁思考：对比西方，新中国成立至今，党和国家在典型封闭的少数民族小型社会，发展援助的具体开展情况如何？各项帮扶政策实施至今的不同时期发展呈现了怎样的阶段性特征？脱贫致富进程中物质社会变迁有没有带来观念改变？基层政府采取了哪些差异化的治理方式，去解决现代转型初期可能出现的问题？何种路径才是本土产业特色发展的良方？在之后的追踪调查中笔者亦反复思考，实现整族脱贫后这个极具典型性的"直过"、人口较少和跨境民族山区如何保障脱贫成效、防止反复？以上对于关乎发展主体民生问题的深切关注，构成了本书的研究初衷。带着上述思考，笔者将独龙族全国唯一聚居区独龙江乡作为田野点，于2015年12

---

● 全国人大代表马正山宣布喜讯：独龙族已实现整族脱贫！［EB/OL］．［2019/10/20］．http://www.sohu.com/a/300056054_171358.

月、2016 年 8 月、2019 年 5 月、2020 年 8 月、12 月五次进入独龙江乡，完成了历时 5 年、累计 1 年的田野和追踪调查，实地调研了该乡独龙族从整体式帮扶到整族脱贫的全过程。尝试立足本土建构，通过对"直接过渡"民族差异化治理的考察，对这些问题进行探索性解答。

## （二）研究意义

### 1. 理论意义

以典型性与代表性丰富少数民族贫困地区扶贫、脱贫攻坚的理论与实践。基于独龙族人口较少、聚居的特点，在国家的大力投入和支持下，独龙江乡快速实现了经济社会的跨越式发展，其扶贫政策的构建和落实，具有很大的可控性和典型性，扶贫经验被媒体冠以"独龙江模式"。此外，该乡的人文生态环境亦能代表滇西边疆少数民族贫困山区的一般情况。本书有助于准确研判我国西南边陲少数民族贫困乡村的演变发展态势，为民族地区脱贫攻坚提供经验借鉴，丰富学界发展援助研究领域的理论与实践。

以特殊性补充民族发展的"乡土实践"。本书探讨了扶贫、脱贫与发展过程中权力与当地社会、文化、经济和个体的互动，剖析变迁后现代生活表象下的文化结构与内涵，探讨了具有本土特色的产业发展路径，描述了扶贫、脱贫攻坚过程中因族、因地施策的"乡土实践"。

应民族科学发展之需。坚持走现代化发展道路，构建现代经济体系，是新时代民族地区乡村发展新的要求。笔者从发展援助的视角切入，对独龙族现代化过程中呈现的现状与问题进行理论与实证研究，为顺利推进少数民族贫困地区的现代化进程献计献策，对于完善马克思主义民族政策具有一定学术价值，是当前民族科学发展的主题中的应有之义。

### 2. 现实意义

从群众需求出发推动独龙族实施乡村振兴、稳步推进全面现代化。本书从本土视角总结独龙江乡扶贫与脱贫攻坚的推进经验，有利于协助基层政府实事求是，从发展对象需求出发完善符合族情乡情的脱贫巩固工作，贯彻落实乡村振兴战略，稳步推进独龙族全面现代化进程。同时，在克服新冠肺炎疫情影响、凝心聚力打赢脱贫攻坚战、全面建成小康社会的决胜阶段，亦能以整族脱贫的乡土实践服务于国家战略目标，增强我们取得全面胜利的信心。

增加边疆贫困地区"直过民族"发展的生命力。因区位、生态、历史发展阶段等特点，与其他少数民族地区相比，边疆"直过民族"的现代化推进主要以外源性动力为主，具有发展内生性不足的共性，大力脱贫后一旦原有扶持减弱或撤出，更易陷入快速返贫的困境，独龙族亦是如此。本书从党的十八大提出的五大发展理念入手，探求解决"扶贫－返贫"的良方；同时，基于本土建构提出独龙江乡未来发展的具体对策，通过探索推进内生式发展过程中差异化治理与现代化之间的互动，使民族发展更具有生命力。

以实践为导向推进我国少数民族地区发展援助的项目创新。以国家权力为主导，推进区域发展具有极大的可操作性和优势，但这种运作方式伴生的问题也很明显。当一个族群不得不经常依靠外来扶持而生存，其成员不仅在经济发展上处于弱势，心理适应上也将缺乏足够的群体自信来面对竞争，结果会对帮扶产生依赖，最后丢失族群的发展自信。独龙族因其社会发展的历史特殊性，在各级各类帮扶项目的实施中亦体现出较强的外源性和被动性特点。基于此，本书探讨了物质社会迅速发展后本土村民经历的变革与适应过程，有助于在未来乡村振兴发展项目的落地中，最大限度消除项目的消极影响，从"人的发展"入手增加本土融入程度，实现发展的可持续和共赢。

## 二、独龙族研究述评

我国独龙族的国外研究成果较少。法国学者施帝恩（Stéphane Gros）（2009）结合早期档案资料，以"分享的仪式"为象征视角，对独龙族的仪式活动和族群认同进行了研究，❶ 除此以外尚无其他成果。在国内，较早记载独龙江流域社会与自然样貌的是唐代的《云南志》，元清史志、地方志、游记、军事纪要都有对独龙江俅人的记载，主要为地方风情和历史源流介绍。20 世纪 30 年代，民族学在我国兴起，先驱大师们应用西方民

---

❶ 施帝恩. 缺少的分享：喜马拉雅东部（中国云南西北部）作为"整体社会事实"的分享的仪式语言［J］. 周云水译. 青海民族研究，2009（3）.

族学、人类学理论结合中国实践，展开了我国民族学研究的长卷，以陶云逵先生首次采用人类学的视野和方法为分水岭，学界对独龙族予以了真正意义上的学术关注。因 1949 年之前独龙族社会发展十分缓慢，所发生的重大发展阶段的民族政策推进均在 1950 年以后，包括民族识别、"直接过渡"、改革开放、扶贫开发、扶贫攻坚、精准扶贫、脱贫攻坚。所以，本部分主要对 1950 年以后独龙族的国内研究成果进行述评。

### （一）民族志与田野调查报告

新中国成立后，为了给民族识别、民族地区发展和改造提供第一手资料，党中央多次组织调查团对少数民族展开了综合性调查，包括社会、历史、文化、经济、语言等各个专题。1950 年中央政府向各民族地区派出工作组，1951 年 3 月，夏康农团长带领中央访问团西南团第二分团完成了对云南省少数民族社会历史的调查。由于能得到更多行政支持，调查工作较新中国成立前更加便利，各种独龙族文史、田野资料汇编是该阶段极具价值的研究成果。《云南民族情况汇集草稿·丽江区材料之四五六》（1951）、《中央访问团第二分团云南民族情况汇编（上）》（1986）中便有对独龙族的详细描述。1956 年到 1957 年社会主义改造期间，杨毓才等学者亦进入独龙河谷对独龙族社会发展进行了调查。之后，中国社会科学院民族研究所组成云南少数民族社会历史调查组又进独龙江，对独龙族进行了更为详尽的调研。基于此，云南民族出版社出版了《独龙族社会历史调查（一）》（1981）、《独龙族社会历史调查（二）》（1985），云南人民出版社出版了《独龙族简史》（1986）、《独龙族简志》（1986）等书。此外，还有宋恩常撰写的《云南省贡山县怒族独龙族社会调查》和中山大学梁钊韬的《滇西民族原始社会史调查资料》。

### （二）社会与经济形态研究

#### 1. 社会发展阶段研究

学者们主要针对独龙族社会发展形态进行了理论探讨，以马克思社会发展阶段理论为范式，对"直过"前独龙族社会所处发展阶段进行了分析、判断，就"尚处于原始社会末期"❶ 基本达成共识，但在所处具体阶段是父系家族公社制还是农村公社制的界定上存在分歧。杨鹤书、陈启新（1976）认为，独龙族处于由母系氏族向父系氏族过渡的阶段；❷ 具体时间界定上，刘达成（1979）❸ 认为独龙族社会处于家族公社制晚期即将解体的阶段；吕光天（1981）认为应处于原始家族公社制的晚期；❹ 杜国林（1981）❺、田继周（1983）则认为，此时独龙社会的过渡形态处于家族公社制和原始农村公社制之间。❻

### 2. 婚姻家庭形态研究

婚姻形态上学者们也基本达成了一致。罗荣芬❼认为，为增加各氏族之间的联系，解放前独龙族以一夫一妻为主，转房婚、族外婚等多种形式并存。如丈夫去世妻子要再嫁夫家的长辈、同辈或晚辈，以保证氏族财产不外流；还存在多妻的情况，妻子与姐妹可同嫁一夫，或者夫妻不和，如有姐妹代替，妻子可以再嫁。龚明华❽则对多种婚姻形式中的族外婚进行了补充，认为解放前独龙族家庭外婚制严格而盛行，并保存着原始群婚、杂婚的影子。此外，蒋文中的文章《独龙族早期婚姻形态研究》《论婚姻与云南少数民族人口对社会的发展的关系》，还有毕坚所著《云南少数民族婚俗录》一书也均对独龙族婚姻形态进行了研究。

### 3. 经济形态研究

社会形态革命必然带来经济要素的改变，继"直过"之后，独龙族也与山外的世界一起经历了市场经济大潮的冲击。学者们主要关注了生产关系领域私有制产生和土地所有制包括共耕这两大块问题。关于私有制的产

---

❶ 力兵. 近代云南民族历史概述［A］//云南省社会科学院历史研究所研究集刊（中国. 昆明）. 内部刊印，1985（2）.

❷ 杨鹤书，陈启新. 独龙族父系氏族中的家庭公社试析［J］. 文物，1976（8）.

❸ 刘达成. 试论独龙族的家族公社［J］. 民族研究，1979（3）.

❹ 吕光天. 论原始社会形态研究在民族学中的地位和作用［J］. 民族学研究，1981（2）.

❺ 杜国林. 论西南边疆诸民族中氏族公社和农村公社的历史演变［J］. 民族学研究，1981（2）.

❻ 田继周. 略论独龙族、怒族、佤族和傈僳族的共耕关系［J］. 云南社会科学，1983（6）.

❼ 罗荣芬. 独龙族婚姻家庭风俗及其调适［J］. 民族学，1990（1）.

❽ 龚明华. 独龙族的婚姻、姓名和历法［J］. 民族文化，1980（2）.

生原因，宋恩常在他的两篇文章中论述了独龙族私有制产生的根源，❶❷ 认为独龙族原始公有制解体、私有制产生的主要原因有两个，一是社会生产力提高和商品交换的发展，二是集体经济里产生了私有制。李文潮认为，改革开放后生产力的发展和随之而来的经济交换的增加推动了私有制的产生❸。龚佩华、史继忠、刘荣安等学者们也探讨了私有制产生的原因、过程，及其对家族公社解体和演变的影响。土地所有制研究中，学者们普遍认同该阶段土地所有制有个体农民私有制、家族共耕伙有、家族与村寨公有三种形态，以个体私有为主，《怒江傈僳族自治州概况》一书亦表述了该观点。杨毓才、刘龙初则对这三种土地所有制形式进行了更为详细的研究。关于共耕制，许鸿宝认为只有公社公有共耕和家族成员伙有共耕两种形式❹。此外，田继周、刘荣安关注了共耕关系和现实生活中氏族和家族的重要性。

### （三）历史与传统文化研究

#### 1. 民族源流研究

独龙族是独龙江、怒江流域最早的居民，此观点为 20 世纪七八十年代以来学界普遍认同，《云南丛书·云南少数民族》（1980）、《独龙族简史》（1986）、《怒江傈僳族自治州民族志》（1993）等专著中都有体现，但就独龙族的具体源流，学者们却有不同看法。王叔武认为，独龙族出自云南古代三大族群之氐羌族群，后来演变为乌蛮分支的路蛮；❺ 杨毓骧在《藏彝"走廊"僜人、独龙和景颇的族体初探》一文中也表达了独龙出自氐羌的观点，并提出了补充看法，认为独龙族与僜人、景颇族同属氐羌族系。龚佩华、茶琳、尤中、王文光、张桥贵等学者也均持独龙族源于氐羌，但与其他少数民族融而未合的看法。另有一批学者认为独龙族与贡山怒族同

---

❶ 宋恩常. 试谈独龙族私有财产的产生 [J]. 思想战线, 1977 (3).

❷ 宋恩常. 独龙族私有财产的起源的探索 [C] //云南少数民族研究文集. 昆明：云南人民出版社, 1986.

❸ 李文潮. 试论解放前我国存在原始公社残余的少数民族地区私有制的产生 [J]. 中央民族学院学报, 1981 (3).

❹ 许鸿宝. 土地公有制向私有制转变中间的阶段：略论云南怒江少数民族的土地伙有共耕制 [J]. 民族研究, 1981 (3).

❺ 王叔武. 云南少数民族源流研究 [J]. 云南民族学院学报, 1985 (4).

源，如孙宏开、刘达成、洪俊❶等，高志英则认为独龙族与怒族需综合论其源流❷。

### 2. 民俗文化研究

《独龙族文化大观》和张桥贵的《独龙族文化史》是两部综述性的著作。专题研究中，王懿之介绍了独龙族的原始自然历法。毕坚的论述中展现了独龙族的饮食文化。和志祥、孙宏开、陶天麟研究了独龙族的丧葬、语言和民间文学。民族医药方面，夏光辅认为独龙医药治病与求巫两用，侯宾等探讨了独龙族民族传统医药的价值和文化意义❸，赵旭东、付来友基于象征视角研究了现代医学对独龙族宗教信仰的影响❹。关于文面习俗，尹明德，刘达成，陈建华、罗荣芬认为独龙文面女是为躲避怒族、傈僳族对本族女子的掠夺与侵犯❺，宋建峰则以独龙文面女历史隐踪为重点，对绝地绝域民族地区的发展进行了人类学的考察❻。原始宗教研究方面，蔡家麒编著的《中国各民族的原始宗教资料集成·独龙族卷》一书翔实、系统地描写了独龙族的原始宗教，覃光广、何大明、杨毓骧等学者亦对独龙族以巫术、灵魂观、祭鬼、占卜为要素的传统宗教进行了研究。民族语言方面，和国才记述了独龙人的命名方法和姓名特点，杨将领将独龙语与其亲属语言比较后对独龙语的施事格和工具格标记的演变进行了研究，❼ 王莉宁关注了独龙语特殊的声调演变现象❽。民族传统体育方面，张燕从生产生活、节日习俗等方面❾对独龙族传统体育的文化源流和种类进行了探析。文化遗产保护方面，孔萌揭示了弹性思维理念对独龙族文化传承的启

❶ 洪俊. 独龙族族源初探［A］//怒江州文史资料选辑（上卷）. 德宏州：德宏民族出版社，1994.

❷ 高志英. 唐至清代傈僳族、怒族流变历史研究［J］. 学术探索，2004（8）.

❸ 侯宾，崔瑾，王志红. 独龙族医药文化研究的价值及思路［J］. 中共云南省委党校学报，2012（4）.

❹ 赵旭东，付来友. 象征之桥：独龙族宗教信仰及其在现代医学影响下的转变［J］. 北方民族大学学报（哲社版），2012（2）.

❺ 尹明德. 云南北界勘查记［M］. 台北：成文出版有限公司，1974：182.

❻ 宋建峰. 独龙文面女历史隐踪与绝地绝域民族地区发展的人类学的考察［J］. 黑龙江民族丛刊，2013（4）.

❼ 杨将领. 独龙语的施事和工具格标记［J］. 民族语文，2015（1）.

❽ 王莉宁. 独龙语巴坡方言的声调［J］. 民族语文，2015（1）.

❾ 张燕. 独龙族传统体育文化源流探析［J］. 当代体育科技，2015（8）.

示意义❶，韩小兵、喜饶尼玛以独龙族为例总结了少数民族口述与非物质文化遗产保护法的特点❷。

### （四）文化变迁研究

### 1. 文化变迁研究

独龙族学者郭建斌在独龙江乡北部村落进行田野调查并获得了博士学位，他认为电视作为独龙江与外界联系的桥梁，影响着村民的日常生活，并将国家权力和现代化的生活信息带进边远山区，与当地社会转型、文化整合联系起来❸。后来又写成《边缘的游弋：一个边疆少数民族村庄近 60 年变迁》一书❹，以"国家－社会"视角关注了一个独龙族村庄 20 世纪 50 年代以来的变迁现象。不同于个案研究，高志英从整体性视角切入描述了独龙族文化观念的演变过程，认为独龙族观念从传统到现代的转变并不彻底，民族传统文化正在逐渐向主流文化趋同，但是又呈现出多元化的发展趋势❺。之后，张劲夫和罗波以"生存的动力学"为理论框架，揭示了独龙族作为变迁主体，在变革的不同时期、在强大的生存压力下，如何建立、维系与周边民族的关系以及与中央政府之间互动关系的过程❻。罗波认为，独龙族一个多世纪以来的生存变迁不仅是大传统与小传统互动的过程，也是其与国内、国际政治经济体系由介入到封闭再到重新融合的过程❼。周云水则以政治人类学视角，力图通过独龙族社会结构的急剧变化，探讨我国人口较少民族由不同发展阶段趋于同质性的规律❽。基于田野调

---

❶　孔萌. 弹性思维理念对独龙族文化传承的启示意义 [J]. 山东艺术学院学报，2013 (5).

❷　韩小兵，喜饶尼玛. 中国少数民族非物质文化遗产保护的法制特色 [J]. 黑龙江民族丛刊，2013 (1).

❸　郭建斌. 独乡电视：现代传媒与少数民族乡村日常生活 [M]. 济南：山东人民出版社，2005.

❹　郭建斌. 边缘的游弋：一个边疆少数民族村庄近 60 年变迁 [M]. 昆明：云南人民出版社，2010.

❺　高志英. 独龙族社会文化与观念的嬗变研究 [M]. 昆明：云南人民出版社，2009.

❻　张劲夫，罗波. 独龙江文化史纲：俅人及其邻族的社会变迁研究 [M]. 广州：中山大学出版社，2013：271.

❼　罗波. 关不住的门：19 世纪 90 年代以来独龙江流域独龙族生存变迁研究 [J]. 民族问题研究，2014 (3).

❽　周云水. 独龙族社会结构变迁研究 [D]. 中山大学博士学位论文，2010 (12).

查，笔者认为，在因族因地制宜治理与发展的现实背景下，这种发展状况趋向同质的观念尚有待商榷。杨艳则结合历史考证、民族学研究成果和田野调查，将独龙族由元代至今七百余年分为四个时段进行了文化变迁的历史人类学解读，基于文化的现代性理论探讨了不同变迁阶段的文化特征。她认为，这个长期受高山峡谷阻隔、隐世而居的民族，在从漫漫历史长河走向现代转型的过程中，经历了由应变到思变、由被动到主动的观念嬗变。❶

### 2. 文化认同研究

张劲夫以独龙江流域为个案，讨论了族群关系的"再边界化"问题，并揭示了国家力量在此过程中的影响和作用。❷ 曾豪杰通过对怒江丙中洛地区独龙族多元文化认同的分析，总结了认同易受政治波动影响、呈现出文化"多元一体"的规律。❸ 赵沛曦则认为，基于与其他民族的交往与互动，独龙族产生了区域文化认同，逐渐形成了各民族共生共荣、多元一体的观念。❹

### （五）经济与社会发展研究

### 1. 独龙族扶贫与脱贫攻坚研究

（1）扶贫与社会发展研究方面

肖迎基于对元、明、清时期独龙族原始生活的描述，认为独龙族社会生活各方面均较为落后。❺ 云南民族出版社出版的《改革开放中的云南少数民族》（和国治，1996）一书，介绍了包括独龙族的在内云南少数民族改革开放之后的发展状况。张惠君基于调查数据指出，新中国成立后怒族、独龙族作为怒江州的独有民族绝对贫困与相对贫困并存，贫困问题一直十分严重，并对输血式投入进行了反思。❻ 郭来喜等基于福特基金项目

❶ 杨艳. 应变与思变：元代至今独龙族文化变迁的历史人类学解读——基于查尔斯·泰勒文化的现代性理论视角 [J]. 青海民族研究，2017 (3).
❷ 张劲夫. 固化与再造：滇西北独龙族身份认同与边界研究 [J]. 青海民族研究，2015 (7).
❸ 曾豪杰. 多民族共聚地区多元文化认同规律及特点分析 [J]. 民族问题，2013 (10).
❹ 赵沛曦. 独龙族与周边民族的文化认同 [J]. 中南民族大学学报（哲社版），2013 (4).
❺ 肖迎. 元、明、清时期怒江地区民族社会生活概说 [J]. 思想战线，1996 (5).
❻ 张惠君. 怒江傈僳族、怒族、独龙族贫困问题研究 [J]. 云南社会科学，1997 (3).

调研了云南省少数民族贫困的类型，研究中总结了独龙族、怒族贫困地区的社会地理特征，并提出了发展对策。❶ 贺琳凯、李湘飞则基于独龙族政治发展的进程分析了政治现代化进程中的"传统"问题，认为独龙族在政治现代化进程中面临着挑战。❷

（2）经验借鉴方面

钱来琪总结了独龙江整乡帮扶政策在实施过程中所取得的经验和教训，❸ 王晓飞则在学位论文中以独龙族为例对人口较少民族的帮扶政策展开了研究。❹

（3）扶贫对策方面

杜琼认为绝大多数人口较少民族在民族发展中仍然处于自发的状态，缺乏自我提升素质的能力，并在分析致贫社会因素的基础上，就加快基础设施建设、公共产品投入、发展特色产业等方面问题提出了意见；❺ 罗伊玲、刘亚彬和丁莉在发展对策方面提出了以旅游促发展的想法；❻❼ 刘苏荣则建议发展特色产业，加快推进城镇化进程。❽ 杨艳对独龙族精准扶贫的现状与问题进行了调查，并就问题提出了对策。❾

（4）脱贫攻坚方面

杨艳基于独龙江乡民族帮扶工作的文献与田野调查对独龙族经济社会发展的当代经验与脱贫攻坚实践进行的总结，运用文献、家计调查、话语分析等方法，将自"直接过渡"以来至今独龙江地区七十年的民族帮扶工

---

❶ 郭来喜，何大明. 贫困：人类面临的难题：云南民族地区贫困类型研究 [M]. 北京：中国科学技术出版社，1992：34.

❷ 贺琳凯，李湘飞. 政治现代化进程中的"传统"问题：独龙族政治发展分析 [J]. 云南行政学院学报，2017 (1).

❸ 钱来琪. 独龙江乡整乡帮扶政策研究 [D]. 中央民族大学硕士学位论文，2012 (6).

❹ 王晓飞. 中国人口较少民族的贫困问题及扶持政策研究：以独龙族为例 [D]. 中央民族大学学位论文，2012 (6).

❺ 杜琼. 云南人口较少民族自我发展能力提升问题研究 [J]. 云南行政学院学报，2013 (5).

❻ 罗伊玲，刘亚彬. 基于云南少数民族贫困地区大学生志愿者旅游参与障碍研究：以独龙江乡为例 [J]. 生态经济，2013 (6).

❼ 丁莉，起建凌，卢迎春. 人口较少民族地区反贫困研究：以怒江州贡山县独龙江乡为例 [J]. 全国商情，2014 (31)：34 - 35.

❽ 刘苏荣. 我国扶持人口较少民族政策实施效果调查：以云南省贡山县独龙江乡为例 [J]. 人民论坛，2015 (7).

❾ 杨艳. 新时期独龙族精准扶贫现状与问题的调查 [J]. 沈阳大学学报（社会科学版），2017 (12).

作划分为四个历史阶段，对各阶段扶贫及脱贫攻坚的内容、特点进行了概括和小结，集中呈现了独龙族经济社会跨越式发展的历程。❶

### 2. 旅游发展研究

关于改革开放后独龙族经济如何发展，学者们大多认为应依托特色生计方式发展特色旅游。陈国生在论证旅游发展优势的基础上，就如何运用"反向发展"模式发展经济、培养人才、发展特色农业，提出了建议。❷ 杨艳（2018）则探讨了"一带一路"建设之于独龙族旅游产业发展的意义，并结合"一带一路"倡议与独龙江地区的地缘和文化关联，提出了推进独龙族旅游扶贫的新思路和具体建议。❸

### 3. 生态环境保护与开发研究

何大明、李恒等学者对独龙族聚居地的生态环境进行了详细的地理学考察；❹ 李金明倡议应对自然资源的利用方式等传统知识予以保护；❺ 尹绍亭则以生态人类学的视角对独龙族的刀耕火种进行了调研。❻ 还有一些学者侧重于可持续发展研究，如李宣林、王明东、侯远高、李金明，认为民族传统生态文化可为可持续发展提供地方性知识，并提出了相关建议；❼❽❾❿ 陈爱丽、李洁超等学者更多以生态伦理的视角研究了独龙江的文化生态和可持续发展；⓫⓬ 王藜颖则撰写了独龙江文化与生态环境保护的

❶ 杨艳. 独龙族经济社会发展的当代经验与脱贫攻坚实践：基于独龙江乡民族帮扶工作的文献与田野调查 [J]. 中央民族大学学报（哲社版），2020（4）.

❷ 陈国生. 云南刀耕火种农业分布的历史地理背景及其在观光农业旅游业中的利用 [J]. 民族研究，1998（1）.

❸ 杨艳. "一带一路"语境下滇西北边境少数民族旅游扶贫研究 [J]. 中央民族大学学报（哲社版），2018（2）.

❹ 何大明，李恒. 高山峡谷人地复合系统的演进：独龙族近期社会、经济和环境的综合调查及协调发展研究 [M]. 昆明：云南民族出版社，1995：83.

❺ 李金明. 独龙族对野生资源的利用及其可持续性研究 [M] //许建初，等. 中国西南生物资源管理的社会文化研究. 昆明：云南科技出版社，2001.

❻ 尹绍亭. 远去的山火：人类学视野中的刀耕火种 [M]. 昆明：云南人民出版社，2008：21.

❼ 李宣林. 独龙族传统农耕与生态保护 [J]. 云南民族学院学报，2000（6）.

❽ 王明东. 独龙族的生态文化与可持续发展 [J]. 云南民族学院学报，2001（3）：29-31.

❾ 侯远高. 独龙族社会经济发展研究 [J]. 中央民族大学学报（哲学社会科学版），2002（4）.

❿ 李金明. 独龙族野生植物利用的传统知识研究 [J]. 学术探索，2012（2）.

⓫ 陈爱丽. 独龙族生态伦理研究 [D]. 云南民族大学硕士论文，2012（6）.

⓬ 李洁超. 独龙族伦理思想散论 [J]. 黑龙江民族丛刊，2015（3）.

研究综述。❶

### 4. 教育与人口变迁研究

民族教育方面，李月英分析了独龙江乡义务教育当前存在的问题和原因，并展望了未来的教育方向；❷1996年陶天麟就对独龙族原始教育形式进行了研究，认为其生活的内容就是家庭教育的内容，之后又出版了系列专著《独龙族教育史》《贡山县教育志》；高志英则主要对独龙族的原始传统教育、义务教育和宗教形式教育进行了研究，并论述了教育变迁对独龙族社会发展的影响。❸人口方面，李阳、靳明明梳理了我国第四到第六次人口普查的人口数据，就独龙族人口结构和职业的变迁情况进行了分析，并提出了建议。❹

## 三、研究旨趣与创新

### （一）研究目的

通过对扶贫后独龙江乡物质社会发展、现代观念转型、组织建设保障和特色产业发展的定性与定量研究，本书试图论证：第一，"新小农"模式是基于本土建构适宜滇西山区的现代农业发展道路，其成功得益于基层党建引领与组织保障，在基层政府带领下通过"草果之乡"建设实现了产业发展和农民增收，该模式的本土意义与现代价值，为我们提供了不一样的视角和发展的本土路径。第二，通过话语分析，弄清伴随物质社会的巨大变迁传统观念现代转型的内容和给本地群众生活带来的影响，在未来脱贫攻坚与乡村振兴的衔接中，就价值观层面针对性地给出发展主体在新时代形成发展新理念的建议。第三，基于五大发展理念，提出独龙族民族产业发展新阶段创新旅游业发展的新思路，坚持走现代化的产业发展道路，给出从经济、文化、人的发展等各个层面全方位构建巩固脱贫成效、实施

❶ 王藜颖. 独龙族文化与生态环境保护研究综述 ［J］. 安徽农业科学，2013（4）.

❷ 李月英. 独龙江学校教育研究 ［M］// 高宗裕. 民族学与博物馆学. 昆明：云南民族出版社，1996.

❸ 高志英. 从传统到近代：怒江地区民族教育百年发展历程 ［D］. 云南大学硕士学位论文，1998.

❹ 李阳，靳明明. 独龙族人口结构及就业状况变迁研究：基于全国第四、第五、第六次人口普查数据 ［J］. 人力资源，2015（10）.

乡村振兴的政策建议。

## （二）研究的技术路线

本书主要采取"田野—实证—对策"的研究思路，重点围绕"一根主线""四大板块""一个目的"渐次展开，见图绪–1。

一根主线：以"独龙族整族脱贫的实现"为写作背景，将"独龙江乡的扶贫与发展"作为主线和基本命题，紧紧围绕这根主线展开分析。

四大板块：包括"理论基础""田野镜像""现实支撑""路径探讨"。①"理论基础"部分交代了研究背景、相关研究述评、研究旨趣与创新、理论关照与核心概念、研究方法与田野过程。基于对学术前史和初步调研的理论思考提出研究假设，与其他少数民族地区相比，"直过民族"和人口较少民族的现代化推进主要以外源性动力为主，所以推进内生式发展需实现差异化治理与现代化之间的互动。②"田野镜像"部分旨在展示独龙族的历史、文化与独龙江乡的生境、沿革。③"现实支撑"部分主要对独龙江乡的扶贫和脱贫历程，以及扶贫后的社会发展、现代观念发展、组织建设创新与特色产业发展进行描述，并重点阐释了产业发展中小农户与现代化农业发展相结合的"新小农"模式。④"路径探讨"则针对实证研究中探讨的发展问题，基于五大发展理念结合本土情况，提出巩固脱贫成效、实施乡村振兴的差异化治理路径和政策建议。包括继续完善"新小农"模式，创新旅游发展思路，进一步建成现代特色生态产业体系；引导独龙族群众增强文化自信，推动文化再生产；深化教育改革，继续加大基础和职业教育事业投入；落实素质教育与观念共享，激发群众发展的内生动力；坚持和牢牢拥护党的领导，铸牢中华民族共同体意识，完善基层组织建设，提高治理能力，综合施策、共同发力，协调发挥各帮扶政策的效能最大化。

一个目的：在脱贫攻坚和全面小康即将实现的时代背景下，完成独龙族脱贫攻坚与乡村振兴战略的有机衔接，持续推动其全面现代化的实现，并以独龙族发展实践为我国边疆民族贫困山区乡村振兴提供有效路径和经验借鉴。

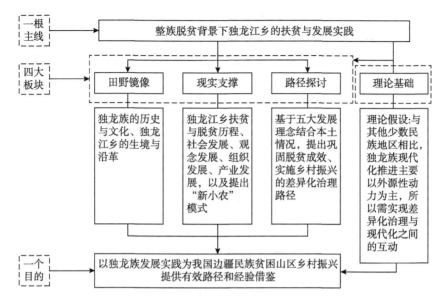

图绪－1　本书研究的基本思路和整体框架

## （三）重难点与创新

### 1. 重点与难点

（1）拟突破的重点

一是通过对独龙江乡各个阶段扶贫项目的中观考察与微观案例研究，归纳和总结独龙族脱贫攻坚的当代经验与阶段性特点；二是剖析经济社会巨变后知识结构和价值观念现代转变的情况；三是以主导产业旅游和特色种植为研究对象，考察产业扶贫与脱贫的状况、组织保障以及产业发展模式；四是针对民族发展中的具体问题，探索脱贫攻坚与乡村振兴衔接的政策建议。

（2）拟突破的难点

一是资料的信度问题。本书的主题为"扶贫与发展"，调研资料大量涉及发展规划、行政措施在基层落实的实际情况。访谈中时常有基层政府工作人员陪同，哪怕在无公务人员陪同的情况下，谈及官方政绩的话题村民们通常可能心存顾虑，影响了真实想法的尽数表达，进而影响到资料的真实性。所以，深度访谈中如何消除被访群众的顾虑、保证资料的信度，此难点一。二是对策建议与实践的对接问题。未来的产业扶贫中，如何将农民与现代农业进行有机衔接，实现本土知识与科技的有效对接？如何结合本地特色发展现代旅游业？如何在发展路径探讨中贯彻创新、协调、绿色、开放、共享的发展理论？如何立足乡情、族情找出问题的关键和提出有针对性的策略，此难点二。

### 2. 创新点

（1）观点创新

本书阐述了独龙江乡产业发展中党群一心探索出的本土农业生产模式，并概括为"新小农"模式。认为，在少数民族贫困地区的发展帮扶中，应以"人的发展"为宗旨，在知识建构过程与发展介入过程之间进行有效衔接，打破发展工作者和基层政府的惯性思维，允许小步走和试错，以农业机械化为终点的农业工业化不一定是唯一路径。无论现代技术还是地方性知识都是推动民族发展的途径，只要经实践证明有益于发展创新，有益于人的发展，有益于文化核心价值的再生产，都可以被作为有益的尝试。

（2）思路创新

一是学界已有的扶贫研究通常从政策视角将扶贫作为一种政府和社会行为，研究其本身，如内容、方法、目标、体系、工作机制创新、成效、借鉴研究等，本书则将扶贫作为研究背景，探讨帮扶项目给当地社会、观念、产业各方面带来的影响，反思发展的本土路径。二是《改造传统农业》一书中提出应基于本土知识发展现代农业，但并未给出如何衔接的技术路径，本书基于个案研究尝试给出解题思路。

（3）资料与方法创新

以往独龙族研究多见文化变迁、认同以及政策描述，扶贫研究较少，且田野资料较陈旧，帮扶资料数据截至 2010 年前后，时效性不足。笔者使用的资料截至 2020 年 8 月，进行了历时 5 年的田野调查和追踪调查，切入独龙人的日常生活，对帮扶后本地群众的日常生活、观念体系变迁的产业发展情况进行了第一手资料的收集，将以实证性和时效性，为独龙族研究提供新的资料和标本。此外，定性研究中使用话语分析的方法是本书的方法创新，这种分析形式系从福柯的谱系学著作中发展而来，强调了语篇分析的谱系学应用，说明话语如何产生并管理社会群体，专注于阐释通过语言表达的社会关系。

## 四、理论关照与核心概念

### (一) 运用的主要理论

#### 1. 马克思主义社会发展理论与人的全面发展学说

马克思关于发展的观念内容十分丰富，包括历史发展、人类发展、社会发展、经济发展、资本主义社会发展、意识思维的发展等。本书主要以社会发展理论和人的全面发展学说为理论指导。

（1）社会发展的规律与发展的二元性

马克思关于发展的观点复杂而系统，为我们熟知的主要是关于人类社会历史发展规律的观点，包括发展的规律、前提、条件、种类等。关于社会发展的规律，马克思指出，社会发展阶段始终是由低到高、曲折向前的螺旋式发展，必然由简单到复杂、从原始到最高阶段，最后进入共产主义社会；可从中总结社会发展的规律，并利用规律作用于推动发展的进程。马克思指出，人类社会的发展有由简单到复杂的共同规律，以此为主线，根据发展者的不同情况，如不同历史发展进程、文化传统、生境地理等，源于相异的发展条件，发展将会呈现不同的道路和形态。上述思想对于我们正确认识少数民族地区帮扶后社会发展状况，以及正确看待其具体发展模式的选择，具有重要的理论意义。

马克思关于发展的思想中，还有关于发展形态的判断。马克思说，"黑格尔的辩证法之所以是颠倒的，是因为辩证法在黑格尔看来应当是'思想的自我发展'，因而事物的辩证法只是它的反光。而实际上，我们头脑中的辩证法只是自然界和人类历史中进行的并服从于形式的现实发展的反映。"❶ 从中我们可以看到马克思所界定的发展与黑格尔发展的区别，即从"商品到资本"和从"存在到本质"的区别。马克思将自己的定义界定为"具体的发展"，从现实而来；而将黑格尔所说的思想的发展界定为"抽象的结构"；并认为就好像质与量一样，可以产生概念的互换。马克思将发展视为"抽象—具体""质—量"的二元是启发本书从扶贫与社会、

---

❶ 马克思恩格斯选集 ［M］. 北京：人民出版社，1995：714.

扶贫与观念、扶贫与组织、扶贫与产业入手阐释发展的理论基础。

（2）人的全面发展学说

"人的全面发展"是马克思、恩格斯始终坚持的革命追求和目标。马克思论述了"人的发展"的重要性：不是意识决定生活，而是生活决定意识。而得到这种方法的基本前提是"人"，是"处在现实的、可以通过经验观察到的、在一定条件下进行的发展过程中的人"❶。在思辨终止的地方、在现实生活面前，描述人们实践活动和实际发展的过程正是真正的实证科学开始的地方。理论论述中，马克思将人的发展形容为"偏离的原子"向"人性的复归"，以及"人的解放"，并将"人的自由全面发展"作为其人学理论中的主要价值取向。在《德意志意识形态》中，马克思系统地论述了"人的发展是全面的发展"，提出"个人的全面发展""全面发展的个人""个人独创的和自由的发展"等概念。❷在《共产党宣言》中，马克思、恩格斯指出："每个人的自由发展是一切人的自由发展的条件。"❸

"人的全面发展"最根本的是指人的劳动能力的全面发展，即人的智力和体力充分、统一的发展。"全面"是指各方面的协调，即能力、性格、知识、素质的全面协调，也包括才能、志趣和道德品质的多方面发展，是人类社会、政治、文化、经济等各种权利的体现。"人的全面发展"，不仅落脚于"全面"，还强调了"自由"。人类在发展中能够实现人格、独立性和创造力不受任何阻碍，是"自由发展"的要求。而"人的全面发展"与"人的自由发展"在实践中互为条件、相辅相成。马克思认为，社会发展与进步的程度取决于人的解放与发展的程度，社会越向前发展，个人也就越能获得解放与发展。❹当前，打赢脱贫攻坚战、同步全面小康的背景下，少数民族贫困山区正在发生着激烈、迅速的社会转型。在经济社会跨越的同时，正确理解并运用马克思人学理论中人的全面发展学说，对于推动少数民族群众实现人全面、自由的发展，跟上物质社会变迁，推动民族边境山区乡村治理的现代化和乡村振兴具有积极意义。

---

❶ 马克思恩格斯选集［M］. 北京：人民出版社，1995：73.

❷ 马克思恩格斯全集［M］. 北京：人民出版社，1972：330.

❸ 马克思恩格斯选集［M］. 北京：人民出版社，1995：294.

❹ 于幼军. 马克思的社会发展理论及其当代价值［J］. 中国社会科学，1998（4）.

### 2. 习近平民族工作中扶贫与脱贫攻坚的思想

党的十八大以来，习近平同志在赴湘西、内蒙古、新疆、西藏、延边等民族地区考察调研时，特别是在中央民族工作会议发表的讲话中，提出了一系列具有战略前瞻性的新认识、新观念、新思想，包括对精准扶贫和脱贫攻坚深入、系统的思考。"多民族是我国的一大特色，也是我国发展的一大有利因素。"这是我们党对统一的多民族国家的基本国情认识上首次提出的观点，是一种新的理论高度、新的精神境界，也是中央先后召开的四次民族工作会议第一次集中阐述统一多民族国家的基本国情。在少数民族和民族地区发展上习近平指出，少数民族和民族地区必须加快发展、实现跨越式发展。应紧紧围绕全面建成小康社会目标，深入实施西部大开发战略，以提高基本公共服务水平、改善民生为首要任务，以扶贫攻坚为重点，以教育、就业、产业结构调整、基础设施建设和生态环境保护为着力点，以促进市场要素流动与加强各民族交往、交流、交融、相贯通为途径，走出一条具有中国特色、民族地区特点的科学发展路子。习近平新时代中国特色社会主义理论体系是对马克思主义和毛泽东思想一脉相承的发展，是我国民族工作的实践指引，亦是笔者构思本书的又一重要理论依据。

只有实现各民族的共同繁荣，才能实现社会发展成果的全民共享。精准扶贫战略制定后，2015 年 1 月 29 日在一份国家民委的简报上，习近平总书记指示："全面实现小康，少数民族一个都不能少，一个都不能掉队，要以时不我待的担当精神，创新工作思路，加大扶持力度，因地制宜，精准发力……"❶ 习近平同志告诉我们，全面建成小康社会离不开少数民族地区的全面小康。我国少数民族人口过亿，聚居地区物产资源丰富，但通常地处边疆，位于深山、峡谷、高原、牧区，交通不便，人口稀少，受传统农牧业影响较重，社会发育程度不高，生活水平较差，尤其边疆少数民族、人口较少民族和"直过民族"大多处于贫困状态。历史、区位和发展的特殊性决定了少数民族贫困地区是全面建成小康社会的短板，所以在现代化持续推进中，少数民族贫困地区尤其边境山区一直是脱贫攻坚系列部

---

❶ 时政新闻. 习近平：全面建成小康社会，一个民族都不能少 ［EB/OL］. （2017/06/12）［2018/03/06］. http：//theory. people. com. cn/n1/2017/0612/c40531 - 29333825. html.

署的重点和难点。在精准扶贫、脱贫攻坚系列讲话和民族地区座谈中，习近平同志一直强调，民族贫困地区的脱贫工作一定要放到"精准"和"落实"上。贵在精准、重在精准，成败之举在于落实。

党的十九大以后，为了与少数民族贫困群众共谋脱贫良策，习近平同志将考察重点放在了少数民族贫困山区，2017 年 2 月和 7 月分别深入四川凉山和山西吕梁山区进行了调研和考察。上述地区不同于中部农村，也不同于平原少数民族地区，自然资源和文化资源得天独厚，却一直处于极度贫困的生活状态，如何精准施策？基于民族贫困山区的艰苦调研和一次次脱贫专题座谈会的深入探讨，习近平总书记形成了贫困山区少数民族群众精准脱贫的工作思路。包括：易地扶贫搬迁要继续加大力度，解决住的问题；要继续推进交通基础设施建设，解决出行难的问题；种植业和养殖业发展应适合山区的生态环境，同时发展民族特色的乡村旅游业；解决山区的学校教育问题，以及在素质培训中加强群众对实用职业技术的掌握能力，通过转移就业获得较稳定的务工收入；发挥乡村党支部的作用，驻村工作队要同村委书记一起落实脱贫攻坚的各项具体工作。本书的田野点在云南省怒江州贡山县独龙族怒族自治县独龙江乡，除兼具跨境特点外，正是与习近平同志走访过的凉山彝家极其相似的一个少数民族贫困山区。地处边境和深山峡谷，长期与世隔绝，受刀耕火种等传统农业的影响较重，社会发育程度低，生活水平差，但是自然资源丰富，拥有独特的地理条件、生物、矿藏和水利资源。因此，笔者对于独龙族民族发展路径的总结和探讨，系紧紧围绕习近平同志精准扶贫和脱贫攻坚思想中的精准原则和"因地制宜"思路而展开。

### 3. 文化变迁理论

本书基于对扶贫后独龙江乡社会发展的描述，探讨立足本土寻找民族发展的道路，其重要内容便是围绕文化变迁理论，对本土知识体系和文化特殊性进行剖析。

文化变迁研究历史悠久，较为系统的学术性研究始于古典进化论学派。文化进化论者一致认为，一个进化的过程使社会进步。社会文化进化论成为早期文化人类学的主流理论，并与以下学者联系在一起，如奥古斯特·孔德、爱德华·伯内特·泰勒、刘易斯·亨利·摩根，本雅明·基德、霍伯斯和赫伯特·斯宾塞。社会文化进化论受生物学理论的影响，致力于按照科学的思路将社会思维正规化。该理论认为，如果有机体可以根据可识别的确定性规律发展，那么社会也可以这样做似乎是合理的，人类社会被比作生物有机体，社会科学相当于类似的概念，变差、自然选择和继承作为让社会进步的因素被引入；进步的观念导致了人类社会进步的固定"阶段"，分为三个阶段——原始、野蛮和文明。古典社会进化论之后现代人类学方法发生了变化，现代人类学理论小心地避免无源的、种族中心的推测、比较或价值判断，或多或少地将个别社会视为存在于他们自己的历史背景中。这些条件为新的理论提供了背景，如文化相对主义以及多线进化论。奇尔德构建了文化进化论的研究框架，用"趋同"理论解释了文化的演变。他假设不同的文化形成了不同的方法来满足不同的需要，但是当两种文化接触时就发展了相似的适应来解决类似问题，并强调"趋同"是人类文化社会建构的产品，而不是环境或技术背景。

除社会文化进化研究，文化变迁研究者还探讨了传播之于文化变化的意义，如伍兹所说："文化变迁研究既要考虑独立发明，也要考虑传播的必要性，并且还要加上环境的影响因素。"❶ 同时，学者们还从功能视角来研究文化的变迁，主要是文化的功能与结构。20 世纪 50 年代，文化变迁研究更关注文化的实践和实证，以冲突论视角从社会的各个方面去剖析文化变迁的复杂成因。

本书则主要关注了文化变迁中有关变迁与文化适应的理论，以进行独龙族社会变迁后现代文化、现代观念适应与转型的阐述。19 世纪，学者们用"文化"一词来指一系列广泛的、人的活动，并产生了文化的同义词"文明"。20 世纪，人类学家开始将文化作为科学分析的对象进行理论化，人们用它来区分人类的文化适应策略和动物的本能适应策略。人类用文化中的符号象征来进行经验表达，文化展示了人类对世界的理解方式，成为人类不可分割的一部分，所以文化变迁与历史事件息息相关。此外，鉴于文化被视为人类的主要适应机制，而且发生速度比生物进化快得多，大多数文化变迁也都可以被看作是文化适应自身。

---

❶ 克莱德·M. 伍兹. 文化变迁 ［M］. 何瑞福，译. 石家庄：河北人民出版社，1989：14.

## （二）发展的概念与内容界定

### 1. 发展概念的界定

发展的英文 develop 源自拉丁文，字根原意为舒展、展开，通常指生物的生长和演化，为中性词。18—19 世纪，西方学者将"发展"一词运用到社会科学领域，用其来解释历史的变迁和社会的变化，意为历史社会变化就像自然界的演化，由低到高、由简入繁、由劣至优。目前，关于发展有三种定义❶：一是"现代转型说"。发展被视为长期的结构调整和社会转型过程，对于发展中国家来说，尤其指其实践中的工业化与现代化路径。该解释的历史背景离不开冷战后西方发达国家帮助发展中国家完成社会转型的宏大叙事，国际援助机构在亚非拉地区的讨论主题始终围绕着寻找解决该地区经济和社会问题的发展理论，各国政府都在规划和实施发展计划，各类机构在世界范围内的农村和城市实施各种发展项目，各类专家也都致力于研究欠发达状况，并潜心创造理论、模式和技术标准。二是"干预行动说"。政策研究中，干预理论是解决决策为取得预期结果而如何更具有效性的问题，何时进行干预可取，何时进行干预适当。比如联合国"千年发展目标"中把反贫困的发展援助行动称为"发展"，显然这个定义外延较窄。但是，该定义主要致力于解决、协调政府和技术官僚定义的"需要"与发展目标人口真正"需要"的难题，较少关注财富积累和社会分配的宏观过程，从某种意义上实现了詹姆斯·弗格森提出的发展"去政治化"❷。三是"西方话语说"，将发展定义为西方现代性统治下的一种话语，主要指西方中心主义将一套标准化的发展观念和操作方法强加给欠发展地区，诸多后现代理论家和反全球化行动者所批判的"发展"即为这一定义。这种发展话语被后现代主义学者和发展人类学家称为"发展主义"，蕴藏着竭力延续而非改变殖民式的层级关系，把世界看作二元，即发展与欠发展、先进与落后、富裕与贫穷。在后现代、后发展主义学者的论述中，"发展干预"和"西方话语"这两种定义具有贬义。

---

❶ ANDY S, TRIBLE M. International Development Studies：Theories and Methods in Research and Practice [M]. London：SAGE, 2008：11-16.

❷ FERGUSON, JAMES. The Anti-Politics Machine："Development", Depoliticization, and Bureaucratic Power in Lesotho [M]. Cambridge：Cambridge University Press. , 1990：254-256.

本书探讨独龙江乡的发展，主要基于第一种概念研究该乡的扶贫、脱贫与现代化进程，主要论述接受帮扶后由传统向现代社会转型中，独龙江乡物质社会的跨越式发展、独龙族群众现代观念的逐渐形成、组织建设创新与该乡现代产业体系的构建。

### 2. 发展内容的界定

（1）本书建构的发展分析框架

"发展"的内容十分丰富，马克思关于发展的论述主要有历史发展、人类发展、社会发展、经济发展、自然界中的发展、意识思维发展等多个方面。政治、社会、学术研究领域常使用"社会发展"一词作为发展的统称。社会发展分广义和狭义，广义的社会发展包括政治、经济、文化各方面，狭义则仅指与社会事业、社会生活状态、生活质量、生活方式等相关的进步与发展。

本书建构的发展分析框架，主要包括社会发展、经济发展、观念发展、制度发展和文化发展，见图绪－2。其中，社会发展部分指狭义的社会发展，主要包括基础设施建设、社会事业建设与人民物质生活水平的提升；经济发展部分，则主要指产业发展，以及零散分布在其他章节中与收入水平相关的内容；观念发展部分，则指生产观、生活观、婚恋观、就业观、价值观、人生观等各类现代观念的形成；制度发展部分，主要是基层组织建设、乡村治理等；文化发展部分，由于表现为继承与发展的两面，其实质是文化再生产和文化创新。

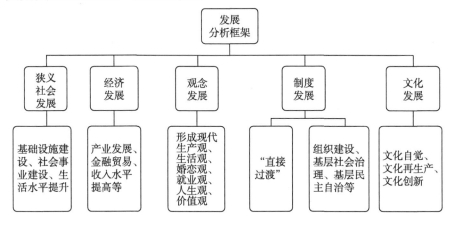

图绪－2 发展分析框架

（2）独龙江乡发展研究的内容与重点

基于上述发展分析框架，笔者展开了对独龙江乡扶贫、脱贫与发展状况的调研，并根据调查所得的实际情况，确定了独龙江乡发展研究的内容与重点。

实施整体式扶贫之前，由于该乡经济社会发展滞后、社会发育缓慢、长期处于深度贫困状态，国家扶贫攻坚的重点一直放在解决"物质贫困"与促进经济社会的跨越式发展上。至今让笔者感触最深、成效最为明显的发展内容，也重点体现为以基础设施建设与产业发展为代表的物质文明进程，核心价值观建设、乡村治理等方面则尚在完善之中。所以，本书主要论述调研中感受最为显著的5个方面——狭义社会发展、观念发展、制度发展、产业发展和文化发展，见图绪－3。其中，狭义社会发展部分除基础设施建设、社会事业建设与村民物质生活水平的提升，也包含了教育与生态；观念发展部分由于独龙族村民生活观、价值观、婚恋观、消费观、人生观等现代观念正在逐渐形成，书中以剖析现代生产、经营观为主；制度发展则主要展现为，基层党组织在引导群众培养现代生产生活观念与物质社会跨越同步、保障产业发展上的政策创新和重要作用；产业发展部分则主要阐述以"新小农"模式为特点的现代特色种植业；文化发展部分主要阐述文化自觉的概念，推动文化再生产和文化创新。因独龙江乡产业发展极具本土特点，所以笔者将产业发展作为研究重点。

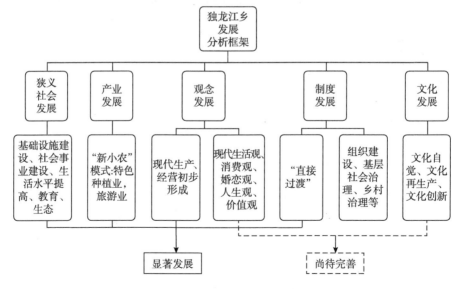

图绪－3　独龙江乡发展分析框架

### 五、研究方法与田野过程

#### （一）研究方法

##### 1. 田野调查法

本书以独龙江乡为调查场域，具体使用的调查技术有深度访谈、座谈会、参与观察、追踪调查、问卷调查等，其中深度访谈是重点使用的调查技术。与座谈会一样，深度访谈法同样需要与访谈对象建立良好的关系，只有充分取得访谈对象的信任，才可能听到受访对象最真实的想法，保证所得资料的信度。访谈过程中，笔者尤其注意不提隐含引导意义的问题，涉及与行政绩效、收入等有关的敏感性资料收集时做好过渡、铺垫。

##### 2. 文献法

收集、整理近年来中外学者的相关研究成果，梳理其主要观点，查阅历史文献、官方统计数据，以及被访者日记和家庭记录等。笔者所使用的文献主要通过图书馆以及各大期刊网站查阅的书籍与期刊文献，包括中外书籍、期刊论文、学位论文；田野点获得的官方资料，包括贡山县志、扶贫年鉴、地方志、地方史志，当地政府部门编撰的书籍，以及官方文件、政府工作报告、各类发展规划、工作计划、统计报表、项目计划与跟进文件等；田野点获得的民间资料，包括村民家里的学习手册、日记、收借据、账本等，此为家计调查的主要资料来源。

##### 3. 定性与定量研究相结合

调查研究中，一是从定性角度进行民族志研究；二是灵活运用社会学、经济学和统计学等学科的定量研究方法，对调查数据进行量化分析。通过定性与定量的结合，力求使研究更加全面、科学和深入。

##### 4. 福柯的话语分析法（Foucauldian discourse analysis）

又译为"福柯语篇分析"，从福柯的谱系学著作中发展而来，强调语篇分析的谱系学应用，以说明话语如何产生并管理社会群体，致力于通过语言阐释实践所表达的社会关系。除关注特定语篇的意义外，这种方法的显著特点是强调权力关系，分析通过语言表达的世界如何受到各种力量来源的影响；语言反过来又反映了现存的权力关系，包括分类、个人和制度的关系、意识形态和政治等。研究中笔者使用话语分析的方法，对帮扶前后本地居民知识、技术、生活表达的话语进行了深描，探讨了话语背后隐藏的文化结构与权力互动。

### （二）田野点选取

作为"直过"、跨境和人口较少民族，独龙族是落实西部边疆少数民族帮扶政策的前沿阵地和云南省扶贫攻坚的重点，受到了国家领导人和各级政府的高度关注。"十二五"时期"整乡推进整族帮扶"成效显著，之后伴随精准扶贫的贯彻落实迅速实现了整族脱贫，被媒体誉为扶贫攻坚的"独龙江模式"。然而，迅速、剧烈的物质社会变迁必将与其社会深层结构产生激烈碰撞，对其民族政策与发展进行研究极具实践价值。同时，在封闭落后的少数民族边境山区，该民族短短数年便实现了整族脱贫，其脱贫经验对于少数民族地区发展和援助研究又具有借鉴的资料价值和理论意义。因此，笔者以我国 55 个少数民族为样本框，用立意抽样❶的方法选取了独龙族为调查对象，最终确定了独龙族全国唯一聚居区云南省怒江州贡山县独龙江乡作为田野调查点。

当地独龙族群众对独龙江乡 6 个行政村习惯称"四乡"，最北的迪政当村和龙元村称为"一乡"，献九当村称"二乡"，乡政府所在地孔当村称作"三乡"，巴坡村、马库村称为"四乡"。为了更贴近田野，体现本土元素和当地人的习惯称谓，同时让表述具有一定文学性，后文的部分描写中笔者按当地习惯，以"一乡"指代迪政当村和龙元村，"二乡"指代献九当村，"三乡"指代乡政府所在地孔当村，"四乡"指代巴坡村和马库村。

### （三）田野过程

田野调查是民族学、人类学最首要、基本的调查方法，若有欠缺，研究成果就将失去其特有价值，无异于空中楼阁。因此，笔者博士入学伊始就开始思考田野点选取的问题。2015 年冬天，经导师的指导、许可与支持，开始了第一次田野历程。独龙江乡位于云南最北端的中缅边境，与缅

---

❶ 立意抽样为非随机抽样的一种，又称为判断抽样或主观抽样，是研究者依据自己的主观分析和判断，来选择那些最适合研究目的的个体或群体为调查对象。这种抽样方法所得到的样本是否具有总体的代表性，完全取决于研究者对总体的了解程度及分析和判断的能力。

北克钦邦东部接壤，因缅北战事频频，自己又是女性之故，对于笔者孤身一人于严寒中去这个陌生的地方，家人很是担忧。最终，在父亲的陪同下开始了调研，同窗兰君随行。到达昆明后，笔者一行造访了云南大学的高志英老师，她的傈僳族博士生沙丽娜给笔者提供了宝贵的第一条人脉线索和入乡建议。第一次进入田野，因为希望看到村民生活最真实的一面，所以笔者采取了由下至上的策略，没有知会基层政府，以游客的身份进入了独龙江乡。途中路遇在外工作回乡过年的独龙青年丙金龙，并入住他家开始了为期两个月的调研。其间，笔者遍访孔当村 11 个村民小组和巴坡村 8 个村民小组，入户完成了深度访谈和参与观察。新年之际，因父亲身体不适，只得匆匆结束了第一次田野。感触万分之下留诗："山一程共水一程，滇西残月夜色深。遥望碧罗云归处，三度辗转入边城。重山桎节开天幕，呼啸盘旋映古村。怒江藤桥溜索现，初探独俅似故人。"

2016 年 8 月，经半年的深入思考和资料整理，开始了第二次田野，因有初次建立的人脉，这次笔者独自辗转到怒江州。首先造访了州扶贫办和民委，与扶贫办副主任、民委副主任进行了座谈，并请他们知会了贡山县扶贫办和民宗局的工作人员。这次选择了由上至下的调研思路，造访了贡山县政府各部门。因为笔者来自省外高校，没有业务交集，官方数据收集中遭遇了阻力，幸遇冬天在独龙江乡巴坡认识的大学生村干部熊烈，经他介绍与陪伴，得以与不少部门的青年同志相识，顺利在县政府办公室拿到了入乡和去其他部门的介绍信，走访了县办、县志办、扶贫办、统计局、民宗局、财政局、交通局、林业局、信息发展办、文体局、新农办、统战部，如期得到了官方资料，随后第二次进入独龙江乡展开了为期近四个月的田野调查。除走访独龙江乡全部 6 个行政村外，与乡政府办公室、移动公司、信合社工作人员均进行了座谈。调研期间，接触了怒江州民委、交通局的驻村帮扶队员，还有各个村的大学生村干部、村主任、被访谈的村民、村小组组长，以及县各部门诸多年轻的工作人员，与他（她）们结下了深厚的友谊。同时，深入田间山头，参与到村民们特色作物种植与民族旅游业发展的经济生活中，亲眼见证了支柱产业草果种植从耕作、收割到销售的全过程，收获了满满的信任和翔实的田野资料，为之后持续的电话与网络追踪调查打下了坚实的基础。

2018 年年底，独龙族宣布实现整族脱贫。2019 年 5 月，经时任贡山统战部办公室主任的中南民族大学校友钟震介绍，在其友冯森豪的陪同下得以三进独龙江，收集脱贫之后巩固脱贫成效的相关材料，宿于6个行政村中最南边与缅甸接壤的马库村。原准备2020年利用寒假再进独龙江乡为课题结项与书稿付梓进行最后一次追踪调查，孰料2020年年初新冠肺炎疫情席卷而来，调研进程受阻。半年时间里，全国人民团结一心打赢了疫情防控的战役，武汉病例迅速清零，漫天阴霾散去终见曙光，随后疫情进入常态化阶段。2020年8月笔者终于如愿继续8个月之前的调研进程，第四次来到贡山县进入独龙江乡，有幸得遇乡政府党委组织部门工作人员杨进宝，对书稿初稿中欠缺的制度发展部分，包括基层党建引领、村民自治机制创新、宗教与社会主义相适应与组织建设推进等情况，进行了宝贵的资料补充。

历时五年的调研中许多人给予了笔者帮助。怒江州扶贫办、民宗委工作人员、贡山县原"整乡推进整族帮扶"工作队队长吴国庆、独龙江乡原党委书记和国雄等同志热情地与调研组座谈并提供了丰富的资料；原巴坡村大学生村干部熊烈、巴坡村支部书记木京龙，以及县扶贫办、统战部等各部门的年轻人，还有耐心接受笔者访谈的众多乡亲，木京龙、丙金龙、丙利军、木金燕、木金智，他们也许不一定能读到这本书，但他们的每一句话都对书稿付梓产生重要影响。

2015年到2020年，有着笔者人生中最宝贵的记忆和财富，如果这片土地需要我将送给它我的一生。"来时天幕隐群山，碧罗高黎两相望。幽谷渐翠描眉黛，轻歌哝语纺织娘。雾里桑园采麻线，云中巧绘秋霓裳。恋绻锦瑟去时难，滇山明月照汉江。"谨以田野后创作的这首诗勉励自己，雄关漫道真如铁，而今迈步从头越，书稿的完成并不是研究的终结，而是探索这个高山峡谷中的民族乡村振兴的新开始。

## 本章小结

基于早期的思考综观学术前史，学者们根据马克思主义社会发展、社会变迁、国家在场、实践论、生存动力理论、"国家—社会"等多元理论架构，对独龙族、扶贫与发展、产业发展中的小农经济以及差异化治理进行了研究，对本书的写作具有较大启示价值。同时，笔者认为现有研究亦存在五点不足：其一独龙族研究方面，从最初较单一的民族志到跨学科研究，内容多集中于文化、历史和变迁，系统的扶贫研究较少，脱贫攻坚研究缺乏，且多从宏观层面进行扶贫对策探讨，较少有深入、持续的田野调查，从而难以对其民族发展进行系统研究与反思；从时效上看，缺乏精准扶贫、脱贫攻坚与脱贫后当地各社会事实深入的田野调查。其二发展援助与扶贫研究方面，发展问题是人类学视野中的经典领域，但人类学的发展研究未逾百年，特别在中国起步不久。对民族发展的探讨较多关注理论建构，应用研究不足；扶贫、脱贫攻坚研究方面则是理论与借鉴研究较多，将扶贫与民族发展结合起来的综合研究不足。其三山区现代农业生产模式研究方面，暂无对独龙族农业发展的学术关注。其四差异化治理研究方面，学界社会治理研究的成果虽多，但边境山区治理、"直过民族"脱贫攻坚、乡村振兴的综合研究仍属空白，尤其对于差异化治理的探讨。其五研究的时效性方面，过往研究的田野资料较陈旧，相关帮扶资料数据截至2010年前后，时效性不足。

笔者自2015年至2020年连续5年切入独龙族群众的日常生活，对帮扶后本地群众的日常生活、观念体系变迁、组织建设和产业发展情况进行了第一手资料的收集，以民族发展为主线将社会文化变迁、扶贫攻坚、脱贫攻坚、乡村治理、乡村振兴等一系列关键词串联起来展开论述，将以系统性、深入性、实证性和时效性为独龙族研究提供新的资料和知识样本。

# 第一章　独龙族与独龙江乡概况

每一个民族的文化都是在特定的历史地理条件下，经过数代人无意识地集体选择而形成和积淀。所以，要了解一个族群的生存样貌，首先要了解他们生存的历史进程、文化特点、地理样貌和生态背景，方能对当前社会现实作出深刻阐释。因为扶贫与脱贫发展内容在第二章将渐次展开，所以本章主要介绍独龙族的历史、文化，以及其唯一聚居区独龙江乡的生境与沿革。

## 一、独龙族的历史与文化

独龙族世居独龙河谷两岸，是我国少数民族中为数不多的"直过"、跨境和人口较少民族。1949 年以前，独龙族没有一个统一的族称，汉族称其为"俅子"，傈僳族称其为"俅扒"，藏族则称其为"洛""曲洛"。1952 年，全国人民代表大会期间，周总理接见西南局代表时，曾问贡山县代表孔自清："你是什么族?"孔自清回答："我们自称独龙人，外族称我们'俅子''俅扒'。"总理听后，对西南局领导说："就按他们的自称叫独龙族吧!"❶ 从此，独龙族有了规范的族称，成为中华民族大家庭的一员。

### （一）历史图景

最早记载独龙江流域的史料现于唐代，不过相关资料凤毛麟角。樊绰在《蛮书》的"云南城镇第六"中有过零星记载，后经方国瑜考证，其中

---

❶　出自互动百科独龙族词条，http：//www.baike.com/wiki/% E7% 8B% AC% E9% BE% 99% E6% 97% 8F。

提到的"僧耆"等部落疑似独龙族先民。最早专门详述独龙族的历史文献资料是《元一统志》（1286），其"丽江路风俗"条中记载："蛮有八种：曰磨些、曰白、曰罗落、曰冬闷、曰峨昌、曰撬、曰吐蕃、曰卢，参错而居。"❶ 其中"曰撬"中的"撬"即为俅江先民、独龙族的先祖。但《元一统志》并未反映俅人的生活与文化，明代更是未见专门记载。对独龙社会有详细介绍的史料见于清代，包括《云南通志》（鄂尔泰，1736）、《丽江府志略》（管学宣、万咸燕，1743）、《维西见闻纪》（余庆远，1770）、《皇清职贡图》（傅恒，董诰等，1793）、《续云南通志》（王文韶、唐炯，1901）、《怒俅边隘详情》（夏瑚，1908）和《滇西兵要界务图注》（李根源，1911）。《皇清职贡图》记载："俅人，居澜沧江大雪山外，系鹤庆、丽江西域外野夷。其居处结草为庐，或以树皮覆之……种黍稷，剐黄连为生。性柔懦，不通内地语言，无贡赋。更有居山岩中者……宛然太古之民。"❷ 从记载可知，乾隆时期经济生活上独龙人处于自给自足的农业生产状态，与外界存在简单的贸易关系，政治上与中央政权没有接触，文化上游离于主流社会体系之外，尚处于初民社会。《云南通志》等史料对俅人的记载与乾隆年间基本相似，说明至雍正、道光、光绪百余年独龙社会发展极其缓慢，只在《伯麟图说》中有一处记录了民族交往的细微变化。嘉庆时云贵总督伯麟著《伯麟图说》虽有散佚，但道光《云南通志》遴选了遗存之绘本，曰："俅人，近知务耕织，常为怒人佣工。丽江府俅江外有之。"❸ 表明自乾隆伊始百余年间，虽然独龙社会发展缓慢，但是在自给自足的氏族生活之外已经与邻近民族有了交往，并出现了雇佣关系，发生了生产关系的变化。雍正年间，清政府在独龙江地区建立了土司制，藏族土司势力和藏传佛教势力积威日盛，独龙人受到丽江木土司、康普土千总、叶枝土千总、蓄奴主的重重阶级压迫和残酷掠夺，加之在与怒族、傈僳族长期民族交往中积弱已久，惧怕周边少数民族，使其民族意识由本族中心论逐渐向汉族和藏族中心论过渡，族群意识与主体发展意愿更日益趋弱，

❶ 张劲夫，罗波. 独龙江文化史纲：俅人及其邻族的社会变迁研究 [M]. 广州：中山大学出版社，2013：3.

❷ 傅恒主纂编修. 皇清职贡图 [M]. 刻本. 乾隆五十八年（1793）：卷185.

❸ 阮元，伊里布监修，王崧，李诚主纂编修. 云南通志·南蛮志·种人 [M]，刻本. 道光十五年（1835）：卷185.

见《皇清职贡图》记载："俅人与怒人接壤，畏之不敢越界。"❶ 从康、雍、乾、道光、光绪年间的雪泥鸿爪，可以对百余年来独龙族社会、经济、文化的变迁和发展形成大概的判断，即独龙族传统文化形成于漫长的采集—狩猎经济，刀耕火种和狩猎、采集赋予了它封闭、自足的基本特质。

20 世纪 30 年代，随着民族学、人类学在中国的兴起，民国时期的学者们开始关注到这个深山峡谷中的民族。1935 年，陶云逵首次运用了体质人类学的方法，自维西县往西北，渡澜沧江、怒江，翻过高黎贡山至独龙河，从南返回维西，历时 40 天对独龙族进行了田野调查，写成《俅江纪程》一书。陶云逵从族称、体质测量、土司盘剥、服饰、祭祀仪式、口碑资料、人种来源等各个方面对独龙族进行了介绍；社会发展与变迁研究则主要从经济发展的角度，指出独龙族积贫、积弱的外因是经济的单一性对外界依赖导致，内因是需要改变传统刀耕火种的生计方式，致力农业生产。方国瑜在《滇缅边界的菖蒲桶》中记录了独龙族当时的生活状态："以男只穿左耳一孔，女则每耳穿三孔。带钢丝圈，并喜小响铃、海蚌束于腰际……最信鬼，每外出，必占卦。带刀、持竹镖、负弩，其镖与弩箭之头着毒药……产旱谷……"❷ 说明从清末至民国独龙族社会仍完整保持着原有文化元素。此外，传教士进入独龙江后带领本地人修路搭桥，一定程度上改善了交通条件，伴随与山外社会贸易量的增加与流动性增强，独龙人通过马帮正式进入了贸易市场。方国瑜写道："落木登西行逾高黎贡山至子坝卡，为老耿河江流域，或曰老龙河流域，或曰俅江流域。此地有市场，每年七月互市一次。怒、俅各种及澜、潞两江东西岸之人，并丽、鹤、剑、浪、中、维、云龙之山货商人会集于此。……交易之货为麻布、漆油、黄连、冬虫夏草……虎豹皮、骨之类。"❸ 较之清代，市场贸易更广泛、频繁，在独龙江流域进一步传播了主流文化与其他少数民族文化，独龙、怒、藏、傈僳、白、纳西各少数民族交往、交流、交融，构成了独龙族近代文化的一部分。还有杨斌铨、王继之在独龙江军事考察时著作《云南北界勘查记》（1934），对独龙族经济、文化、社会等各方面进行了整

❶ 傅恒主纂编修. 皇清职贡图［M］. 刻本. 乾隆五十八年（1793）：卷7.

❷ 方国瑜. 云南史料丛刊：第十卷［M］. 昆明：云南大学出版社，2000：804.

❸ 方国瑜. 云南史料丛刊：第十卷［M］. 昆明：云南大学出版社，2000：732.

理，写道："（俅人）又云：'此地本归天朝管，我们系天朝种，有我祖宗遗传之言'云云"，以及"性质懦弱，颇受察瓦龙及栗粟之压迫，无力抵抗，其心理倾向中国"。❶ 可见土司制度建立后，伴随中央王朝势力不断深入，独龙江汉人日渐增加，本土与外界的交往、交流也逐渐增多。虽然民族心理仍"性质懦弱"，在周边民族交往中仍处于受压迫状态，但此时的独龙人已有了"大一统"的国家观念，有了"天朝""中国"的明确概念和归属。"直接过渡"之前，独龙族原始社会末期的父系家庭公社已濒临解体，处于向原始农村公社过渡的社会发展阶段。

总之，历史上的独龙族因受地理条件限制，与外界交流、互动范围有限，形成了以本地区为中心的族群观念，❷ 只知本族不知他族，族群意识较弱❸，民族性格内向而羞涩，且有语言无文字，封闭而居，呈现出初民社会❹的部分特点。封闭的社会环境一方面限制了独龙社会的发展进程，另一方面却也降低了主流文化对本土文化的冲击，使得原生文化要素得以保存完整，造就了今天的"原始秘境"。

## （二）文化素描

### 1. 生活习俗

服饰与文面。独龙族传统服饰比较简单，均以麻布为主要材料。进入社会主义社会之前，乡间流传着俚语云"白天太阳当衣裳，晚上火塘当被子"，是讲这里生活条件较原始、物质不丰足、衣不遮体的情形。那时，男女都以一大块麻织的整布披在身上，白天当衣服，晚上做被子。男性和女性披的方法不同，男性将麻布从披左肩至右腋下系到胸前打结系牢，女性将麻布从后向前，两端过肩，左右包向前，一直斜披到膝下，腰部以绳束紧，胸前用竹针别住。下装，男子穿麻布裤衩，女子穿花色麻布围裙。

---

❶ 尹明德. 云南北界勘查记 ［M］. 台北：成文出版有限公司，1974：182.

❷ 高志英. 独龙族社会文化与观念嬗变研究 ［M］. 昆明：云南出版集团，2009：6.

❸ 族群意识是相对而言，"我族"概念在有了"他族"之后形成，族群意识的增强亦是在与其他族群的不断交往中产生。到一定阶段，从文化变迁上讲发生涵化或同化，从民族关系上讲发生交流交融。历史上的独龙族幽闭而居，长期以来只知本族不知他族，有"我"而无"他"，所以族群意识较弱。

❹ 初民社会是民族学、人类学提出的一种理想社会类型，只有语言没有文字，简单的财货，生产技术层次极低，整个社会与外界隔离。

男女皆短发，习惯赤脚。20世纪80年代改革开放后，随着经济生活的改善，独龙族青年男女多数以现代衣着为主，女性自织"独龙毯"（独龙语叫"约多"），以独龙毯斜单肩外披成连身裙，男性以独龙毯制成对襟坎肩。装饰上，男性喜欢腰佩砍刀、箭和弓弩，妇女喜好佩戴彩色珠串、银质大耳环和藤条手镯。最具有民族文化特色的是独龙族妇女的文面习俗。一直到1949年以前，独龙族妇女还保留有文面的传统。按习惯女性到十二三岁都要文面，村寨不同，文面的图案、文型就有差异。

饮食。独龙族的传统粮食主要有玉米、稗子、小米、黄豆、荞麦、马铃薯、芋头等，蔬菜有青菜、黄瓜、南瓜、萝卜，肉食以猪肉、牛肉、鱼肉、猴子肉、鸟肉为主。以前主要一天两餐，菜多为煮炸。几乎家家都会酿低度水酒，无论男女老少都常作饮料饮用。此外，还有喝茶的习惯，主要是煨吃和打吃，打吃是向藏族处学来的仿制打酥油茶的做法。其做饭的工具很简单，早期时使用石锅、竹锅和石杵，后来使用铁锅和土锅，用来烧水、做饭。

**图 1－1　独龙族文面女**（笔者摄于 2016.08.23）❶

住房。整体推进式扶贫的安居工程实施之前，因全乡自然村落沿独龙河谷两侧分布，乡境狭长，南北气温、降水差异较大，所以房屋建造由北至南分为三种。北部地区一般建造"木垒房"，南部地区建"竹篾房"，最南的马库村建干栏式草房。"竹篾房"建有木梯上下楼，两边都有门，"木

---

❶ 后文中，除标明出处的引用图片，仅标明拍摄日期的均为笔者自己拍摄。

垒房"只有一个门,向东开。不管哪种都是靠山打桩,离地面 2～3 尺。三种房屋屋内都有火塘,一个家庭一个火塘,大家庭会根据小家分设几个火塘。火塘有双排火塘、单排火塘、设在屋中和设在房屋四角的不同设计。一般来说,长辈睡火塘上方,晚辈在下方。

交通。2014 年穿过高黎贡山的独龙江隧道贯通之前,从乡里到县城要走 7 天,山路均为人行小道,崎岖多险道,立木以爬行,叫"天梯",十分危险。一个村寨到另一个村寨也是这样,隔山叫喊,听见声音也要走好几天。过江过河主要靠简易的藤桥和溜索。藤桥是以藤条拉在江河两端的悬吊式桥,中间架以木板或竹片,四周亦以藤条系起。溜索则以竹篾编成手腕粗的长索,横拉过江河,以溜梆为工具,沿索滑行过江河。生产、生活物质则以马帮运送进乡。

婚姻与家庭。独龙族一直以来遵循一夫一妻制,但也有保留着原始群婚制残余的情况,如妻姊妹婚、非等辈婚、转房婚,还有家长多妻。其中,妻姊妹婚为其主要婚姻形式,形成固定的、严格的氏族环形外婚集团,即 A 族男子娶 B 族长女为妻,这个女性的妹妹们成年之后也都要先后嫁给 A 族该男子的兄弟为妻,这种古老的氏族环形外婚制一直延续到 20 世纪五六十年代。以独龙语说就是"亲上加亲"。其订婚和婚礼都比较简单,男方父母向女方求婚,或族长做媒,议定彩礼。至举行婚礼时,男方厚礼迎接女方亲属,以饭、肉、酒宴请,欢歌舞蹈直至天明。以前的独龙族婚姻关系中离婚的很少。独龙家庭一般由同一先祖下的两三代人共同组成,保留着古老的"火塘分居""轮流做饭""主妇管仓"和"主妇分食"的遗俗。子女结婚后,在同一个屋另立火塘,并在房子附近加修一个小仓库,由小家的主妇管理,有条件的则另立新居。

节日。独龙族的传统节日并不多,"开昌哇"节是其唯一的传统大节,又叫"卡雀哇""开强瓦"节。每年的冬季腊月,各个家庭互相邀请亲朋好友来家里过年节,常用特制木刻送往别的村寨,木刻上刻几道缺口就表示再过几天举行庆祝仪式,受邀者就带来食物和水酒去庆祝,叫"刻木记事"。节日长短由主家来确定,一般 2～5 天不等,具体时间也由主家自主选择吉日。节日期间大家围着篝火品尝美食,男女青年围绕篝火跳起锅庄舞,欢庆到深夜。年节期间最隆重、热闹的仪式是"剽牛祭天",由主持年祭的家族和祭师一起把牛拴在场地的中间,摆好祭品,由祭司点燃松明和青松毛，面向东方叩头念咒语。祭词念完，摘下牛身上的独龙毯和珠子，由两位勇敢的猎手手持长竹矛，从两端边跳边舞进入场地中央，这时群众一个个轮着向他俩敬酒，他俩则猛喝猛跳，四周群众围成一圈，边唱边跳剽牛舞，大小铓锣齐鸣，群情越跳越热烈。猎手刺牛，牛终于倒下去，人群发出胜利的欢笑。牛剽倒后，人们迅速把它分割成若干块，当场烧煮，凡参加庆典的男女老少都可分得一份。人们边吃边歌舞，共祝人畜兴旺，庆祝来年获得更好的收成，然后才兴尽散去。❶

丧葬。有水葬和土葬两种，其中以土葬为主，一般第二天送葬。埋葬当日，全村或全族要停止劳动一天，否则大家认为山上要滚落石头降下灾害。第三天，由死者家属开仓煮酒，如果家中粮少或无粮，大家都要送粮帮助。酒煮饭成，大家一起享用，连续吃上三天，吃食中要不间断地给死者一份。有的地方会请巫师为死者做粑粑祭奠，埋入坟头。

音乐与民间工艺。独龙族的传统乐器有三弦、口弦（独龙语叫"阿康"）、铓锣、铃铛和叶笛，铃铛在祭神时使用。舞蹈一般在过年、剽牛祭天、婚庆、打猎丰收时跳，多为集体舞蹈，以铓锣伴奏，边唱边跳。其工艺主要体现在编织方面，以染色麻线为经纬织成独龙毯，色彩艳丽，通常为红、黄、黑、白、绿五色。

## 2. 生计方式

"直接过渡"之前，独龙族社会生产力水平低下，生产工具十分简陋，尚处于木、竹、铁器并用的时代。锄耕农业亦极为简单粗放，仍以刀耕火种为主，砍倒烧光、轮歇耕作，广种薄收，还未发展到犁耕阶段。耕地大部分是不固定的"火山地"❷和半固定的"水冬瓜地"❸，以及村寨房舍周围的"园地"。与落后的生产力相适应，独龙族对土地的占有和耕作形式处于由家族公有共耕向个体家庭私有自耕的过渡时期，主要有公有共耕、

---

❶ 贡山县地方志编纂委员会. 贡山独龙族怒族自治县志［M］. 北京：民族出版社，2006：77.

❷ 火山地是独龙族在1949年以前耕种作物的主要土地，指在原始森林中烧荒毁林，砍伐荞木、灌木，连同杂草，待其干燥以后，聚拢以火焚之，利用灰烬为肥料，以树、草灰为肥料提升地的肥力，然后进行不固定的轮播轮耕，通常种植一年抛荒数年等土地恢复肥沃。如遇阴雨连绵，火山烧不着当年就会挨饿，纯粹靠天吃饭。分新火山地和老火山地。

❸ 水冬瓜地也是火山地的一种，为较固定地半轮歇耕种，如果有族人在一块地上种了水冬瓜树，就表示这块地有了主人，别人不能再砍伐和耕种。水冬瓜树是独龙江乡常见树种，生长期短、树质软，比较容易砍伐。

伙有共耕和个体私有自耕等形式。公有共耕独龙语称"夺木枯"，是全家族在共同占有的土地上共同耕种的形式；伙有共耕称为"夺木奢"，是同一家族成员几户伙同占有耕地，共出籽种、同出劳力，收获物按户平均分配的方式。❶

"直接过渡"之前，独龙族社会的农作物产量很低，一般一年粮食收入不够全年所需，缺粮时期平均有三四个月，甚至多达半年以上，必须靠采集和渔猎来补充。所以，采集与渔猎在独龙族的经济生活中仍然占有极其重要的地位，仅次于农业。由于生产力发展水平低下，剩余产品少，极大地限制了独龙族交换的发展，商品交换亦很不发达，没有商品性生产，没有出现脱离劳动的专业商人，也没有形成集镇，一般以物易物。❷

### 3. 语言文字

语言。独龙族语言为汉藏语系藏缅语族，语支未定。其方言差别主要体现在词汇方面，以 1000 个词做比较，完全相同的有 643 个，不同的有191 个；有语言对应关系的有 138 个；部分相同的有 14 个。其特点是复辅音较多，有 11 个；辅音分清浊，吐气不发达，均音分长短，声调有平调和降调等。❸ 怒语与独龙语有亲属关系，抽出 200 个词汇比较，完全相同的有 120 个。

文字。历史上，独龙族并没有文字，原始记事以木刻和结绳传递信息。1951 年，美国人莫尔斯之子尤比在缅甸可劳当一带创造了一种叫"格能日旺"的独龙文，由拉丁文拼音构成。"格能"指中缅边境的独龙族，"日旺"是"完全"的意思，主要用来翻译《圣经》，独龙江有少数基督徒会使用这种文字。❹ 1979 年，应独龙族群众的要求，在云南省少数民族语言指导委员会的帮助下，贡山县文化馆的独龙族干部木里门·约翰以日旺文为基础创造了独龙语拼音，1984 年试行推广，但未得到普遍使用。

### 4. 宗教信仰

原始宗教。独龙族的原始宗教是自然崇拜的万物有灵，在其传统宗教

---

❶　出自国家民委网站国家民委门户网站 – 风俗习惯，http：//seac. gov. cn/c.

❷　出自国家民委网站国家民委门户网站 – 风俗习惯，http：//seac. gov. cn/c.

❸　贡山县地方志编纂委员会. 贡山独龙族怒族自治县志［M］. 北京：民族出版社，2006：80.

❹　贡山县地方志编纂委员会. 贡山独龙族怒族自治县志［M］. 北京：民族出版社，2006：79.

观念里，世间的一切和难以解释的事情都由鬼神主宰。独龙语称鬼为"不朗"，凡自然界的事物，如山、河、树、石都有鬼神存在，有山鬼、树鬼、年鬼、水鬼、河边鬼、雪鬼等多种，主要的神灵有天神、山神等，祖先过世以后也有灵魂存在，叫"息托"和"排勒"。专门卜卦看鬼的巫师叫"纳木沙"，杀牲驱鬼的巫师叫"夺木沙"。

基督教。基督教是传入独龙流域的西方宗教。20 世纪 30 年代，基督教传教士们进入怒江地区，在贡山、福贡等地设立多处教堂。自此，基督教传入了独龙江地区，一些独龙人开始改信基督教。独龙江地区的第一任传教士叫波罗，1940—1949 年，他们在独龙江旧称"四乡"设立了拉旺夺、马库、孟顶、迪政当、莫波郎、都打等 6 个教堂[1]。

## 二、独龙江乡的自然生境与沿革

云南省怒江州贡山独龙族怒族自治县独龙江乡是独龙族全国唯一聚居区，因独龙江而得名。该乡地处横断山脉的高山峡谷地带，境内高黎贡山和担当力卡山两大山系南北向、一东一西将独龙江夹在两山之间，形成了"两山夹一江"的高山峡谷地貌和封闭式的地理环境。

### （一）自然生境

由于地处横断山脉高山峡谷地带，这里的地形呈峡谷地貌，最高海拔4969 米，最低海拔 1200 米，动植物资源十分丰富。独龙江是我国仅存的原生态河流之一，受人类活动扰动较少。到目前为止，独龙江干流未进行任何大坝和水电开发，未进行人工水产养殖等开发活动，仅在支流建成两座小电站，水资源开发利用率不到万分之一；独龙江沿岸没有大型工矿企业，人口稀少，种养业不发达，污染负荷较小，其干支流水质均未发现外来鱼类，河流生态系统基本维持了原生态状态。

地质构造上，该乡地处欧亚板块和印度洋板块碰撞挤压带的腹心，位于喜马拉雅山弧形构造的大拐弯部位。所以雨季较早，2 月开始、10 月结束；雨量大、雨期长，多连续性降水，年累积降水日数大于 200 天。因雨期较长、峡谷多雾，尤其影响农牧生产。流域内的喜温作物和果树的播

---

❶ 贡山县地方志编纂委员会. 贡山独龙族怒族自治县志［M］. 北京：民族出版社，2006：85.

种、开花期比东边毗邻的怒江流域提前 10 ~ 20 天。独龙江乡 6 个行政村呈由北至南狭长的高低分布,孔当村普卡旺村民小组以南的下游地区水热条件充足、无霜冻,适宜种植,可一年二熟,如旱谷、玉米、云南大茶叶,养殖独龙牛。普卡旺小组往北降水减少,日照增加,适宜玉米、豆类、薯类、小麦、瓜类的种植。

由于生物地理分布区域特色明显,独特的自然地理条件和生物气候为多种生物的共存、汇聚、迁移和演化提供了条件,使独龙江地区成为我国古老和珍稀动植物的集萃区之一。从植物区系上看,独龙江植物区系是在古南大陆热带亚热带植物区系基础上演化蜕变而成的温带性东亚植物区系。全乡有亚热带至寒温带植物 2000 多种,约有 10% 为当地所特有,10% 为云南所特有,30 多种为东亚所特有。根据调查统计,独龙江流域有维管束植物 199 科、2278 种,其中种子植物 158 科、2003 种,种类相当丰富。其植物区系以亚热带常绿阔叶林的常绿成分为主,作为云南省怒江自然保护区的北片区,是目前我国常绿阔叶林保存最完整、森林类型组合最丰富、结构功能相对稳定的区域之一。其次,因高山峡谷地貌和相对封闭的地域环境,使该区植物的特有种类占比例较大,且保留了较多的古、珍、奇种类。已记载的有 169 个地方特有种和 71 个高黎贡山特有种,占地方土著植物 1920 种的 8.8% 和 3.7%。独龙江流域同时还是古北界和东洋界两大动物区系的自然通道,动物资源异常丰富。根据中科院动物所在独龙江考察发现,独龙江流域迄今发现兽类 104 种,包括资源兽类 59 种、珍稀濒危保护兽类 29 种;有鸟类 171 种,大约 85% 属于资源鸟类或珍稀物种;有鱼类 7 种,均属土著鱼。❶ 至 2015 年,独龙江乡共实施完成退耕还林 7000 亩,封山育林 3 万亩、建设薪炭林 11000 亩,全乡有国家和省级重点公益林面积 11 万亩。2018 年,人均退耕还林 1.75 亩,新增乡村环境保洁员 260 人,生态护林员增加到 313 人,河道管理员 301 人,地质灾害监测员 94 人,新增巡边护边员 123 人。流域内森林覆盖率高达 93%,植被垂直分布十分明显。

---

❶ 何大明. 高山峡谷人地复合系统的演进:独龙族近期社会、经济和环境的综合调查及协调发展研究 [M]. 昆明:云南民族出版社,1995:7.

**图1－2　独龙河谷**（笔者摄于2016.08.26）

　　气候资源方面，独龙江流域呈典型的立体气候和小区域气候，日照长、空气湿度大，可达90%左右。水利资源方面，独龙江年径流量66×$10^8$立方米，人均18.23×$10^5$立方米，分别为同期云南省和全国人均值的279倍和700倍；亩均水量达到13.11×$10^5$立方米，为同期云南省、全国亩均值的24.5倍和749倍，但水资源利用率小于0.5%，其中94%为农业耗用。全乡干流水头落差大于1200米，有干流长大于15公里、流域面积大于40平方公里的支流8条，❶适合开发雨灌型立体农业。

　　矿产资源方面，独龙江流域成矿条件好，地质矿产上与腾冲—梁河地区有相似而又各异的地质背景，两条黄铁矿—毒砂绢—白云母石英脉，一处金矿化点，自然金Ⅲ级重砂异常区二处，Ⅱ级异常区一处；砂金矿（化）点8个，选择其中一点实淘20公斤重砂得大金粒（8×1毫米）1片，小金粒（1×0.2毫米）10余片，微粒（小于0.2毫米）40余粒，为工业品位的数十倍；含金锡（钨）矿化异常区二处，钨（铋）异常点两个。❷

　　旅游资源方面，这里有蔽日遮天的原始森林景观和高山峡谷地貌，有活跃而复杂的地质背景，绚丽多彩的生物物种，变化多端的自然谱系，神秘而独特的民族风情。高黎贡山国家级自然保护区有着极典型的高山峡谷

---

❶　何大明. 高山峡谷人地复合系统的演进：独龙族近期社会、经济和环境的综合调查及协调发展研究［M］. 昆明：云南民族出版社，1995：7.

❷　何大明. 高山峡谷人地复合系统的演进：独龙族近期社会、经济和环境的综合调查及协调发展研究［M］. 昆明：云南民族出版社，1995：7.

自然地理垂直带景观和丰富多样的动植物资源，特别是通过自治县成立 60 年来的持续生态保护，贡山以其丰富的生物多样性，被学术界誉为"世界物种基因库""具有世界意义的陆地生物多样性关键地区"和"重要标本模式产地"。2016 年 8 月 1 日，《怒江大峡谷国家公园总体规划》和《独龙江国家公园总体规划》在云南昆明顺利通过了专家评审，其中独龙江国家公园规划总面积为 21.72 万公顷，规模属于大型国家公园。

### （二）区位沿革

#### 1. 区位与人口

独龙江乡位于云南省怒江州贡山独龙族怒族自治县西北部，属于贡山县边境乡镇，距县城 59 公里。西、南倚担当力卡山，与缅甸毗连，北接西藏自治区察隅县察瓦龙乡，东邻贡山县丙中洛和茨开镇，东西横距 34 公里，南北纵距 91.7 公里。独龙江区域历史上属滇、藏、缅、印边民交往的重要通道，战略位置极为重要。1869 年至 1926 年，美、英、法等国先后派 50 多人次到该地区查勘、测量和传教[1]，企图弄清这里的宝贵资源，建立从此进入我国腹地的通道。

该乡行政区划面积 1939.94 平方公里，占全县总面积的 44.3%，为贡山县面积最大的乡镇。乡内下辖马库、巴坡、孔当、文献九当、龙元和迪政当 6 个行政村，26 个自然村落，42 个村民小组，乡政府驻孔当村。人口密度 2.18 人/平方公里，总土地面积 299.1 万亩，林地 192.3 万亩、水域面积 81.8 万亩、荒山草地 15.69 万亩、其他 8.9 万亩。2014 年年底耕地面积 3632 亩，人均仅 0.88 亩；水田 350 亩，占耕地面积的 11.5%。至 2015 年年底全乡耕地面积 2539 亩，减少了 1093 亩，人均耕地面积为 0.57 亩，减少了 0.31 亩[2]。虽然该乡地广人稀，土地资源极为丰富，但耕地面积较小，以 2015 年为例，人均 677 亩土地面积中耕地面积仅有 0.57 亩。人口方面，据独龙江乡政府统计，2014 年年底全族农业人口总户数 1068 户，总人口 4132 人；至 2015 年年底，共 1232 户，总人口 4418 人，独龙族人

---

❶ 何大明. 高山峡谷人地复合系统的演进：独龙族近期社会、经济和环境的综合调查及协调发展研究 [M]. 昆明：云南民族出版社，1995：3.

❷ 数据来自 2015 年贡山县统计局报表。

口占全乡总人口数的 99%，傈僳、怒、汉等其他民族占 1%。据贡山县 2018 年国民经济社会发展统计公报显示，全县独龙族总人口 5920 人，其中独龙江乡 4324 人，占比 73%，其余独龙族散杂居于云南迪庆州维西县、西藏林芝市察隅县等地。

独龙江乡与县城之间横亘着高黎贡山，交通闭塞。新中国成立前，独龙族群众到贡山县城没有道路，必须翻越高黎贡山，进出得半个月左右。1968 年，乡内修通了一条长 79 公里的人马驿道，架起了 4 座人马吊桥，乡内交通基本改变了过去"眼看在咫尺，相遇要一天"的状况，但从乡里到县城仍要 6～7 天。尤其从 12 月至翌年 6 月，高黎贡山积雪长达 4～6 个月之久，加之山高谷深、天无三日晴❶，每年有半年时间封山不能进出。20 世纪 70 年代，党政、乡内群众和边防驻军一年所需的 400 多万市斤物资，都集中在 6～11 月融雪期驮运进乡。

### 2. 行政沿革与建制

唐宋时期，独龙江流域为南诏、大理管辖区域；元明清时期则受丽江木氏土司与丽江路军民总管府联合统治；清代中叶，独龙河谷受康普土千总和叶枝土千总管辖；民国时期，独龙江划归菖莆桶殖边公署统辖，结束了无地方机构设置的历史；1916 年（民国 5 年）设置菖莆桶行政委员会公署，1918 年（民国 7 年）改称贡山设治局孟底乡，1939 年（民国 28 年）再改为新民乡。1950 年 3 月云南解放，同年 4 月设置贡山县四区，1969 年成立独龙江公社，1984 年改称独龙江区，1988 年区改乡设立独龙江乡。❷

## 本章小结

总的来说，独龙江乡自然资源丰富、民风淳朴。这里雪山连绵，峡谷陡峻，东岸的高黎贡山屏蔽着通往外面世界的通道，西岸的担当力卡山是国境线上的天然屏障；这里江水清澈湍急，山坡植物丰茂，人烟稀少，环

---

❶ 张劲夫，罗波. 独龙江文化史纲：俅人及其邻族的社会变迁研究［M］. 广州：中山大学出版社，2013：2.

❷ 贡山县地方志编纂委员会. 贡山独龙族怒族自治县志［M］. 北京：民族出版社，2006：27.

境独特，每年大雪封山，便成了一个与世隔绝的地方，一个鲜为人知的角落。因受高山峡谷阻隔，交通基础设施改善之前，这里一直是云南乃至全国发展最缓慢的地区，生产力水平低下，社会发育程度不足。中华人民共和国成立后，针对独龙族的落后状况，国家开展了早期的帮扶工作，从1954年的山区改造到1958年建立互助组完成农业合作化，独龙族实现了从原始社会到社会主义社会初级阶段的"直接过渡"；20世纪末该乡进入了扶贫攻坚阶段；"十二五"时期进行了"整乡推进整族帮扶"，"十三五"实施精准扶贫、精准脱贫。在国家的帮扶和积极引导下，更多社会力量参与了独龙江地区的经济社会发展，更多现代信息要素传播到曾封闭的河谷。自此，这个封闭于深山峡谷中的民族迅速进入了现代化进程。

# 第二章 独龙江乡经济社会发展的
# 当代经验与脱贫攻坚实践

"全面实现小康，少数民族一个都不能少，一个都不能掉队。"❶ 是习近平总书记的重要指示。全面建成小康社会，离不开少数民族和民族地区的全面小康。我国少数民族人口过亿，聚居地区物产资源丰富，但通常地处边疆，位于深山、峡谷、高原、牧区，交通不便、人口稀少，受传统农牧业影响较重，社会发育程度不高，生活水平较差，尤其边疆少数民族、人口较少民族和"直过民族"大多处于贫困状态。历史、区位和发展的特殊性，决定了少数民族贫困地区是全面建成小康社会的短板。所以，在实现全面小康的进程中，少数民族贫困地区一直是脱贫攻坚系列部署的重点和难点，国家民委 2013 年发布的《关于探索建立特困民族自治州同步小康试验区的调研报告》便是在云南怒江傈僳族自治州、四川凉山彝族自治州和甘肃临夏回族自治州的调研基础上形成的，独龙江乡所在的怒江州在全国民族贫困地区中具有较大代表性。经与怒江州扶贫办座谈，笔者了解到，独龙江乡是该州扶贫攻坚与精准扶贫的重点，2017 年又是贯彻落实脱贫攻坚战略的重中之重，因此，在党、国家和省政府的大力支持下，州、县基层政府在独龙江乡探索建立了政府主导、社会参与、群众自力更生相结合，专项扶贫、产业扶贫、社会扶贫"三位一体"协同推进，整合资源、捆绑项目、突出产业、连片开发的"独龙江模式"。该乡的扶贫、脱贫经验成为全省乃至全国扶贫攻坚的样本，得到了国家和社会的一致肯定。❷ 经过数年帮扶，社会发展成效显著，迅速解决了长期以来困扰独龙

❶ 时政新闻. 习近平：全面建成小康社会，一个民族都不能少［EB/OL］. （2017/06/12）［2018/03/06］. http：//theory. people. com. cn/n1/2017/0612/c40531 – 29333825. html.

❷ 郑仲. 怒江州实施的"独龙江模式"得到国家大力支持［N］. 云南日报，2015/08/10.

族群众的物质贫困和内生式发展问题。从早期的帮扶工作直到实现整族脱贫，独龙族人民走过了怎样的扶贫和脱贫历程，社会发展经历了怎样的阶段，是笔者在研究之初所关注和思考的。本章论述的社会发展为狭义的社会发展，主要指基础设施建设、社会事业❶建设、村民物质生活水平提升、教育事业、生态保护等方面。

## 一、社会主义政治经济制度的建立与缓慢发展期（1950—1977）

1950 年 9 月 30 日，独龙江召开了全区各民族各界大会，宣布独龙江区公所正式成立。1951 年年底，当时任县长的独龙人孔志清赴北京参加中央民委扩大会议❷。1952 年元旦之后，周恩来总理来看望参加会议的各民族代表，询问过孔志清之后，周总理亲自为"独龙族"认定了族名。与其他少数民族相比，独龙族聚居区地处偏远、交通闭塞、社会发育程度低，具有人口较少民族、"直过民族"发展内生性不足的共性，其真正意义上的发展自"直接过渡"开始。此阶段，党中央在少数民族地区的工作重点是确立社会主义政治经济制度，并通过财政补贴、实物救济等途径保障贫困群体最低程度的生活水准，在独龙江地区体现为"直接过渡"及之后的物资援助。

### （一）民族工作内容

#### 1. 走互助合作式的集体农业道路

"直接过渡"是独龙族走出原始社会、实现政治社会发展质的转折点，随着土地改革在全国的快速推进，其聚居区也经历了所有制的巨大变革。考虑到 1950 年之前贡山独龙族还处于原始社会解体时期，生产力水平低下，绝对贫困人口几乎达到 100%，人均寿命不到 36 岁，❸ 中华人民共和国成立初期，独龙族的首要任务便是解决物质贫困问题，中共贡山县委、贡山自治县人民政府根据独龙族特殊的社会历史条件，决定不再进行土地改革运动，而是在党和国家的扶持下，采取了"慎重稳进""团结、生产、

---

❶ 在我国各级政府发布的相关文件中，社会事业包括教育事业、医疗卫生、劳动就业、社会保障、科技事业、文化事业、体育事业、社区建设、旅游事业、人口与计划生育 10 个方面。

❷ 即 1951 年 12 月 14 日至 31 日召开的中央民委第二次委员（扩大）会议。

❸ 张惠君. 怒江傈僳族、怒族、独龙族贫困问题研究 [J]. 云南社会科学，1997（3）.

进步"等一系列保护和促进生产力发展的措施，走开展山区改造发展生产力和互助合作的道路。具体做法是工分制：工分以粮食支付，每个工日1.5升，为了使分配合理，水田、熟地、火山地等处劳动均分别计算工分，以钱计算、粮食折价，工分多者钱多、粮多，工分少者钱少、粮少。[1] 每个劳动力固定工分牌10块，每块工牌上写上分数，另一面画上园（圆）圈，表示分数，每天评一次工分，每评一次由记分员把工牌发给本人保存。记分员和各户都有工分簿，记分员每天把大家的工作记上，组员领回工分牌后，如果工夫忙，每5天总结一次，如果工夫不忙，则每8~10天总结一次，把总结的工分记在组员的工分簿上。工分分类按作物的种类进行，在水田、火山地、熟地上劳动所得工分，各记入水稻、苞谷、洋芋、荞子等项目内，将来收获粮食后，即按照此项所得工分分配粮食。[2]

互助组建立起来的决定性的步骤是党领导的开水田运动的展开。[3]1952年冬，党派杨世荣同志（纳西族）为首的民族工作组，随同到县里来开会的孔志清（原任伪乡长），带来大批农具、衣服。到独龙河以后随即在巴坡村召开群众大会，会后给各家各户发了四五件衣服，将农具无偿送给群众使用，并决定全区首先在学哇当（现在的孔当村肖旺当村民小组）开水田。随后，每村动员2~30个强劳动力，全区共计100多人集中于三村学哇当，在区委书记杨世劳、区长孔志清指导下着手开水田。随后，副县长余耀龙和其他党员从怒江调来作技术指导的包括汉、白、藏、傈僳、怒等族技术干部30多人，来到独龙河帮助群众开水田。最初各行政村互相支援，后来变成各行政村自己开田耕种，水田面积逐年增加。仅第一行政村（现迪政当村），到1960年7月已有水田583亩。[4] 开水田时先开公有地和未被私人占有的荒地。由于江边平地多数为各户占有，而家族头人则占地较多，不愿意开田，经过商量、教育，才逐渐扩大成开私人占有土

❶ 中国科学院民族研究所云南民族调查组，云南省历史研究所民族研究室. 云南省怒江独龙族社会调查：调查材料之七[Z]. 内部刊印，1964（12）：39.

❷ 中国科学院民族研究所云南民族调查组，云南省历史研究所民族研究室. 云南省怒江独龙族社会调查：调查材料之七[Z]. 内部刊印，1964（12）：126-127.

❸ 中国科学院民族研究所云南民族调查组，云南省历史研究所民族研究室. 云南省怒江独龙族社会调查：调查材料之七[Z]. 内部刊印，1964（12）：123.

❹ 中国科学院民族研究所云南民族调查组，云南省历史研究所民族研究室. 云南省怒江独龙族社会调查：调查材料之七[Z]. 内部刊印，1964（12）：36-37.

地。开垦水田的同时，政府还提倡对已开旱地进行精耕、不盲目开荒，极大提高了当时的生产力水平。经过巴坡试办互助组，全区群众对互助组有了一定的认知，绝大多数群众都积极拥护互助组的成立。在党的各项方针政策指导下，人民群众思想觉悟不断提高，决心走互助合作的社会主义道路。到 1957 年，又组织独龙群众成立了 6 个互助组，同时，内地的合作化高潮也推动了独龙江地区互助组的建立。自此，独龙族由原来的家庭公社直接过渡到社会主义集体经济，由刀耕火种、狩猎—采集的混合生计形态走上了集体农业的经济发展道路。❶

互助合作式生产的开展逐步消灭和克服了不利于生产发展的原始落后因素，部分实现了社会主义集体所有制。但自 1958 年"大跃进运动"开始，由于夸大了主观能动性，发生了肃反、整风运动的扩大化和人民公社化。"一大二公""搬迁并队""一平二调"严重挫伤了群众积极性，使生产力遭到破坏。1962 年，经重新学习党的民族政策、重申"慎重稳进"，方把办人民公社退为办合作社，将独龙江一部分明社暗组的互助组和不愿入的农户退为单干，使生产得到了一定程度的恢复。至 1963 年年底，贡山县粮食总产量 994 万市斤，比 1958 年增加 283 万市斤。❷ 之后，"文化大革命"期间重回人民公社化，生产力再次遭到破坏。

### 2. 国家免费发放生产资料

建立互助合作组之前，独龙族的传统生计方式是刀耕火种，所以使用的农业工具是铁质的砍刀和木钩，独龙语称铁刀为"响木"，木钩上包有铁皮，独龙语称为"恰卡"，铁斧也有少量使用，独龙语称为"温尔"。铁刀为最常用的劳动工具，有大小之分，男的用大砍刀，长 45 公分左右；女的用小砍刀，长 32 公分左右；也有专供儿童使用的，长 22 公分左右。刀身都是前端宽、后面窄，因其使用方便，不仅是刀耕火种的常用工具，在日常生活中也经常用到它。相较起来，铁斧比砍刀更能砍倒粗壮的树木，但因为拥有它的代价较高，需要更多的东西来换得，且只在生产中使用，生活中使用频率较低，实用性不如砍刀，所以有铁斧的家庭并不多，平均两三户才有一把。农具是十分珍贵的，从当时的交换价目上就可见端倪，

---

❶ 《独龙族简史》编写组. 独龙族简史 [M]. 北京：民族出版社，2008：120.
❷ 贡山县地方志编纂委员会. 贡山独龙族怒族自治县志 [M]. 北京：民族出版社，2006：191.

通常族人会以黄连、贝母、兽皮、竹、麻、篾器换入铁刀、斧、锅、盐巴等生产工具和生活必需品。

> "一把铁斧换三捧黄莲（黄连）；一把怒锄换三捧黄莲（黄连）；
>
> 一把中号砍刀换十筒苞谷，或一张麂子皮，或一床麻布，或十碗盐巴，或二尺大土锅一只，或黄莲（黄连）四捧；
>
> 一把大砍刀换一斗苞谷，或二张麂子皮，或两床麻布；
>
> 一把小砍刀换一只鸡，或一、二碗盐巴；
>
> 一个大铁三脚架换4~5捧贝母；
>
> 一个小铁三脚架换1~2捧贝母；
>
> 一条黄牛换11~13斤贝母。"❶

当时一斤贝母的市价是5块银圆，一斤黄连是3~4块银圆。可见铁器类的农具是当时的主要生产工具，且价格不菲。劳动工具除铁器以外，木质、竹质和石质工具是更早的独龙人在采集经济中常使用的，木质器具如木杆、树杆、手碓、竹筐、竹篓等，还有石磨、石杵等石器。

**图2-1 现存少见的传统农具手碓**

（笔者摄于2016.08.06）

**图2-2 现存少见的传统农具手磨**

（笔者摄于2016.08.06）

---

❶ 中国科学院民族研究所云南民族调查组，云南省历史研究所民族研究室. 云南省怒江独龙族社会调查：调查材料之七［Z］. 内部刊印，1964（12）：17.

作为大力扶持生产的手段，独龙江区党委帮扶工作的重要内容就是免费发放生产工具，主要是大量的铁锄（板锄、条锄）、镰刀和铁犁。从1950年到1960年，政府共无偿发放了各种生产工具431件，计铁刀111把、镰刀93把、板锄92把、条锄75把、怒锄20把、斧头14把、镰子9把、犁头11架、炮杆5根、铁锤1把，与1949年之前相比群众拥有的农具数量翻了几番。据1959年统计，迪政当6个自然村共有砍刀156把、板锄98把、条锄105把、镰刀79把、铁斧69把，其中龙棍自然村（旧称，现龙元村）16户中有铁刀33把、恰卡50把、斧头9把、镰刀8把。❶国家发放的各种农具统交个人所有、个人使用，私人占有和国家救济的犁头，无报酬地由互助组统一使用修理。此外，1952年以后县政府还从怒江州引进并指导独龙族群众使用耕牛，大大改善了当地生产条件。耕牛由政府救济归互助组所有，私人喂养、组内使用，每牛顶两个人工，私人所占有的耕牛，私养组用时每牛仍顶两个人工。这一时期，成为独龙族由刀耕火种向传统犁耕农业发展转变的关键时期。

### 3. 初步实施交通基础设施建设

除发展山区生产、进行物资援助，必须一提的还有第一条"人马驿道"的开通。1963年2月至1964年年底，县政府在乡内修筑了"独龙江国防驿道"，大量援助物资，如粮食、衣服、铁质农具、种子、生活必需品、药品等，能较快速地运入独龙江乡，马帮运输随之兴起。由于马帮运输成本较高，1976年省公路规划勘察设计院为拟建独龙江公路进行了首次测量，开启了筹划30年之久的公路建设。自此，独龙族社会真正由原始、封闭走向开放。

### （二）阶段特征

### 1. 结合本土生产习惯，顺利完成社会主义农业改造

托克维尔曾说，面对变革，对于教育程度低的人来说，传统的崩溃将

---

❶ 中国科学院民族研究所云南民族调查组，云南省历史研究所民族研究室. 云南省怒江独龙族社会调查：调查材料之七［Z］. 内部刊印，1964（12）：87.

会带来混乱。❶ 刚实现"直接过渡"的独龙族便是如此，道德与理性尚未合一，人们更多地依靠习俗而非知识。工作队在初期帮扶中正是注意到了这一点，在社会主义农业改造中结合了本土农事生活中的传统风俗习惯，主要体现为试办互助组时以"打转转"的形式增加了"组织换工"形式的互助。"打转转"又叫"转转工"，即在松地、薅草、砍火山地时各家各户守望相助、互相帮忙干农活，不计工分、只记工日。"转转工"互相不收取任何劳务费用，主人只需为当天前来帮忙的村民提供饭食。在此基础上，群众得以逐步熟悉合作化的集体经济运作方式。

**2. 初步实施交通基础设施建设，打破原有生态系统的封闭性**

贡山县主体民族有三个，均为"直过民族"，据 2016 年统计数据，分别为独龙族 4097 人、傈僳族 11678 人、怒族 14362 人，总人口 30137 人。❷其中，独龙江流域是一个相对孤立的地理环境单元，区位偏僻、人口稀少、居住分散，受到高黎贡山和担当力卡山的自然屏障，长期以来形成了以生存经济为主的封闭式系统。虽然使生活于此的世居民族得以保留较完整的原生态社会生活面貌，但亦受限于高山峡谷的阻隔难以与外界交流，较之傈僳、怒、藏等其他世居民族，独龙族在历史上长期积弱。完成社会主义农业改造后，"独龙江国防驿道"的开通，不仅能满足国防建设需要，更打破了独龙江生态地理的封闭性，改变了独龙族群众下山难、出山难、交易难、生活难的局面；也正是凭借这条人马驿道，改善了解放前村民们"忍饥待粮熟、四季着麻布"的状况。

## 二、现代化的初步推进与经济搞活期（1978—2000）

经过"直接过渡"时期的帮扶，独龙族与其他兄弟民族一同步入了社会主义社会，但由于原有经济系统的封闭性和稳定性制约了发展的步伐，兼之经过"大跃进"与"文化大革命"期间的经济发展反复，贫困问题在县内仍然较突出，经济状况上没有摆脱缺粮的境况。据 20 世纪 50 年代末帮扶工作组对巴坡村 11 户家庭缺粮调查显示："1949 年有 7 户缺粮 3 个月

---

❶ 阿历克西·德·托克维尔. 旧制度与大革命［M］. 冯棠，译. 北京：商务印书馆，2013：239.

❷ 云南省扶贫开发领导小组. 贡山县"直过民族"脱贫攻坚实施方案［R］. 昆明：云南省人民政府，2016/06.

以上，1960 年仍有 7 户缺粮 1 ~ 2 个月。❶"授人以鱼不如授人以渔，配合国家市场经济体制改革的方向，该阶段独龙族帮扶工作从单纯的物资援助开始转向开发式扶贫。

## （一）民族工作内容

1978 年至 2000 年，我国扶贫攻坚可分为三个阶段，即 1978—1985 年体制改革推动扶贫、1986—1993 年大规模开发式扶贫，以及 1994—2000 年的"八七"扶贫攻坚。伴随国家工作重心逐步转移到经济建设上，独龙社会亦随之加快了经济发展的步伐。

### 1. 以"开放搞活"为主旨的区域优惠政策

党的十一届三中全会以后，土地经营制度改革从制度层面推动了我国扶贫工作的实质性起步。伴随国家工作重心逐步转移到经济建设上，独龙社会也加快了经济发展的步伐。根据党和国家对边疆民族工作的方针，结合独龙族地区的实际情况，该时期的民族工作实行了既不同于内地地区，又有别于其他少数民族地区的经济政策，即"休养生息、开放搞活"。如免征农业税和工商税；在坚持土地、资源、荒山、草地公有制的前提下，实行"土地归户使用、自主经营、包交提留、牲畜折价归户、私有私养、自主经营、长期不变"等一系列政策。还实施了"民族、边疆、贫困"三位一体的区域优惠政策，充分利用区位优势，加强横向联合，调整产业结构，优化生产布局，❷走改革开放之路。并把乡政府由巴坡村搬到交通相对便利的孔当村，建立了相应的经济中心。

### 2. 启动现代农业开发项目

由于受到自然、地理、社会历史条件的制约，社会形态和民族风格保存有较多的原始遗风，乡内仍有 40% 的耕地施以刀耕火种，耕作粗泛、品种退化，粮食产量处于较低水平，1991 年人均占有粮食仅 141 公斤，平均亩产约 59 公斤，每年都要靠国家大量返销来解决缺粮的问题。1986—1993 年，国务院成立了专门的扶贫工作机构，在全国范围内开展了有计划、有

❶　温继铭，温眉虎. 第四行政村独龙族社会经济调查［M］//独龙族社会历史调查（二）. 昆明：云南民族出版社，1985：65.

❷　周建明. 民族贫困地区对策研究［M］. 北京：中国科学技术出版社，1992：25.

组织和大规模的开发式扶贫。针对独龙江乡粮食产量低的问题，1979—1989年县里举办各种实用技术培训11172人，1990—1995年培训135000人次，❶ 大力普及农业科技，如板栗修枝嫁接、地膜覆盖技术、玉米栽培技术、水稻拉线条栽等。同时推广良种，怒江州农牧局在独龙江推广良种地膜玉米103亩，平均亩产400公斤以上，与传统种植方法相比每亩增产340公斤。❷

针对独龙江乡的特点，怒江州政府推行了一系列开发项目，如"独龙江乡综合开发项目"（推广良种玉米营养袋育苗移栽和地膜覆盖），"牧业开发"，"发展多种经营——茶叶、藤条和竹类资源"，"开发边贸资源"，来自扶贫贷款的"独龙江花卉植物资源开发""独龙江乡土地资源的有效利用项目""独龙江流域中药材资源开发利用项目——胡黄连野生驯化栽培、黄连（云连）野生驯化栽培、贡山大额牛人工牛体育黄和创办独龙江乡农副产品加工中心"等。截录部分资料如下：

独龙江乡综合开发项目❸

项目一：推广良种玉米营养袋育苗移栽和地膜覆盖

目的：①通过科技手段，挖掘粮食生产潜力，大幅度提高玉米单位面积产量，实现独龙江粮食自给，减少外调及运输费用；②解决独龙族的温饱问题。

工作内容及预期目标：①推广优良品种3000亩，玉米营养袋育苗移栽1000亩，推广地膜玉米1300亩；②独龙江乡党委和政府负责宣传、发动组织群众；州、县农业科技部门派出3~4名农科人员，深入独龙江作技术指导；③实施项目期间所需投资（购地膜、化肥费用及运输费）由国家给予一次性补贴，连续三年补贴政策不变。

时间安排：约需36个月

资金投入：$13.3 \times 10^4$元

❶ 贡山县地方志编纂委员会. 贡山独龙族怒族自治县志 [M]. 北京：民族出版社，2006：392.

❷ 何大明. 高山峡谷人地复合系统的演进：独龙族近期社会、经济和环境的综合调查及协调发展研究 [M]. 昆明：云南民族出版社，1995：215.

❸ 出自怒江傈僳族自治州农牧局20世纪90年代资料，资料收集时间为2016年8月1日，收集地点贡山县档案馆。

| 项目内容 | 资金（元） |
| --- | --- |
| 购买地膜费 | 66612 |
| 地膜运输费 | 36400 |
| 磷肥尿素款及运费 | 30000 |
| 合计 | 133012 |

资金来源：地区发展资金

组织实施：建议州、县农科部门与乡政府协作实施。

中药材资源开发利用项目设计中，还专门增加了"效益分析"[1] 部分，访谈对象 KDN（女，独龙族，62 岁，孔当村孔当二组，个体经营者）家的玉米地，还有山上的黄连、重楼等中药材便是于 20 世纪八九十年代相继开垦种植。

独龙江流域中药材资源开发利用项目[2]

子项目一：胡黄连野生驯化栽培

目的、依据、工作内容、预期目标、时间安排：略

效益分析：胡黄连在自然生长条件下亩产仅 200 公斤，人工栽培条件下，亩产可达 500 公斤以上，产量和产值比自然生长提高一倍以上，如按 1994 年驯化栽植 30 亩，1995 年种植 30 亩，平均产 350 公斤计（因当年移栽的 3～4 年苗需待次年才能采挖），则三年共产黄连 31500 公斤，按最低成交价 15 元/公斤计，可收入 $47.25 \times 10^4$ 元（不含 1996 年种植的 40 亩）。扣除投资 $1 \times 10^4$ 元及其他费用 $1.5 \times 10^4$ 元，年均增加收入 $15.7 \times 10^4$ 元。若按全乡人口 4057 人（1990 年）计，仅此一项人均年收入可增加收入 38.7 元，相当于 1990 年全乡人均现金收入 47.50 元的 81%。

资金投入：共计约 $3.55 \times 10^4$ 元

资金来源：申请扶贫贷款或农业发展基金

组织实施：由独龙江乡政府、独龙江商店、独龙江农技站等共同

---

[1]　出自怒江傈僳族自治州农牧局 20 世纪 90 年代资料，资料收集时间为 2016 年 8 月 1 日，收集地点是贡山县档案馆。

[2]　同上。

组织实施。

生产效率方面，相对过去原始简陋的劳作工具，各种适宜山区、提高生产效率的劳作工具得以推广，如旱地犁（翻土开地）、耙（粉碎土块）、耱（松土保墒）、耧车（播种）等。但由于耕地多在山上，所以平原传统农业中常使用的碌碡（压土平地）、辘轳（滑轮提水）、桔槔（杠杆提水）、筒车（自动提水）并未能在独龙江地区广泛使用。

### 3. 持续推进交通扶贫

20 世纪末，独龙江地区交通条件仍然较差，运入独龙江的各种物资全靠人背马驮。据统计，1990 年运入各种物资 $105 \times 10^4$ 公斤，1991 年运入 $88.5 \times 10^4$ 公斤，1992 年运入量高达 $120 \times 10^4$ 公斤，每年县财政仅用于物资运输的补贴达到 3120 元。❶ 所以，1990 年年底国家交通部省交通厅把怒江州列为扶贫联系点；1994 年独龙江公路建设被列入"八五"扶贫项目；1995 年破土动工。20 世纪 90 年代后期，党和各级政府对独龙族保持持续地关注。1998 年初冬，中共中央委员、中共云南省委书记、省政协主席令狐安带领云南省民委主任格桑顿珠、省扶贫办主任和铁梁及省卫生厅、省教委、省水利水电厅的 3 位年轻处长一行，徒步进入独龙江乡，调研 8 天期间走访了 3 个行政村、近 10 个寨子，看望了 30 多户独龙族群众。❷ 1999 年省委民族工作队进驻独龙江乡开展帮扶工作，同年全长 96.2 公里的独龙江公路正式通车，江泽民同志亲笔题词"建设好独龙江公路，促进怒江经济发展"。TGG（男，独龙族，58 岁，小学，巴坡村巴坡小组，原巴坡村党支部书记）对笔者说："独龙江公路是一条政治路，我们把修建独龙江公路称作'第二次解放'。"

### （二）阶段特征

### 1. 支持私营经济发展，现代产业发展格局初具雏形

改革开放之前，独龙江地区仍处于粗放耕作阶段，手工业尚未从农业

---

❶ 何大明. 高山峡谷人地复合系统的演进：独龙族近期社会、经济和环境的综合调查及协调发展研究 [M]. 昆明：云南民族出版社，1995：214.

❷ 尹善龙. 山高水长隔不断：中共云南省委书记令狐安徒步深入独龙江乡调研散记 [J]. 民族工作，1999（1）.

中分工出来，生产力水平低下，剩余产品极少，经济结构单一。党的十一届三中全会以后，基层政府通过信贷、扶贫开发政策和培训，积极支持独龙江乡私营经济发展，1984 年县累计发放各种农业贷款 104000 元，为 1952 年的 6.9 倍❶（乡内早期档案不完善，仅有全县总数据），现代经济格局初步形成。如卡尔·波兰尼在《大转型：我们时代的政治与经济起源》中所写："19 世纪文明具有独特而鲜明的经济意义，因为它选择了图利作为文明的基础。"❷ 初步建立市场经济体制后，村民以"满足需求"和"安全第一"为显著特征的传统生存经济首次受到挑战。

进行更深层次的话语分析，我们能从该发展阶段的文本中感受到现代性特征。文字和话语的魅力在于，除了字面含义最重要的是代表了文字中蕴含的社会背景。20 世纪 90 年代是我国进一步深化改革开放的重要时期，也是社会主义现代化建设的新时期，相应的各项工作也围绕这个核心展开。与上一时期相比，独龙江地区扶贫开发政策尤其项目开发文本设计中较多现代词汇高频出现，主要体现在三个方面：①标准化与规范化的有现代性特点。与上一时期帮扶相比，此阶段扶贫开发政策中开始出现较多具有现代色彩的词语，如"发展""科技""技术""开发""目标""资金""条件""项目""平均""增收""资源""增长""引导""资本""问题""协调""组织""可行性""效益"等。该时期关于扶贫与发展的项目开发文本展示了"标准、规范、统一"的现代特征，文件格式亦不再是记叙式文体，多以"计划书"的文本格式出现，遵循"目的—依据—条件—工作内容—预期目标—效益分析—资金投入—资金来源—组织实施"的标准化流程，显示了现代科层式管理技术严格的规范性和统一性。②"问题"意识。"问题"一词出现的频次高，如"口粮问题""温饱问题""关键技术问题""实际问题""加工问题"等，体现了经济发展中的"问题化"和"问题—对策"导向，即在发展中设定"发现问题—对策—解决问题"的流程，使扶贫开发呈现出一个线性的过程，如从项目开始到项目结束。③现代经济发展思路。比如"效益分析"部分，意味着"经济增长"

❶ 贡山县地方志编纂委员会. 贡山独龙族怒族自治县志［M］. 北京：民族出版社，2006：364.

❷ POLANYI K. The Great Transformation：the political and economic origins of our time［M］. Boston：Beacon Press，1957：243.

"效益"被灌输进产业发展认知体系。除了生产、生存的概念外，作为市场经济标志的"利润"进入了传统农业视野，使独龙族群众在原自给自足的"生存经济"认知中开始有了"图利"和"资本"的观念。可以看到通过基层政府的现代管理与技术推广，现代产业发展格局有了良好的开端。

### 2. 生产资料商品化，民族商贸始现繁荣

进入市场经济体系后，伴随扶贫开发项目的落地，传统自给自足的生存经济形态迅速解体，现代农业工具、种子、磷肥、尿素都需要通过市场购买，生产资料商品化成为经济生活的必然，乡内新建的商业网点和集市彻底改变了过去无市场以物易物的原始交换状况。伴随生产中资本性投入越来越多，当生产所得不足以获得再生产资本时，农民就需要通过其他渠道获得收益保证生产投入，如打短工、采集、手工业制作等，又一定程度推动了民族商业贸易的发展。资料显示，党的十一届三中全会以来，独龙江乡百货供应日益丰富，销售量大幅增长，从解放初期的茶叶、盐发展到工业品、农业生产资料、日用百货、药品与民族特需品销售五大类数十种。1984 年，县农村集市贸易成交额达 58700 千元，农副产品收购总值为36 万元❶。此外，国家通过"基本生活用品价格补贴"和"边疆地区民族贸易照顾"政策❷从制度层面推动了商品化进程，亦保证了地方民族贸易的繁荣发展，给开发项目提供了更好的市场环境。总之，进入市场购买生产和生活资料使该乡经济关系发生了变化，农民对市场产生依赖的同时，商品化又推动了消费商业化和乡村的城镇化进程。

搞活开放政策实施后，独龙族群众的生活虽较 20 世纪五六十年代有了较大改善，但由于地处偏远、气候恶劣、交通不便，经济社会发展仍旧缓慢。如 1985—1990 年，独龙族人均占有粮食虽以 4.89% 的年递增速度增长，人均总收入和人均纯收入也分别以 11.43% 和 11.03% 的年递增速度增长，但绝对量 1990 年比 1985 年人均占有粮食只增加 39.87 公斤；增收方面，1985—1990 六年间人均纯收入只增加了 62.45 元，至 1990 年人均为

---

❶ 贡山县地方志编纂委员会. 贡山独龙族怒族自治县志 [M]. 北京：民族出版社，2006：354.

❷ 1956—1983 年，国家对贡山县仅盐、茶、火柴、煤油四种商品的价格补贴支出就达到 190 万元，人均照顾 65 元。民族贸易照顾则主要有三项，为自有资金、利润留成、价格补贴，1981 年起对自有资金不足部分，银行还给予低息贷款。

161.10 元，没有达到 200 元/人的全国平均水平。❶ 与同期全国平均值比较，明显反映出较大差距，见表 2-1。

表 2-1　1989 年独龙族人均农村经济收入与全国平均值对比❷

|  | 人均总收入（元） | 人均总消费（元） | 人均纯收入（元） |
|---|---|---|---|
| 全国 | 1438.85 | 794.39 | 644.46 |
| 独龙族 | 212.83 | 9.16 | 203.67 |
| 独龙族与全国的差 | 1226.02 | 785.23 | 440.79 |

## 三、现代化进程的大幅推进与经济社会跨越式发展期（2001—2015）

2001 年 5 月，党中央、国务院召开了中央扶贫开发工作会议，指出进入新世纪后民族地区扶贫攻坚的重点在于，提高扶贫目标的瞄准性，大力推进基础建设、社会服务、素质教育等各方面的融合发展。紧接着颁布了《中国农村扶贫开发纲要（2001—2010 年）》，这是继《国家八七扶贫攻坚计划》之后又一个指导中国农村扶贫开发工作的纲领性文件。经过上一阶段的项目开发，虽然独龙江乡内绝对贫困人口每年有所下降，但经济社会发展仍然滞后。独龙族仍然处于整体贫困状态。据统计，2009 年年末全乡 12 个自然村 350 户（1245 人）不通公路；31 个自然村 789 户（1879 人）饮水困难；896 户（3306 人）不通电，通电率仅为 29%；没有邮政所和金融服务机构，群众与外界联系少，处于较封闭的状态；教育、科技、文化、卫生等各项社会事业建设严重滞后，师资力量薄弱，受教育年限仅 4.7 年，文盲率最高达到 33.07%；缺乏致富技能，科技普及率低，缺医少药现象突出；农业生产中，没有支柱产业，自我发展能力弱，多数群众吃粮基本靠退耕还林补助粮，花钱靠农村低保；2009 年年末，人均生产粮食

---

❶ 何大明. 高山峡谷人地复合系统的演进：独龙族近期社会、经济和环境的综合调查及协调发展研究 [M]. 昆明：云南民族出版社，1995：66.

❷ 何大明. 高山峡谷人地复合系统的演进：独龙族近期社会、经济和环境的综合调查及协调发展研究 [M]. 昆明：云南民族出版社，1995：66.

201 公斤，人均经济纯收入 916 元。❶ 而当年，我国农民人均经济收入为 5153 元，已首次突破了 5000 元大关。面对如此艰巨的形势，同时深入贯彻胡锦涛同志考察云南时"进一步加快人口较少民族脱贫致富步伐"❷ 的明确指示，中共云南省委、云南省人民政府联合上海市对口帮扶，在该乡展开了"十二五"时期的"整乡推进整族帮扶"。

## （一）扶贫攻坚内容

"整乡推进整族帮扶"是继"直接过渡"之后独龙族发展的又一个重大转折点，通常来说需要数十年完成的物质文明进程在这里只用了数年时间，这个高山峡谷之中的民族发生了翻天覆地的变化。

### 1. "整乡推进整族帮扶"政策的制定

2009 年，上海市在做好德昂族帮扶后续工作的基础上将独龙族唯一聚居区独龙江乡列为重点帮扶乡镇。2009 年 10 月 12 日至 13 日，时任中共云南省委副书记李纪恒同志赴独龙江乡调研后，形成了省委《专题会议纪要》。明确要求经过 3 年到 5 年的努力，使独龙江乡和独龙族经济社会实现跨越式、可持续发展。当月，中共云南省委、云南省人民政府派遣了省级有关部门组成的工作组，深入独龙江乡帮助贡山县开展规划编制工作。按照省委、省政府的要求，由省发改委、省扶贫办牵头，省民委、省交通运输厅、省住房城乡建设厅、省旅游局 6 个部门共同编制了《云南省贡山县独龙江乡整乡推进独龙族整族帮扶综合发展规划（2010—2014）》，制定了切实推动独龙江乡整乡推进，独龙族整族帮扶的工作安排，并明确了各部门的帮扶项目及资金安排。2010 年 1 月 19 日，中共云南省委、云南省人民政府在昆明召开独龙江乡整乡推进独龙族整族帮扶专题会，从省级层面启动了独龙江乡整乡推进独龙族整族帮扶工作。中共云南省委、云南省人民政府先后出台了《关于独龙江乡整乡推进独龙族整族帮扶三年行动计划的实施意见》（云办发〔2010〕2 号）和《中共云南省委办公厅云南省人民政府办公厅关于印发〈2013—2014 年独龙江乡整乡推进独龙族整族帮

---

❶ 黎鸿凯. 云南怒江独龙江乡六大帮扶工程造就六大改变［EB/OL］.（2015/07/29）［2017/12/30］. http：//yn. yunnan. cn/html/2015 – 07/29/content_3842606. htm.

❷ 金炳镐. 新世纪新阶段党的民族政策［N］. 中国民族报，2009/10/30.

扶实施方案〉的通知》（云办发〔2013〕14号），制定了独龙江乡整乡推进独龙族整族帮扶综合发展5年规划三年行动计划，省直32个部门组成了"独龙江乡整乡推进整族帮扶综合开发统筹协调小组"。前期投入资金8.6亿元，五年共落实建设资金13.04亿万元，先后抽调州委118人作为独龙江帮扶工作队队员进驻独龙江乡6个村委会26个自然村。截至2014年年末，组织完成了基础设施、安居温饱、产业发展、社会事业、素质提高和生境保护六项帮扶工程，体现了这一阶段扶贫整体性、全面性的特点。

### 2. "整乡推进整族帮扶"六大工程的落实

（1）基础设施工程

基础工程包括以独龙江公路改建为主体的溜索改桥等路桥工程，以及水利、电力、邮政通信、旅游小镇建设等基础设施建设工程。《2011—2014年独龙江乡整乡推进独龙族整族帮扶实施方案》推进中，基础设施配套工程投入3865万元，另外特色小镇改造工程中投入3240万元。全乡全部实现通车、通电、通电话、通广播电视、通安全饮水。

首先是独龙江公路改造。因为山高雨多、泥石流多，1995年建成的老公路有86.2公里未达等级路技术标准。老公路因翻越高黎贡山，每年大雪封山阻断通行长达半年，且通村公路等级低、无养护能力、通畅能力弱，造成"晴通雨阻""雪阻封山"的困境。所以，2010年独龙江公路改建工程正式开工。其间，时任总理的温家宝同志就"解决好独龙族出行难问题"❶ 做了重要批示。改造工程全长79.983公里（较原有公路缩短16公里，最高海拔由原来的3390米降至3025米），其中6.68公里的特长隧道穿越高黎贡山，公路建设除满足汽车通行外，留有专用的人马步行通道。2014年4月，随着最后5.5公里岩石被爆破，高黎贡山独龙江隧道胜利贯通，标志着独龙族聚居区彻底结束了每年有半年大雪封山期、不通程控电话、不通宽带网络、不通移动4G网络的历史。

---

❶ 胡永启，李映青. 传统与现代生活中的独龙人［N］. 中国日报，2012/12/05.

**图2-3 全线贯通后的独龙江隧道**（笔者摄于2015.12.26）

二是溜索改桥等其他路桥工程。截至2014年年末，独龙江乡全乡公路里程达150公里，公路等级从无等级砂石路改造完成3级柏油路，新建完成公路隧道（双车道）6680千米。全乡溜索已基本改成了安全的钢索吊桥，仅在巴坡村留有一座竹吊桥。此外，还建有加油站1个、人马吊桥11座，马库村至钦兰当公路已建好挡墙、挖方、涵洞。

**图2-4 2008年巴坡村木兰
当小组过江竹吊桥**

（图片由巴坡村前村委书记王国光提供）

**图2-5 原址上修建的
新悬索桥（2016.08.06）**

（图片由巴坡村前村委书记王国光提供）

再是水、电、邮政工程。水利方面，针对独龙江乡水利设施薄弱，水利化程度极低，灌溉条件极差，防洪排险设施建设滞后，人畜饮水困难数量大的实际，新建了防渗加固农田水利20件，总长32.41千米，累计改造农村安全饮水工程29件，农田水利覆盖良田面积1000亩，较2009年年末净增600亩；实施白来山、龙元山等山洪治理工程6件，建设防洪墙819米，并开展木切尔河独龙江段治理工程。电力方面，按照完善农网工程、实现村村通电的目标要求，新建10千伏办理电线路120千米，400伏低压线路80千米，配变压器31台，配套新建电源点。完成了麻必当电站改建工程，另有320千瓦×2＝640千瓦的孔目电站和龙元微型电站运行使用。共架设20千伏输电线路112公里、改扩建电站1座。电力装机累计达到1600千瓦，比2009年增加960千瓦；架设农网线路127千米，比2009年增加112千米；安装一户一表1068户，比2009年净增1068户；配变压器45台，比2009年末净增42台。农网覆盖全乡所有6个村委会26个自然村1068户，比2009年净增920户。邮政通信方面，开通了程控电话、宽带网络、移动4G通信，建成农村金融服务营业网点1个。架设程控光缆160千米，较2009年年末净增160千米；移动电话基站8座，较2009年年末增加2个；广播电视户户通建设完成1068户，较2009年年末净增1068户；架设移动通信广播电视光缆80千米，对孔当移动基站实施载频扩容，加设固定、宽带及移动网络，配套安装"户户通"；新建乡级邮政所，EMS已能到乡。独龙族从此有了纵贯南北、覆盖全乡的通信网络，有了方便快捷的金融服务网点，极大地促进独龙族生产力的发展。

还有边境旅游小集镇建设。基础设施建设中，将乡政府所在地孔当村（三乡）规划为了旅游小集镇。建成三级客运站1个，建设完成防洪堤、道路、农贸市场、净水处理厂及配套管网、旅游公厕等集镇基础设施配套工程和特色旅游小镇风貌改造工程。自此，三乡有农贸市场、移动大厅、邮政EMS、农村信合银行ATM终端、药店、小商店、住宿、餐饮，基础设施齐全，成为游客的集散地和来往各村的中转中心。无论北上去献九当、龙元和迪政当，还是南下到巴坡、马库都要从这出发和落脚。

（2）安居温饱工程

安居工程包括安居房建设、整村推进和基本农田建设。过去独龙族群众居住得十分分散，房屋为简易的茅草房、篱笆房，旧称"木垒房""竹篾房"。安居温饱工程以集中为原则，共建设完成水、电、路、卫生、文化设施齐全的安置点 26 个，建成独具民族特色的安居房 1068 户，其中：旅游型安居房 323 户，配套伙房 490 间；完成了新建田埂 3200 米，新建田间道路 3150 米；新建排导槽 520 米；土地整治 310 亩。按照合理布局节约用地、满足农户安居功能、体现民族特色、适应旅游发展、以就地取材为主的原则，采取统一规划、统一设计、分类补助、分年实施的方式，对 1015 户进行安居房建设。考虑到独龙江乡独特的区位和独龙族群众戍边固土职责，在安居房建设规划中，仅将自然条件恶劣的 9 个村中的 478 户进行集中重建，其余的 22 个村 537 户采取就地重建。房屋建设上重点以满足农户安居功能、体现独龙族民族特色为主，户均配套修建 20 平方米的伙房。对原独龙族聚居的 42 个自然村拆并为 31 个村民小组实施整村推进，包括村间道路硬化 31 条，建村卫生公厕 62 个，改厕 1015 间，设垃圾处理池 31 个，建科技文化及党员活动室 28 座等。

安居房按原独龙族民居风格而建，政府建的安居房每户屋顶插着一面红旗，但在修建时仅建了客厅和卧室。在原工程基础上，安居温饱附属工程帮扶资金到位 830 万元，县级自筹完成投资 530 万元。规划建设包括 1000 户农户厨房（厨房与住房分离，厨房保持着传统的火塘，一个火塘一户，围火塘而居）。每个村民小组配有一个篮球场、一个厕所、一个洗澡间，建成 1 处小组共用猪圈和若干两户共用种植大棚，1～2 个固定垃圾处理点。总体来看，村容整齐划一。据访谈，2014 年还有独龙村民不愿从山上搬到安居房。原因在于耕地仍在山上，搬下来后还要走很远到山上的地种植，很不方便；也有老人不愿离开旧居等原因。截至目前，村民们基本上都已住进了安居房，旧居或闲置或被作为山上的生产房。

图 2-6　安居工程实施前的旧居（图片由独龙江乡乡政府办公室提供）

**图 2 - 7 孔当村腊佩小组共 28 户搬迁后的新房**（笔者摄于 2015.01.10）

从上述情况可见，以"翻天覆地"一词来形容独龙江乡的变化毫不夸张，除大幅添置家具电器等实物、丰衣足食外，村民们还开始有了可支配收入，人均纯收入亦得到了极大的提高，2009—2015 年农民增收十分明显，见图 2 - 8。

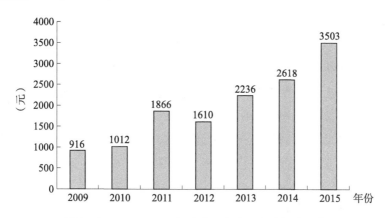

**图 2 - 8 2009—2015 年独龙江乡农民人均纯收入❶**

（3）社会事业发展工程

针对独龙江乡社会事业发展滞后、生产生活方式落后、思想观念保守、群众科技文化素质偏低的实际情况，2011—2014 年社会事业完善工程投入 110 万元，健全了社会事业服务体系。教育、卫生、文化和社会保障

---

❶ 数据出自与独龙江乡政府办公室主任 HY（HY，女，26 岁，独龙族，大专，公务员）的座谈。

等一大批民生项目的建成使用，彻底解决了独龙族入学难、就医难、老无所养的困难。

教育设施方面，建成了乡九年一贯制学校综合楼、教师流转房、学生宿舍、青少年活动中心、多媒体教室、食堂、厕所、澡堂等教育教学基础设施多栋，建成国门小学 1 所、幼儿园 1 所，幼儿园和九年义务制学校设施齐全，目前无辍学情况。访谈中，初二学生 LSM（男，15 岁，独龙族，初二，巴坡村）反映，吃住都在学校，文具、书包这些也是学校发的，生活费用和学费全免，和内地学校一样每天发一袋学生营养牛奶，伙食很好。至"十二五"末期，独龙族小学生入学率、巩固率和升学率连续五年均保持 100%；全族人均受教育年限 5 年，较 2009 年增加 0.3 年；学校教职工人数 73 人，较 2009 年增加 8 人；在校学生 569 名；学校教育用房建筑面积达 8500 平方米，较 2009 年增加 6000 多平方米；独龙族还有了第一个女硕士研究生。卫生设施方面，建成卫生院医技楼 1 栋、医生流转房 2 栋、共有医技人员 21 名，医疗卫生用房建筑面积 2679 平方米，比 2009 年增加 1500 平方米，病床 20 张，较 2009 年新增 10 个床位，配备齐全了彩超、X 光机、手术台、洗胃机、心电护理仪、多功能麻醉机等乡镇卫生院必备的医疗卫生器材设备。文化事业方面，新建了广播电视发射塔 1 座、独龙族博物馆 1 座、乡文化站 1 座、群众性文体活动广场 2 座（占地面积 4500 平方米）、村民文化活动室 26 个、篮球场 26 个；组建了 6 支农民文艺演出队，独龙族歌手第一次在全国性比赛中获得冠军。社会保障方面，农村低保实现全族覆盖，有了第一个敬老院，至 2015 年共 33 名独龙族孤寡老人得到集中供养。

（4）产业发展工程

独龙江地区属季风气候，雨水充沛，树木茂密，河谷地带可耕地少，为适应当地的自然地理条件，"刀耕火种"成为独龙人最早的主要生存策略。仅靠刀耕火种粮食产量低，不够维持日常消耗，所以该地又发展了以采集药材贸易交换和渔猎为辅助的生计方式。"直接过渡"后至改革开放阶段，国家对独龙族开展了山区改造，改变原始的耕作方式，由刀耕火种跃进成犁耕农业，开展互助合作和家庭联产承包，深入进行了农村经济体制改革。"十二五"扶贫之前，除少量外出打工的族人，大多数当地人基本维持着犁耕、刀耕火种、渔猎、采集交换等一套传统的生计体系。自推进以交通基础设施改善为标志的整乡推进整族帮扶式扶贫后，独龙江乡已基本实现了由传统农业向现代产业结构的转型，一是以"西南秘境"为主题大力发展旅游业，依托上海市对口帮扶前期投入的3240万元，集中建成了钦兰当、巴坡、普卡旺、龙元、迪政当5个民族文化旅游特色村和15个观景台；再是以草果为主要经济作物，推广现代农业技术进行传统农业的改造，扶持特色生态种植业。围绕户均5亩以上经济作物和经济林果、户均2头以上大牲畜养殖目标，整体式扶贫中巩固并新建草果基地30000亩，种植核桃、董棕、花椒等1000亩，农作物良种推广9000亩，建大棚蔬菜50亩。发展中蜂养殖400箱，投放独龙牛680头，建成独龙原鸡保护和扩繁基地1个、草果加工厂1个。帮扶末期，种植产业发展巩固工程投入资金50万元，特色种植业初具规模，不少家庭已有了少量现代农具和农业机械工具，如小型拖拉机、割稻机、施肥机等，村民们办了养鸡场，配套了现代养殖工具和方案。作为独龙江乡经济发展的重要方面，本书将在第五章对特色生态种植业的产业发展情况进行专门论述。总之，至"十二五"末期，该乡基本实现了由传统农业向现代产业结构的转型，尤其是旅游业实现了从无到有的质变。

（5）素质提高工程

按照"立足当前改变一代人，着眼长远培养一代人"的民族工作思路，围绕独龙江特色旅游产业发展、实用技术、党基层组织建设，长期坚持不懈地对独龙族群众实施技能培训、职业培训及文明生活等培训。"十二五"期间素质提高提升强化工程共投入资金100.98万元，累计完成农村实用技术、本土旅游人才、文明生活、乡村干部、教师、医生、农技人员培训等共计25464人次，培训驾驶员100名。

素质教育内容主要为：①职业技能培训，包括烹饪、种植、养殖、编织、驾驶、汽修、计算机等。其中，现代农业技术培训比重较大，包括草果、重楼、花椒、大棚蔬菜等的种植。2013年，县扶贫办专门派技术指导员驻村，到每个小组指导村民建大棚、建猪圈，传授种植、养殖技术。访谈对象MJY（女，31岁，独龙族，初中，务农，孔当村丙当小组）说，2015年6月政府刚组织了包括她在内的40多个独龙族妇女去贡山县城学习烹饪半月，只要愿意去的，学习、生活费用都由乡政府出，如果下次还有培训她还去。BJL（男，27岁，独龙族，大学，务农，孔当村丙当小组）说，乡里每隔一段会免费培训考驾照，可以在旅游发展起来的时候让村民有能力跑运输增收。还有生活技能培训。②生活常识方面的培训，主要靠张贴在宣传墙上的海报等，主要有消防知识、交通安全条例、交通安全知识和反恐常识等；每村建安居房的时候，也会有扶贫工作队的指导员教村民自建院子挡墙、水渠之类，教他们房屋维护和村内路面维护的技能。③法制和组织建设培训。社会主义意识形态和民主政治宣传主要以宣传手册的形式发放到每户，包括法制宣传册和信访条例等。

通过素质提高工程，独龙族群众成为帮扶工程建设的"生力军"，农村剩余劳动力转移步伐加快，独龙族全族劳动者从传统农业生产转向从事其他产业和工种方面出现了零的突破，并有了质和量的飞跃。截至 2014 年年末，全族农村从业人员中从事旅游和餐饮服务的达 45 个，从事车辆运输 120 个，外出务工 250 个，从事加工业 10 个、个体经商 300 个、手工艺品制作 56 个，占到了独龙族劳动力总数的 35% 以上。此外，基层组织和独龙族群众自我发展、自我管理、自我教育能力全面增加。落实独龙族群众在帮扶工作中的主体地位后，基本上实现了全员投入帮扶，充分发挥基层组织的战斗堡垒作用和党员的模范带头作用，广泛推行村务公开、公示，极大地激发了村级组织、独龙族同胞投身参与帮扶工作的热情，村级组织和独龙族群众的自我管理、自我教育、自我发展能力得到全面增强，村党组织的堡垒作用得到了充分发挥。五年来，独龙族群众累计投工投劳 18.6 万个工日，备沙备料 27.3 万立方米，编织竹篾笆 10600 平方米，收集翻盖茅草屋面积 3900 平方米，筹集木料 3450 立方，庭院整治 1057 户。其中，入户道 12240 米，混凝土院坝 27840 平方米，散水和水沟 14610 米，挡土墙 5844 立方米，种植绿化树 41000 株。村民们还初步树立了文明的现代生活方式，如实现人畜分居，学会使用各种电器，习惯使用公共新厕所和洗澡间等；同时，与市场经济相关的商业概念也不断形成。

（6）生态环境保护和建设工程。

该项工程坚持保护优先、开发有序的原则，加强环境管理。经笔者实地观察，乡、每个村、村民小组至少放置垃圾桶 2 个，环卫车每天上午、下午清理垃圾两次。认真执行生态环境保护工程各项监管措施的同时，至 2015 年该乡完成了 3 万亩天然林保护、16000 亩退耕还林成果巩固，沼气池、节柴灶农村能源建设 3 项，新建薪炭林 1.1 万亩、节柴灶 1015 眼、沼气池 58 口。各村公告档和公路沿线的宣传牌上，都张贴着"禁止垂钓、保护环境、防火育林、保护水质"等与生态环境保护相关的口号、知识和标语。人员培训方面，巴坡村还增加了对国家级护林员的考核。"整乡推进整族帮扶"期间，独龙江乡生态环境保护有序展开，全乡森林覆盖率以每年 1.5 个百分点的速度增加，2014 年全乡森林覆盖率达 93%，比全县森林覆盖率高出 15 个百分点。

实地观察中笔者发现，关于生态保护的部分规定落实起来也的确存在难度。比如，独龙族群众做饭、烧水、取暖大多数时候仍然使用传统火塘，每家对于干柴的需求量很大，隔几天就要去山上砍树备柴。"可以在一定范围内砍树作柴，但多砍需补种或接受罚款"，这项规定在执行时就较难落实。还有，渔猎是独龙族人传统生计方式的一种，本地人喜食独龙江的野生鱼类，如无刺小白鱼，因此"禁止钓鱼"的规定也非朝昔能达到。此外，培养本地群众垃圾处理、分类知识等环保意识，对于现在的普通独龙族群众来说还要经历较长的过程。

（二）阶段特征

### 1. 从经济增长转向经济社会全面发展，引导传统农民融入现代经济体系

对比全国其他地区以"经济增长"和"效益"为主要特点的开发式扶贫，此阶段独龙江乡的帮扶重点在于改善民生与现代产业结构调整，不仅是经济增长，而且是从产业、交通、教育、卫生、文化等各方面着手实现经济社会的现代跨越，呈现出全方位的发展特点。贫困发生率从 2013 年的 58.32% 下降到 2015 年的 37.63%。❶ 产业结构方面，完成了农民的生计方式转型，正式确立了以生态种植农业为主、旅游业为辅的产业结构，通过财政和信贷补贴鼓励第三产业发展，转移农村劳动力。在此基础上，基层政府进一步推进农业科技、培育与市场接轨的新型农民、建立以市场为导向的种植结构，帮助传统农民融入市场经济体系，顺利实现农民、农业"下山入市"的过程。

---

❶ 贡山县人民政府办公室. 贡山独龙族怒族自治县国民经济和社会发展第十三个五年规划纲要［R］. 贡山县人民政府，2016/03/08.

### 2. 现代经济概念进入本土知识结构，传统文化发生着涵化与整合

伴随市场经济体制在独龙江地区逐步建立，过去自给自足状态下的知识内容发生了转变，一系列与市场相关的要素及经济学概念进入了独龙族群众的日常。人们逐渐接触到建立在数字体系上的经济逻辑，开始熟悉GDP、价值、融资、旅游、生态、可持续等一系列现代词汇，信贷、储蓄、利润、网络、科技等要素或主动或被动地进入到村民们的日常经济生活中，朴素地方知识话语的改变成为必然。相应地，现代科技、生产观念与教育方式进入传统乡村，又改变了知识的传承形式，使文化发生着涵化和整合。比如独龙毯编织技术传承的衰落；又如货币和市场容易让村民们把"人的发展"简化成为致富的过程。与此同时，文化整合也正在悄然发生。如传承人自发在独龙族"即兴说唱"中添加了歌颂扶贫政策的内容；日常生活中火塘与现代电器共同使用，共同承载教育、娱乐、互助等社会功能。

### 3. 社会变迁迅速激烈，外源性发展特征显著

以国家权力为主导推进一个区域的现代变迁，尤其在独龙江乡这种具有封闭性特点的小型社会，具有极大的可操作性和优势，在其他地方需要数十年才能完成的物质现代化进程，在这里仅五年便取得了显著的成效，这是外源性发展的结果，亦是显著特征。从上述工程的落实、经济增长与贫困率的控制情况来看，五年的"整乡推进整族帮扶"的确达到了预期效果。除推进物质社会现代化进程，经济增长方面，2013 年年末，全乡农村经济总收入达1105 万元，2014 年年末，全乡经济总收入达到 1263 万元；人均粮食产量从2009 年的 201 公斤，增加到 2015 年的 237.6 公斤；人均经济纯收入也从 2009年的 916 元，增长到 2015 年年底的 3503 元。❶ 第三产业发展方面，2009 年到 2015 年人均粮食产量增长不多，仅增加了 36.6 公斤，但 2015 年的人均纯收入却是 2009 年的 3.8 倍，说明第三产业收入与国家贫困补助大幅增加，第三产业发展较为迅速。贫困发生率方面，从 2013 年的 58.32% 下降到 2015 年的 37.63%。❷ 由此可见，该阶段扶贫成效显著。

---

❶ 2013—2016 年经济增长相关数据经 2017 年 5 月 1 日电话访谈，由独龙江乡办公室主任HY 提供。

❷ 贡山县人民政府办公室. 贡山独龙族怒族自治县国民经济和社会发展第十三个五年规划纲要［R］. 怒江州：贡山县人民政府，2016/03.

### 4. 产业帮扶精准性待解决，发展内生性不足

大发展、大变革的同时问题亦很明显。迅速、激烈的社会变迁中，当族群需依靠外来扶持而生存与发展，面对竞争，其成员在心理适应上易缺乏足够的群体自信，结果将会对帮扶产生依赖。其表现在产业发展可持续性差，抗风险能力弱。整体式帮扶结束时全乡主要产业支柱为草果，草果挂果需要 2～3 年，大部分群众经过观望和等待，至 2014 年前后才普遍种植。这期间群众的产业收入极不稳定，加上扶贫精准性不足、靶向性差，部分脱贫农户再次因病、因灾返贫。虽然每年的人均纯收入一直在增长，但由于人多地少，对比全省全国水平，农民增收仍十分缓慢。以 2012 年为例，农民人均纯收入 1610 元，相较 2011 年的 1255 元增长了不少，但当年全国为 7917 元、云南省为 5417 元、贡山县为 2209 元，差距依然很大。

此外，从全县统计数据来看，至 2014 年年底主体少数民族独龙族、怒族、傈僳族聚居区建档立卡的贫困人口依然较多，占全省贫困人口的 0.22%，贫困发生率 44.16%，高于全省平均数 29 个百分点。其中，因病因残致贫 494 户，占 0.11%；因学致贫 91 户，占 2.07%；因灾致贫 3 户，占 0.07%；缺土地缺水致贫 95 户，占 2.16%；缺资金致贫 874 户，占 19.89%；缺技术技能致贫 560 户，占 12.74%；缺劳动力致贫 676 户，占 15.38%；自身发展动力不足致贫 1288 户，占 29.31%；交通条件落后致贫 339 户，占 7.71%。❶ 其中，自身发展动力不足致贫占了最大比重。以孔当村、巴坡村脱贫名单❷为个案，2015 年 11 月，孔当村脱贫名单上的脱贫原因显示有五种："有劳力或劳动力多"（多为 3～5 口人）为 36 户，占总户数的 70.6%；"组长"（村组干部）为 4 户，占 7.8%；"单身或无负担"为 4 户，占 7.8%；"无儿女读书"为 6 户，占 11.7%；"有车户"为 1 户，占 2%。巴坡村的脱贫原因显示有六种："劳动力多" 27 户，占 65.8%；"劳动力多无子女读书"为 6 户，占 14.6%；"有经济收入"（含

---

❶ 云南省扶贫开发领导小组. 贡山县"直过民族"脱贫攻坚实施方案 [R]. 昆明：云南省人民政府，2016/06.

❷ 根据《云南省贫困户动态管理发展方案》，每季度伴随低保发放明细信息的张贴，也会由村委讨论和村民代表大会投票，产生该季度各村脱贫户的名单。孔当村 2015 年第三季度选出脱贫名单的村民代表大会，参会人数为总人口的 10.2%，选出脱贫户 51 户，共 176 人。巴坡村村民代表大会参会人数占 80%，选出 41 户，共 152 人。

五保户）为 3 户，占 7.3%；"无子女读书"为 3 户，占 7.3%；"单身"1
户，占 2.4%；"汽车司机"1 户，占 2.4%。上述原因比重最大的是"有
劳力或劳动力多"，两村分别占总户数的 70.6% 和 65.8%，该原因与扶贫
成果并不直接相关。余下的"无儿女读书""单身或无负担"以及"五保
户有经济收入"，共四项都与经济社会发展无关联，只有"组长（村组干
部)""有车户"和"汽车司机"三项相关，但比率很小，加起来不足
10%。通过对以上数据的分析，可得出结论："脱贫与经济社会发展特别
是产业发展较少相关"。所以，虽然整乡推进中产业扶贫的投入力度很大，
仅 2014 年一年产业发展巩固工程投入资金 50 万元，但从返贫原因上看并
未真正做到激发村民内生式发展，通过产业脱贫。

2015 年 1 月 20 日，习近平总书记在昆明亲切会见了 7 名独龙族代表，
与他们共谋一条推动内生式发展、脱贫致富奔小康之路。访谈中，乡公务
员和村组长均认为未来应从精准入手扶贫、脱贫，通过发展生态产业重点
解决现存问题。

## 四、精准扶贫与内生式发展推动脱贫期（2016—2018）

2016 年年初，贡山县确立了独龙江乡于 2018 年年底实现"脱贫摘帽"
的精准扶贫目标，主要针对提升扶贫的内生性和靶向性，展开了"十三
五"时期的精准扶贫与脱贫攻坚工作。针对"十二五"整体式扶贫中出现
的问题，怒江州、贡山县共同编制完成了《贡山县独龙江乡整乡推进独龙
族整族帮扶后续发展规划（2015—2020)》与《独龙江乡脱贫摘帽攻坚方
案》，涵盖安居温饱巩固、基础设施完善、社会事业发展、产业发展体系、
素质强化和生态环境保护六大项目后期工程的 20 类 53 个项目，估算投资
92930 万元。❶ 根据省、州的脱贫文件要求，设定时间表，实现贫困乡、
村、户的有序退出。其中，产业扶贫被作为帮扶的重点，从突出产业特
色、力求发展项目精准入手，弥补整体式扶贫的不足，推动发展由"外生
式"向"内生式"转变。具体工作主要从 6 个方面展开。❷

---

❶ 中共独龙江乡委员会，独龙江乡人民政府办公室. 独龙江乡 2016 年度脱贫攻坚上半年工
作推进情况汇报［R］. 怒江州：独龙江乡人民政府，2016/07/28.

❷ 贡山县扶贫攻坚领导小组办公室. 2016 年度贡山县独龙江乡脱贫摘帽攻坚方案［R］. 怒
江州：贡山县扶贫办，2016/06.

## （一）精准扶贫的政策实践

### 1. 工作内容

建档立卡"回头看"：摸清基本底数，确保扶持对象精准。扶持对象精准是精准扶贫的前提，是打赢脱贫攻坚战的重要基础。在建档立卡"回头看"，精准识别扶贫对象的具体工作中，围绕"找出最贫困群众"，为了抓对象精准，达到贫困条件确保纳入，达到脱贫标准及时退出，实现贫困户动态管理，驻村扶贫工作队走村入户调查，将不符合建档立卡的农户剔除，入户调查完成后展开评定工作，完成了建档立卡户、建档立卡人口的精准识别，并造册登记了《2016年独龙江乡建档立卡贫困户花名册》《2016年各村贫困户人数分解表》和《2016年退出建档立卡户花名册》。2016年全乡建档立卡户数据为133户524人，❶ 重点通过生态补偿，让建档立卡户实现"两不愁，三保障"❷ 和"八有一超一受益"❸。

产业规划：突出特色产业，力求项目安排精准。按照发展产业"换穷业"的思路，在整体式扶贫中，已建设完成民族文化旅游特色村5个，建成观景台15个、种植草果40000多亩、花椒8700多亩、核桃5000多亩、重楼1400多亩，招养蜜蜂3000多箱，投放独龙牛680头，建成独龙原鸡保护和扩繁基地1个、草果加工厂1个。精准扶贫阶段，根据独龙江乡已完成易地扶贫搬迁的工作实际，按照"两不愁，三保障"的目标要求，基层政府将工作重点锁定在"特色产业"上。2016年上半年新增草果种植面积3500亩，并投资200万元在龙元村种植25亩重楼。计划到2020年形成以草果、重楼为主的种植业和以独龙牛、独龙蜂、独龙鸡为主的养殖业，草果种植面积超过8万亩，重楼种植面积超过4000亩，黄金果种植面积达

---

❶ 独龙江乡人民政府办公室. 独龙江乡"十三五"发展思路［R］. 怒江州：独龙江乡人民政府，2016/03.

❷ "两不愁"指"不愁吃，不愁穿"，"三保障"指基本医疗保障、义务教育保障、"两免一补"保障（免杂费、免书本费、补助寄宿生活费）。

❸ "八有"即有稳固住房，有饮用水，有电，有路通自然村，有义务教育保障，有医疗保障，有电视看，有收入来源或最低生活保障；"一超"指家庭人均纯收入超过国家扶贫标准。目前我国国家统计局数据给出，国家扶贫攻坚战认定的贫困户标准（农村扶贫标准）按年人均收入2300元计算。

到 2000 亩，独龙牛总数超过 3000 头、独龙蜂 2 万箱、独龙鸡 1 万只。❶

"五个一批"：编制脱贫计划，确保措施到户精准。结合独龙江乡实际，坚持精准扶贫、精准脱贫基本方略，该扶贫阶段乡政府制订了"五个一批"计划。作为精准扶贫工作的重点。"五个一批"计划包括发展生产脱贫 119 人；发展教育脱贫 176 人；生态补偿脱贫 166 人；社会保障兜底 63 人。❷ 具体实施如下：

教育脱贫一批。统筹各类教育发展，巩固义务教育成果，提高学校标准化水平，实施 14 年免费教育（学前教育 2 年、义务教育 9 年、高中教育 3 年），争取各类社会帮扶资金，大力帮扶独龙江幼儿园学生 35 人，小学学生 464 人，初中学生 249 人，高中学生 58 人，大专及以上学生 24 人，保障就学条件，确保 40 户建档立卡户子女普通高中生年均补助 4200 元，学前教育生年均补助 1000 元。实施独龙江运动场大棚项目，推进义务教育学校标准化建设。围绕独龙江乡产业发展，实施 1614 人次劳动力技能培训，❸ 对 45 岁以上的独龙江乡农村群众开展农村实用技术免费培训，确保贫困户户均至少有 1 人掌握实用技术。

异地扶贫搬迁脱贫一批。在独龙江整乡推进独龙族整族帮扶项目中对已实施的安居房项目进行巩固提升，针对分家分户，有条件、有自筹能力的农户，计划 60 户的易地搬迁指标，由政府争取贷款资金，对分户无房、住房安全稳定性差的农户户均 6 万元实施易地扶贫搬迁项目，确保独龙江乡人民群众人人都有安全稳固的住房。

发展生产脱贫一批。立足独龙江得天独厚的地理环境，推动产业项目到村到户，全面巩固提升独龙江乡产业发展，按照"因地制宜、突出特色、一乡一业、一村一品、一户一项目"的要求，不断巩固提升独龙牛、独龙鸡、独龙蜂、草果、重楼等养殖种植业。实施种植滇重楼三年苗 30 亩，种植泡核桃 1142 亩，种植两年苗山药 12 亩，种植草果三年苗 40 万

---

❶ 独龙江乡人民政府办公室. 独龙江乡"十三五"发展思路［R］. 怒江州：独龙江乡人民政府，2016/03.

❷ 贡山县扶贫攻坚领导小组办公室. 2016 年度贡山县独龙江乡脱贫摘帽攻坚方案［R］. 怒江州：贡山县扶贫办，2016/06/03.

❸ 独龙江乡人民政府办公室. 独龙江乡政府工作报告［R］. 怒江州：独龙江乡人民政府，2016/03.

株、一年苗 75 万株项目。❶ 增量和提质并举，科学管理，拓宽群众致富产业和发展门路。

生态补偿脱贫一批。以省林业厅确定贡山县为生态补偿脱贫示范县的有利契机，结合独龙江国家公园申报和建设，让群众从生态保护中得到更多实惠，对有劳动力的所有建档立卡户以及缺乏增收产业、经济不稳定的非建档立卡户，聘请为生态管护员，每人每年补助 10000 元作为保护生态的劳动报酬。继续实施退耕还林 436.4 亩，实施国家级公益林补助 3335.7 亩，❷ 确保具备条件的建档立卡贫困户实现生态脱贫。

社会保障兜底一批。对完全丧失劳动能力或部分丧失劳动力的，通过产业扶持和就业帮助仍无法摆脱贫困的贫困家庭进行政策性保障兜底。目前全乡还有低保户 907 户，其中，A 类 269 户全部纳入政策兜底；B 类 428 户中的建档立卡户经过产业扶持和就业帮扶仍然无法摆脱贫困的，经过评定纳入政策兜底；其余的 C 类 210 户将逐步退出政策兜底范围。❸ 在 A、B、C 三类中，脱贫计划所确定的 63 人系指 B 类 428 户中可以经过产业扶持脱贫的部分。

部门整合：健全完善机制，强化资金整合。《云南省怒江州贡山县独龙江乡整乡推进独龙族整族帮扶后续发展规划（2015—2020）》是精准扶贫阶段帮扶项目的落实重点，估算总投资 92930 万元，主要建设内容为安居温饱巩固、基础设施完善、社会事业发展、产业发展、素质强化共五大工程。该规划实施中，省、州、县各级政府和职能部门都参与到了项目建设和资金估算中，进行了任务和责任的分工。如新农村建设的资金筹措牵头和责任单位为云南省农办，对原建设完成的 10 个村落，实施基础设施的巩固提升和查缺补漏，投资 500 万元；美丽乡村建设投资 1200 万元，资金筹措牵头和责任单位为省财政厅；省商务厅下拨了种植养殖业技术培训经费 20 万元；省人社厅投入劳动力转移培训经费 43 万元和厨艺技能培训经费 8 万元；省科技厅投入双语科普经费 6 万元；上海在对口帮扶中，素质

❶ 独龙江乡人民政府办公室. 独龙江乡政府工作报告 ［R］. 怒江州：独龙江乡人民政府，2016/03.

❷ 独龙江乡人民政府办公室. 独龙江乡政府工作报告 ［R］. 怒江州：独龙江乡人民政府，2016/03.

❸ 贡山县扶贫攻坚领导小组办公室. 2016 年度贡山县独龙江乡脱贫摘帽攻坚方案 ［R］. 怒江州：贡山县扶贫办，2016/06/03.

提升项目上沪滇对口帮扶资金到位 320 万元等。此外，县政府在一部分项目到位资金的基础上还进行了县级资金整合。如省农办下拨 1 个省级重点村（新农村）的建设资金有 45 万元，县级整合 45 万元，合计到位 90 万元；省民宗委下拨了独龙族博物馆二期文物征集与布展项目资金 180 万元，县级整合 100 万元。❶ 县资金整合的主要方式是将项目落实到对口县级部门，捆绑实施。2016 年上半年已整合了县扶贫办"柴改电"项目和县林业局"以电代柴"项目资金各 200 万元，❷ 截至目前，项目已进入县公共资源交易中心，招投标完成后立即实施。

人力资源整合：注重宣传动员，打造整体合力。乡级层面，充分发挥挂联单位、驻村工作队、村干部、大学生村干部"四支队伍"的作用，促进建档立卡"回头看"❸ 和"挂包帮"❹、"转走访"❺ 工作的双推进、双落实，群众的积极主动性和内生动力进一步发挥。同时，怒江州人民政府制定了人才引进、评价、选拔、奖励等特殊政策，为贫困乡镇选好一把手，配强领导班子，注重选拔一批思想好、作风正、能力强的优秀年轻干部和高校毕业生到贫困村工作。根据贫困村的实际需求精准选配第一书记、精准选派驻村工作队，结合"挂包帮""转走访"，组织实施好行动计划。加强农村致富带头人队伍建设，增强农村脱贫第一线的核心力量。由各级党委组织部门把脱贫攻坚、全面小康建设实绩作为选拔任用干部的重要依据，对工作实绩突出的干部给予了表彰并提拔任用，对措施不力、工作成效不好的党政领导干部则进行了及时调整。个人层面，怒江州各级党委、政府发动群众、组织群众，把贫困群众作为脱贫开发的决策主体、建

<hr />

❶ 贡山县人民政府办公室. 云南省怒江州贡山县独龙江乡整乡推进独龙族整族帮扶后续发展规划（2015—2020）[R]. 怒江州：贡山县人民政府，2016/08/04.

❷ 中共独龙江乡委员会，独龙江乡人民政府办公室. 贡山县独龙江乡整乡推进独龙族整族帮扶后续发展规划（2015—2020）[R]. 怒江州：独龙江乡人民政府，2016/07.

❸ 开展建档立卡"回头看"工作，是为了进一步动态核实调整建档立卡贫困户和贫困人口，形成新的建档立卡精准数据。"回头看"严格按照国家脱贫标准，对农户收入、住房、财产状况进行比较和评议，脱贫的进行销号，不合标准的及时剔除，瓜分和遗漏的及时纳入。

❹ "挂包帮"指领导挂点，部门包村，干部帮户。挂：领导挂点，要求省、市、县主要领导分别挂钩联系 1 个以上扶贫开发区，帮助其脱贫。包：部门包村，结合领导挂联点，各级各部门分别挂 1 个及以上贫困村，帮助其脱贫。帮：干部帮户，各级各部门干部职工在本单位本部门所挂包的村组内确定 1 户及以上贫困户为帮扶对象，为其进行帮扶。

❺ "转走访"为"转作风走基层遍访贫困村贫困户"的简称。

设主体、受益主体和监督主体，认真落实群众的知情权、选择权、监督权、参与权。动员群众以投工投劳投料、换工互助等方式参与项目建设，掀起自己家园自己建、自己家业自己创的热潮，使农民能以平等的身份参与到社会政治活动和市场经济竞争中，而不是被排斥在社会及经济发展之外。❶

层层监督：传导压力，强化责任落实。严格落实"挂包帮"工作制度，切实把任务、责任落实到位。乡建档立卡"回头看"工作领导小组在县脱贫攻坚办工作人员的指导、监督下，顺利完成了独龙江乡建档立卡贫困户剔除与补录、贫困村信息录入及贫困户帮扶责任人、帮扶措施再认定再修改，对"云南精准扶贫大数据平台"信息进行了更新和维护。同时，成立了以乡纪委为首的督查监督机制，按照任务推进情况，进行适时督查，对于工作情况滞后的进行约谈和通报批评。省级层面，由云南省扶贫办指导怒江州制订年度实施计划，并进行备案管理。建设项目严格遵循建设基本程序，严把项目建设进度和质量关，坚决杜绝安全质量事故。严格执行扶贫项目资金管理制度，严禁挪用、挤占、贪污等违纪违法行为，确保扶贫资金在阳光下运行。此外，云南省委、省政府督查室定期对省级部门项目资金和政策落实情况、对怒江州项目推进情况等进行督查督办，各级纪检监察、审计部门也全程参与到精准扶贫项目建设和资金使用的监督工作中。

### 2. 政策落地的监督保障机制

为深入贯彻党中央和国务院关于脱贫攻坚系列的重大战略部署，确保贫困少数民族与其他民族同步建成小康社会，结合《怒江州脱贫攻坚全面小康行动计划（2016—2020 年）》，2016 年 6 月，云南省政府制定了《贡山县"直过民族"脱贫攻坚实施方案》，优化提升贡山县贫困少数民族的各项发展，包括县内三个"直过民族"之一的独龙族，为基层实施精准扶贫提供了制度保障。

具体表现在：一是加强了组织领导和考核机制。建立了"省级统筹、州负总责、县乡抓落实"的脱贫攻坚工作机制。各级党委政府坚持把脱贫攻坚任务作为头等大事和第一民生工程来抓，落实"五级书记"抓脱贫，

---

❶ 李长健，蒋诗媛，陈志科. 农民发展权问题探析［J］. 沈阳大学学报（社科版），2009 (6).

把边疆贫困少数民族的脱贫攻坚列入云南省党委政府的重要督查事项，加强督察问责，各级政府建立年度脱贫攻坚报告制度。加强对贡山县、独龙江乡等乡党政领导干部的考核，提高减贫、民生、生态方面指标的权重，把脱贫攻坚实绩作为选拔任用干部的重要依据。二是建立协调推进机制。建立各级扶贫开发领导小组统筹协调工作的推进机制，及时协调解决项目规划、资金整合、政策保障等重大问题。围绕扶持贫困少数民族实现同步小康的根本目标，落实多部门协调工作机制，由各级扶贫和民宗部门牵头，全面推进脱贫攻坚实施方案。6个脱贫工程实施中，由教育部门负责提升素质能力，人社部门负责组织劳务输出，扶贫部门负责易地搬迁，住建部门负责安居工程，农业部门负责扶贫产业，发改部门负责基础设施改善，各有关部门严格分工、认真协同，确保各项精准脱贫措施的落实。同时，深入实施兴边富民改善沿边群众生产生活条件三年行动计划，建立健全"政府主导，集团帮扶，部门配合，县乡落实，群众主体"的工作机制，积极协调各类企业对贫困民族整体脱贫的支持。三是加强驻村帮扶。建立了省、州、县、乡四级联动，确保贫困县有领导挂联，贫困乡村有领导和单位挂包，贫困户有干部结对帮扶，落实帮扶责任。配备"直过民族"驻村扶贫工作队，每队队员5~10人，队长兼任村党组织第一书记。工作队在县、乡党委统一领导下开展工作，协助贫困乡村和贫困户，找准贫困原因，寻准脱贫路径，制定脱贫措施，抓好脱贫攻坚政策措施的落实。同时，发挥挂钩帮扶单位的联动优势，对帮扶民族予以资金、人才和技术上的倾斜扶持，以"三严三实"为要求，做好"挂包帮"精准帮扶工作，做到不脱贫、不脱钩。四是发挥群众主体作用。多渠道、多形式宣传党和国家关于扶持少数民族贫困地区跨越发展的重大意义、方针政策，动员全社会更加关心、支持特别"直过民族"聚居区的改革、发展和稳定，为推进少数民族贫困群众脱贫创造良好的社会环境和舆论氛围。发挥好基层党组织的战斗堡垒作用，充分发动群众、组织群众，落实贫困群众的知情权、选择权、监督权、参与权与决策权，尊重群众的首创精神和发展意愿，激发贫困群众的内生发展动力，通过扶贫帮扶、自力更生，实现脱贫致富奔小康。

### 3. 精确瞄准中的差异化和本土性问题

田野中笔者跟随扶贫工作队进入迪政当村，进行了建档立卡"回头看"的表格复查。通过深度访谈、参与观察和数据资料的收集认为，精准扶贫的大部分内容如建档立卡，职业技能培训，产业发展，异地扶贫搬迁，生态补偿，部门、资金和资源的整合等都十分有序和科学。但是，笔者亦发现瞄准标准存在差异化和本土性不足的问题。

首先，信息收集主次不分造成致贫原因不明。大量的表册（每户涉及表册20多种）需要基层来完成，为了强调责任，文件规定每个信息必须进村入户采集。"建档立卡'回头看'"文件严格要求，各村应按规定做好《入户调查登记表》《党员评议登记表》《村（组）民会评议表》《村"两委"贫困户拟定会议记录》《贫困户初选名单公示》《贫困户帮扶卡》，做到"一户一档一卡"，经过识别程序，没有纳入建档立卡的农户相关资料，也要一并建立档案备查。在按上述要求形成完整资料档案的基础上，各地可根据实际情况完善和丰富档案资料。翔实的资料与表格对于精确瞄准扶贫对象十分必要，但如果表格和程序众多，不仅人力资源会消耗，而且，信息收集主次不分会造成致贫原因不明。特别在指标设计方面，希望通过细致的设计把涉及扶贫的所有信息都打捞上来，但由于工作精力平均分配，重要信息却因精力投入不足易被平庸化和忽视。确定贫困标准后找出特贫户并不难，关键是怎么扶。这就需要在具有地方特点的差异化表格设计中能分清主次，以便找出贫穷的主要原因，到底是"断奶返贫"、因懒致贫、因酒致贫、因病致贫、因学致贫、因灾致贫等致贫原因的哪一种。如此，方能有针对性地出台扶贫举措，标本兼治。其次，调查表格不能反映本土性和差异性。确认贫困户是精准扶贫工作的第一步，要实现差异化帮扶、因族施策，需要先在瞄准上做到差异化的贫困标准认定。经抽样比对，该表格与贵州、湖北、甘肃等省市县的调查表格基本相同，各项指标均为全国评定的统一指标，其主要标准为各项收入水平，也是国内界定贫困水平的唯一标准，并不能体现独龙族社会历史发展的特殊性和文化差异性，见表2-2。

表2-2 建档立卡"回头看"的入户调查

| 户主基本情况 | 姓名 | | 性别 | | 出生年月 | |
|---|---|---|---|---|---|---|
| 家庭上年收入情况 | 经营性收入（元） | | 工资性收入（元） | | 收入稳定性： | |
| | 财产性收入（元） | | 补贴性收入（元） | | | |
| 家庭现住房情况 | 结构类型 | | 建筑面积（平方米） | | 人均建筑面积（平方米） | |
| | 安全稳固性： | | | | | |
| 家庭财产状况 | 经营性设施 | | 经营性实体 | | 外购房产（处） | |
| 家庭成员结构 | 姓名/性别 | 出生年月/与户主关系 | 身份证号码 | 文化程度 | 从业状况 | 健康状况 |
| | | 户主 | | | | |
| 家庭生产生活条件 | 水田面积（亩） | 旱地面积（亩） | 林地面积（亩） | 种植业品种/数量 | 养殖业品种/数量 | 耕畜状况 |
| | | | | | | |
| | 生活用车状况 | 农机（具）状况 | 电视机状况 | 洗衣机状况 | 电冰箱状况 | |
| | | | | | | |
| 入户调查人签字： | | | | 户主签字 | | |

资料来源：2016年8月，由独龙江乡迪政当村村委提供。

为此，调研中笔者向工作队提出了两点建议：一是区分精准扶贫与民政救济，解决特困短板问题。针对精准扶贫中对象瞄准混淆了精准扶贫与民政救济的问题，应清晰界定：将政府兜底的低保与精准扶贫区分开来，"五保"应属民政救济范畴，不属于扶贫开发对象，应该归民政部门做好输血救助，帮助形式上不能把民政救济对象与扶贫对象混为一谈；扶贫资金要重点发挥"造血"功能，包括提供良好的基础设施环境与发展平台，有劳动能力、不属于民政救济范畴的特困户，不能因急于使其达到脱贫标准而直接补助，扶贫是扶项目、扶基础设施，而民政是对待特殊人群的生活保障，只有发挥各自功能，才能保证精准扶贫效果。二是针对信息采集不能体现差异化和本土特点的问题可以从以下方面予以完善：制定差异化贫困认定标准。独龙江乡建档立卡"回头看"入户调查表与贵州、湖北、湖南等省的入户表内容基本一样，边疆少数民族毕竟与中原农村不同，应结合全国贫困水平界定的统一指标，根据入户村组特点，设计更具有指向性的内容。如可以根据入户村组特点设计更具有地方针对性的社会指标，甚至可以把 GNH（国民幸福指数）列入指标体系，以此来衡量本地人的主观发展意愿，在此基础上找出各村组甚至每个贫困户致贫的真正原因。运用综合指标来界定贫困户，可以有效避免政府初衷和农户打算难以"情投意合"的状况。精准识贫、扶贫、脱贫，关键在一个"准"字，这个"准"字不仅指准确，更应体现族群特点和地方性。

## （二）阶段特征

### 1. 政策实践体现出科学性和可持续性

除上文提及贡山县对贫困少数民族精准脱贫政策保障的财政政策、税收政策、金融政策、投资政策、产业政策、土地政策、生态补偿政策和扶持重点群体政策，笔者还仔细阅读了"整乡推进整族帮扶"后继规划的系列项目文件，以《贡山县独龙江乡柴改电建设项目实施方案》为例，其内容包括项目背景（编制依据、项目扶持范围、项目主管单位、实施单位、建设期限、项目建设规模、投资估算及资金筹措）、项目区概况（自然概貌、区划及人口、气候资源、水利资源、土地资源、矿产资源、生态环境、经济社会发展现状）、发展制约因素（发展的有利条件、发展的必要性）、发展思路（基本原则、建设目标、建设内容）、投资估算和资金筹措、效益评价及保障措施。与早期帮扶规划相比，这是一份更加全面、完善的发展援助项目规划方案，从项目背景、概况、条件、思路、原则、目标，到内容、资金、效益、保障，非常系统，是一套现代、科学、规范、标准、高效的发展样本。在精准扶贫时期的帮扶规划中，还频繁出现了"生态""可持续""发展""推进""协调""机制""模式""途径""资金""环境""评估""整合""指标"等概念。这些话语的背景来源于对过去数十年以经济增长为核心发展观念代价的反思，以及对人与自然关系的回归与重视。知识、技术和权力系统地结合在一起，这些话语和实践一定程度上能够说明，占主导地位的社会文化和经济生产的种种运行形式以及对发展的内生性与可持续性的要求。

### 2. 帮扶重心发生了转变

自 2016 年年初开始，精准扶贫实施的近两年中成效甚是显著。2016 年 3~7 月，该乡完成了精准扶贫初期贫困户的建档立卡工作。2016—2017 年，继续推进"草果强乡"的产业扶贫策略，带领种植户们实现了家庭收入的成倍增长。2015 年年末，全乡经济总收入 1670 万元，人均纯收入 3503 元；2016 年年末，人均纯收入则实现了翻番，达到了 4263 元，❶ 是 2009 年的 4 倍多。2016 年 8 月，笔者发放的问卷有一检验性问题为："您的年纯收入（ ）元?"，设"1000 以下、1001~2000、2001~3000、3001~5000、5000 以上"5 个答题选项，选"3001~5000"的占 69.4%，也印证了官方的收入数据。脱贫成效方面，2017 年 12 月，在乡政府工作人员电话访谈中，H 主任（女，独龙族，26 岁，大学，乡政府办公室主任）介绍："2018 年年底我们全乡建档立卡户 133 户 524 人有希望实现脱贫出列。"但同时，笔者也看到贫困户的问题有不少为长期以来所形成。比如，巴坡村贫困户 15 人中（见附录 3），XLX 有 86 岁高龄，还要养育两个孙子；20 岁的 SJG，4 年前父母双双自杀，身无长技，靠低保和赊账为生。所以，此发展阶段帮扶重点已发生了由外到内的改变，原有物质与经济社会发展问题已基本得到解决，如交通基础设施改善、产业结构调整、物质生活条件飞跃、与信息社会接轨等。新时期的精准扶贫中，贫困发生的主要问题是发展缺乏内生性和可持续性，各级政府脱贫攻坚工作的重心也由以往的物质对口帮扶，转移到提升素质、发展产业等对应策略上。产业发展上，县、乡政府通过出台财政、税收、金融等倾斜政策，大力引进扶贫项目，加大群众素质培训的力度，积极促进独龙江乡特色、新兴、扶贫产业的发展。精准脱贫上，对于非一两年之功能实现脱贫的特困户，从心理健康、素质技能、发展规划等各个方面进行帮扶，甚至有驻村扶贫工作队员担负起专业社工角色一对一介入。

---

❶ 2013—2016 年经济增长相关数据经 2017 年 5 月 1 日电话访谈，由独龙江乡办公室主任 HY 提供。

## 五、整族脱贫与实施乡村振兴（2019 年至今）

2019 年 3 月，贡山县全国人大代表马正山介绍："2018 年年底，独龙族已经从整体贫困实现了整族脱贫，贫困发生率下降到 2.63%。"❶ 2019 年 4 月，习近平同志给独龙江乡群众回信，祝贺独龙族实现整族脱贫，同时勉励乡亲们再接再厉、奋发图强，同心协力建设好家乡、守护好边疆，努力创造独龙族更加美好的明天。

### （一）一个独龙族普通家庭的阶段性家计调查

"文本"是历史角度的纵向表述，田野则是现实角度的横剖表达。作为辅证，笔者结合文献资料与田野资料，以家计调查的方式呈现了 1948 年（解放前）、1959 年（解放初期）、2001 年❷（21 世纪初期进入村级扶贫开发后）与 2016 年（脱贫摘帽攻坚方案实施后），四个不同时间节点普通独龙族家庭生活资料的拥有情况，以此书写从物资缺乏到丰足的历程。为保证可比性，四组数据均来源于独龙江乡迪政当村。前两组为同一家庭（牙戎，独龙族，具体年龄文献未见记载，文盲，迪政当村互助组组长）不同年份的追踪数据❸，第三、第四组数据收集中由于年代久远未能找到牙戎家庭。为保证样本的代表性，笔者对比户主牙戎担任的职务与横向家庭经济状况，以中上等户为标准选取了 LJS（男，独龙族，2001 年时 42 岁，高

❶ 全国人大代表马正山宣布喜讯：独龙族已实现整族脱贫！［EB/OL］.（2019/03/08）［2020/09/17］. http://www.sohu.com/a/300056054_171358.

❷ 以 2001 年作为第三个时间节点，主要因为这是该乡在新世纪扶贫伊始变化较明显的一年：一是 1998 年政府开始实施"广播电视村村通工程"，2000—2001 年乡里开始有了电视，每个村差不多有 1~2 台，全乡每晚至少通电 4 小时；二是 1999 年"云南省委独龙江工作队"进驻该乡投入 109 万元指导扶贫，2001 年已卓有成效；三是 1999 年独龙江公路正式通车后乡内群众与外界联系激增；四是 2001 年正式设立村民委员会，实施"村改委"。

❸ 中国科学院民族研究所云南民族调查组，云南省历史研究所民族研究室. 云南省怒江独龙族社会调查（调查材料之七）［Z］. 内部刊印，1964（12）：89.

中，个体及务农，迪政当村木当村民小组）家庭❶和 BJL（男，独龙族，2016 年时 28 岁，初中，务农，迪政当村熊当村民小组）家庭进行对比。

### 1. 1948 年：不温饱

YR 家庭共 5 口人，男 2 人、女 3 人，全劳力 2 人、无劳力 2 人、半劳力 1 人；

粮食收入（扣除种子、自用、盐巴等其他生活必需品交换）：苞谷 7 背、稗子 4 背、鸡脚稗 4 背、黄豆 1.5 斗、芋头 2 背、豌豆 2 背、燕麦 1.5 背、苦荞 1 斗、四季豆 3 背、南瓜 20 个，缺粮 3 个月；

支出：煮酒用粮 2 背；

家具实物：铁锅 1 口、土锅 2 口、木碗 1 个、木瓢 1 把、麻布 3 床。

### 2. 1959 年：满足温饱

YR 家庭共 5 口人，男 2 人、女 3 人，全劳力 4 人，半劳力 1 人。

粮食收入（扣除种子、自用与盐巴等其他生活必需品交换）：苞谷 0.925 石、稗子 0.53 石、洋芋 120 斤、鸡脚稗 0.11 石、黄豆 0.175 石、芋头 3 背、豌豆 1.5 背、青稞 0.2 石、苦荞 0.375 石、四季豆 2 背、南瓜 40 多个，不缺粮。

副业收入：分配 37 元、运输收入 20 元、熊胆麝香收入 70 元，共计 127 元。

支出：煮酒用粮 1.5 斗、吃盐 60 斤、茶叶 40 坨、杀猪 1 口 40 余斤、吃鸡蛋 20 个。

家具实物：铁锅 1 口、锡锅 2 口、瓷碗 3 个、菜盆 1 个、口缸 2 个、麻布 5 床、棉毯 3 床、普通布服 3 件、干部服（正装）9 套、绒衣 3 件、裤子 3 条、围裙 1 件、帽子 3 顶。

---

❶ 以 LJS 家庭为该时期个案，由现迪政当村党支部书记 CYH（男，独龙族，41 岁，初中，迪政当村迪政当村民小组，独龙江乡迪政当村党支部书记）以其代表性推荐；具体家计情况与数据，系结合 LJS 小女儿 LLY（女，独龙族，37 岁，初中，迪政当村熊当村民小组，务农，独龙族即兴说唱传承人）与村党支部书记 CYH 回忆所得，访谈时间为 2016 年 8 月 27 日。注：LJS 母亲生于 1927 年，2001 年尚在，笔者访谈时已然去世；LJS 本人曾在 2000 年接受云南大学郭建斌老师访谈，2013 年因事故已离世。

### 3. 2001 年：巨变前奏❶

LJS 家共 7 口人（LJS 母亲、LJS 夫妇及两儿两女），男 3 人、女 4 人，全劳力 4 人、无劳力 3 人。

家庭总收入约 6500❷ 元：经营零售小卖部收入约 1500 元；采集收入约 300 元；粮食和养殖（主要为玉米、马铃薯等，年存粮量约为 400 公斤，与其兄弟 LJH 共同养殖生猪 1 头，鸡、羊若干）除去自用收入约 4000 元；做"南木萨"（巫师）替人治病收入约 500 元；其他约 200 元。不包括政府发放的人均 10 公斤救济粮。

家庭总支出约 6000 元：食品开支约 3000 元；教育及医疗等支出约 300 元；生产支出约 1500 元；生活用品支出约 500 元；交通费约 300 元；人情礼金约 200 元；其他 200 元。

家具实物：木桌 2 张、凳子 7~8 个、衣柜 2 个、床 4 张、棉絮、褥子、枕头等床上用品若干、床头柜 3 个、家庭成员每个人四季衣物若干、锅碗等厨具若干（俱全）、火塘 1 个、洗漱用品若干、其他家庭日杂用品若干；电器类：电视机 1 台（2001 年 5 月购入，当时村民小组里仅有 2 台电视）；VCD 机 1 台（村民小组里仅此 1 台）；收录机 1 台（民政救济所得，录音功能不能使用）；除此外，无其他电器，无通信设备。

家庭净收入约 500 元，由于独龙江乡储蓄所（2003 年撤销之前建于巴坡村）比较远，可支配收入也不多。所以，LJS 家没有去存钱，过年时都花在到县城的交通、吃喝等费用上。据被访者介绍，此时村民们大多没有储蓄和投资概念。

---

❶ 我国农村巨变始现于 2000 年之后，独龙江乡亦如此，家里的第一件电器、退耕还林吃上国家补助的大米等家庭事件均发生在新世纪的头两年。这是之后家、村、乡发生跨越式发展的巨变前奏，对于村民来说记忆尤为深刻。

❷ 2020 年 5 月 17 日，笔者对现迪政当村党支部书记 CYH 进行了电话访谈。据他回忆，2000 年按全劳动力计算迪政当村人均收入在 1500 元左右，根据 LJS 家庭情况进行换算后（1500 元×4 人），与 2016 年访谈中 LJS 小女儿 LLY 的回忆数据基本相符。2020 年 5 月 17 日，笔者同时对独龙江乡政府负责扶贫工作的 LDC（男，汉族，31 岁，大学，独龙江乡政府办公室办事员）也进行了电话访谈。他提供了一组数据，按平均人口计算，2001 年年底乡人均经济收入为 685 元，根据 LJS 家庭情况进行换算后（685×7 人），与 LLY 的回忆数据相差 1700 元，说明 LJS 家庭在当时属全乡收入中上等水平。

### 4. 2016 年：迈向小康❶

BLJ 家共 4 口人（BJL 夫妇及 1 儿 1 女），男 2 人、女 2 人，全劳力 2 人、无劳力 2 人。

家庭年收入约 54364 元：政府低保发放 4 口人共 6864 元、边民补助 1000 元/户；粮食和养殖收入（扣除庭院种植和养殖自用的部分）约 3000 元；草果收入约 22000 元；打工收入 18000 元；采集收入约 1500 元；编织独龙毯收入约 2000 元。

家庭年支出约 40000 元：食品开支约 13300 元；教育及医疗等支出约 8000 元；通信费约 2500 元；购买尿素、草果苗等生产支出约 8000 元；汽油费约 1200 元；生活用品支出约 3000 元；交通费约 1000 元；人情礼金约 1000 元；其他 2000 元。

家具实物：组合沙发 1 套，茶几 1 个，电视 1 部，床 3 张，棉絮、褥子、枕头等床上用品若干，床头柜 3 个，家庭成员每个人四季衣物若干，摩托车 1 部，自行车 1 部，取暖器 1 台，电饭煲 1 个，电磁炉 1 个，电烧水壶 1 个，锅碗等厨具若干（俱全），火塘 1 个，洗漱用品若干，洗衣机 1 台，手机 2 部，其他家庭日杂用品若干，妇女洗护用品若干，常备药医药箱 1 个。

家庭净收入约 14364 元，准备用于扩大草果种植规模。

如资料所示，相比多年前的生活状况，谈起如今丰衣足食、乐享闲暇的生活，村民们大多比较满足，并开始有了可支配收入。2012 年乡农村信合社开业，当年全乡储蓄总额仅 924.57 万元，至 2019 年 5 月储蓄总额达到了 2164 万元。❷ 在国家、社会和发展主体的多方努力下，长期以来困扰独龙族群众的贫困问题不复存在。

### （二）推动脱贫攻坚与乡村振兴战略的有效衔接

经 2019 年 5 月笔者与怒江州扶贫办座谈了解，为深入贯彻落实习近平总书记给贡山县独龙江乡群众的回信重要精神，把"建设好家乡、守护好边疆"落到实处，结合独龙江乡实际，怒江州委对于巩固脱贫成效、实施

---

❶ 笔者对 BLJ 家庭访谈时间为 2016 年 8 月 23 日。
❷ 数据由 YXL（男，怒族，31 岁，大学，贡山县农村信合社独龙江分社主任）提供。

乡村振兴，做好脱贫攻坚与乡村振兴的有效衔接工作制定了行动方案，即切实加强党的全面领导，牢固树立新发展理念，落实高质量跨越式发展要求，巩固提升独龙江乡脱贫攻坚成效，做到摘帽不摘责任、摘帽不摘政策、摘帽不摘帮扶、摘帽不摘监管，推动脱贫攻坚与乡村振兴有机衔接，弘扬自力更生、奋发图强的精神，把独龙江乡打造成为"魅力独龙、生态典范、和谐人居、边陲明珠"的独龙风情小镇。

近期目标（到 2020 年）：5A 级景区创建取得决定性进展，独龙风情小镇建设成效显现，农民持续稳定增收，人居环境明显改善，群众素质显著提升，脱贫攻坚成果得到进一步巩固。中期目标（到 2025 年）：独龙风情小镇与美丽乡村建设融合发展，绿色香料产业和旅游产业成为两大支柱产业，农民生活更加富裕，乡风文明明显提升，民族团结进步全面加强，优秀传统文化得以传承发展，基层组织建设进一步加强，乡村治理体系更加完善，乡村振兴取得重大突破。远期目标（到 2035 年）：把独龙江打造成云南及全国生态标兵，建设成世界级旅游目的地，乡村振兴取得决定性进展，农业农村现代化基本实现。

具体落实方面：一是着力在培育特色产业上下功夫，实施生态农业提升行动。坚持走以生态优先、绿色发展为引领的高质量跨越式发展新路子，做好做实做精特色产业这篇文章。二是着力在建设特色小镇上下功夫，实施独龙风情小镇创建行动。充分发挥独龙江独特的民族文化、优美的自然风光、良好的生态环境等优势，将独龙江乡打造成为"魅力独龙、生态典范、和谐人居、边陲明珠"的独龙风情小镇。三是着力在发展旅游产业上下功夫，实施旅游产业升级行动。按照发展精品旅游、高端旅游的思路，紧紧围绕国家 4A 级景区创建、5A 级景区升级，完成旅游规划编制，推动旅游与文化、生态、特色小镇和美丽乡村建设融合发展，大力发展乡村民族文化旅游产业。四是着力在保护生态环境上下功夫，实施绿水青山保护行动，牢固树立"绿水青山就是金山银山"的理念。继续实施生态补偿巩固脱贫成效，在现有生态护林员、河道管理员、地质灾害监测员、乡村卫生保洁员、护边员、护路员基础上，按照省、州关于公益性岗位选聘规定，争取政策选优配齐六大员，实现对有劳动能力的农户全覆盖。五是着力在推动社会事业上下功夫，实施公共服务均衡发展行动。围绕独龙族群众最关心最直接最现实的利益问题，统筹推进教育卫生、公共文化、用电保障等民生事业。

## （三）阶段特征

### 1. 结合本土生态观，积极探索生态产业脱贫致富的路径

独龙江乡地处高黎贡山国家自然保护区和"三江并流"世界自然遗产的核心区，基于这样的区位特点，必须思考经济发展与生态建设之间的关系。其实，独龙族本土劳动观念中早已有人与自然协同生产的观念，对自然的敬畏与尊重，对灵魂、鬼神和天地的信仰一直是其地方性知识的核心。如用"剽牛祭天"和"祭山神"来乞求人畜平安、五谷丰登，崇尚生物的多样性价值，以及村民们自发使用生态、环保的农家肥，抵制使用化肥。这些在长期生产实践中积累起来人和自然互动的观念，对天地、鬼魂和山神的敬畏，深刻理解人与土地的关系，以及对当地生物资源的认知，都与现代生态产业可持续发展的理念不谋而合，在最终实现脱贫致富的工具理性层面上，成为产业发展的传统文化基础。基于此，该乡积极探索了生态保护与脱贫致富的双赢之路，树立和践行"绿水青山就是金山银山"的理念，统筹协调经济发展与生态保护间的关系，大力发展草果、重楼种植等绿色产业。这是基于本土生产习俗的价值需求，亦是传统智慧与现代发展理念对接的产业摸索。

### 2. 产业脱贫激发内生动力，由外源性发展到"内外兼修"

整体式扶贫阶段，因村民们在自身生产、生活延续中更多表现出"自足"的特点和对政治力量的依赖，变迁亦主要依靠外源性动力，致使内生性较弱。精准扶贫中，伴随现代化的持续推进和与市场的进一步接轨，基层政府"扶智"与"扶志"并用，对群众进行了各类素质技能培训。此阶段，推动独龙族经济社会发展不再是外源性动力一枝独秀，而是外源、内源性动力交互作用的结果，是信息传播、经济飞跃与人们普遍"思变"共同作用的结果。问卷显示，独龙族村民已具有个人发展的内在需求，具有参加培训意愿的被访者占 96.4%；2018 年乡内个人创业贷款总额达到了 354.5 万元。❶ 基层政府通过财务、金融等帮扶政策，引导群众立足本土特

---

❶ 数据由 YXL（男，怒族，31 岁，大学，贡山县农村信合社独龙江分社主任）提供。

点与需求发展特色产业，其角色亦从"前台"退到"幕后"，将发展的主动权交还于民。

## 本章小结

纵观独龙族经济社会发展的当代经验、民族工作的实施历程与扶贫脱贫攻坚实践，究其如何能在短期内取得实现整族脱贫的可喜成绩，除国家、社会的重点关注与经济投入，从民族政策角度，笔者认为应得益于基于本土情况的差异化治理。从新中国成立初期山区农业改造中的"打转转"工，到改革开放时期针对独龙族实际情况"休养生息、开放搞活"的民族政策，再到走上生态种植的致富之路，无论发展以多么多元的形态呈现，本土建构都在社会大步迈进的背后悄然发生着作用，这是原有生存场域改变以后传统农民在现代经济体系中得以生存的原生倚仗。独龙族整族脱贫是云南乃至全国脱贫攻坚工作的一个缩影，基于这种因地因族制宜的差异化治理，"独龙江模式"可以作为"中国经验"予以借鉴，却并非普适模式，它的活力在高黎贡山的高山峡谷之间，在独龙江的淼淼激流之上。

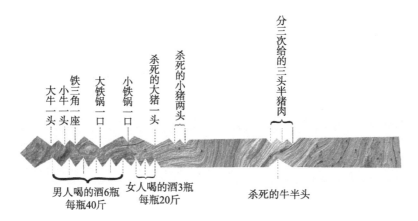

**图2-9 刻木记事图例（笔者手绘于2016.01.07，制图冯森豪2020.10.07）由BXN（男，独龙族，82岁，文盲，务农，孔当村丙当小组）口述**

独龙江七十年，我们得以见证制度的力量，见证中国特色社会主义制度的优越性所在。在这个封闭的小型社会，国家、社会、本土迅速推动扶贫项目顺利地融入地方社会，实现了生产生活的现代化。但是，探寻社会的更深层结构，经济社会跨越式发展的同时，观念体系经历了一场怎样的知识变革？

世界越来越由科技、标准、规范等外在的度量工具构成和主宰，农村生活从日常到生产方方面面亦与此越来越相关，当前的生产生活包含了一种不容商榷的力度去替代传统的方案。人们回忆起祖辈们赖以沟通的"刻木记事"，虽距今不过百年，却似乎是久远的往事了。经济与社会的发展以观念变迁为基础，同时观念变迁又影响了经济发展的方向。在全面现代化的持续推进中，村民们被带领着进入了一个更宏大的现代语境，或快或慢地被动适应着规模化、城市化、商业化的交往、语境和思维方式，实现现代化更深远的意义在于文化与观念，表现为地方知识与价值体系的现代转化与主动构建。所以，除对各扶贫阶段经济社会发展进程以全面地把握，还应看到隐藏在物质表象后的观念过程，在认知与价值观层面上对独龙族社会的发展样貌进行细致的勾画。

# 第三章　独龙族传统经济观念的
## 现代适应与转型

　　同马克斯·韦伯一样，我认为人是悬挂在他们自己编织的意义之网中的动物。在我看来，文化就是这些意义之网。而且我还认为，研究文化并非是寻求规律的实验性科学，而应是探求意义的解释性科学。我所追求的是阐释，阐释表面上神秘莫测的社会表达方式。

——格尔兹❶

　　研究者不应该只停留在对一大批未经解释资料的"浅描"层次，而要在与他者文化对话的基础上进行意义的解释。通过对语言、行为要素和结构的"深度描写"，我们可以比较和理解当地人的话语感悟，观察现代化进程中其"本土观念"构成要素的变化，从而了解作为一种知识系统的认知结构如何影响与传统知识系统紧密相连的社群生活。身处大数据时代，原生的封闭环境一朝被打开，伴随产业转型、海量信息而来的是现代文化对传统文化的冲击，现代生产、生活观念开始逐渐渗入独龙族群众的日常生活，知识结构与价值观念的改变首先影响了独龙族人的经济行为，使其在传统观念与现代性的碰撞中，努力适应着快速、激烈的物质社会变迁。如果说，经济社会跨越是对独龙江乡扶贫后社会现实的镜像观察，是平铺直叙的表达与呈现，那本章的意义就是去探寻表征背后的深层含义，去阐释发展过程中行政权力、市场介入等各方面因素带来的观念转变。正如格尔兹所说："此处理论的建设工作不是为抽象的规则编码，而是让深描变

---

❶　克利福德·格尔兹. 文化的解释 [M]. 纳日碧力戈，译. 上海：上海人民出版社，1999：5.

得可能，不是超越个案进行概括，而是在个案中进行概括。"❶

## 一、"下山入市"：传统农民进入现代经济体系

作为一种理论框架，"国家在场"主要用以探讨国家与社会的关系，所涉领域广泛，包括国家与民间信仰、国家政权与乡村社会、国家与宗族、国家与市民社会等内容。发展干预研究中，国家的存在、运作与影响是不可回避的核心问题。尤其是人口较少的民族贫困地区，其发展主要依靠外源性动力，国家不仅"在场"，还较大程度地主导着帮扶对象的发展方向。改革开放以来，伴随中国特色社会主义市场经济体制改革的深化，政府、社会和人民就"现代化发展"已达成了共识。精准帮扶中，推进农业技术现代化和农业机械化进程、培育与市场接轨的新型农民、优化农业产业结构、转移农村劳动力、建立以市场为导向的种植结构，逐步将农民、农业、农村推向市场和商业社会。世界银行 2002 年提出："市场能够推动经济增长、减少农村贫困，并提出了构建市场制度的支持建议。"❷ 这是当前农村发展的主流话语，同时也是独龙族群众和基层政府早已达成的共识，不"下山"何以安居，不"通路"何以"入市（市场）"，不"下山入市"何以搞活产业？此处的"下山"❸ 以引号引之，不完全指安居工程下山易地搬迁的行为，更意指村民们从过去与世隔绝的半封闭生活融入现代生活"入市"的过程。

### （一）政府鼓励农民进入市场经济体系

伯恩斯坦曾说："在世界很多地方，农民（包括游牧者）并没有被驱逐，而是被'鼓励'进入货币经济体系之中，成为农产品生产者和劳动力。这些"鼓励"的方法包括：税收、强迫种植某些作物、劳役制或签订

---

❶ 克利福德·格尔兹. 文化的解释 [M]. 纳日碧力戈，译. 上海：上海人民出版社，1999：29.

❷ 世界银行. 2002 年世界发展报告：建立市场体制 [M]. 北京：中国财政经济出版社，2002.

❸ 考虑到独龙江乡独特的区位和独龙族群众戍边固土的职责，安居房建设规划中，仅将自然条件恶劣的 9 个村中的 478 户进行集中重建，其余村的 537 户就地重建。事实上，只有一部分重新规划重建的独龙族群众需从山上搬迁下山。

劳动合同。"❶ 世界范围内，农业生产和农村发展呈现了大量的制度性变化和频繁的"范式更替"，但均遵循了同一个中心逻辑：以深化商品关系为基础来提高农业生产，其手段包括：通过国家农业银行或其他公共机构提供用于季节性生产开支和固定资产投资的信用贷款服务，提供化肥补贴以及管井和水泵的电费补贴，通过改善交通基础设施和专门的机构来促进销售，"管理"主要农作物的价格。❷

在独龙江乡，基层政府也鼓励农民进入市场，但方法和结果却与伯恩斯坦在拉丁美洲农村所看到的截然不同：随着农民与市场、与货币体系的关系越来越密切，农业并未被"图利信仰"所控制，农民亦并不是一种被市场"锁入"或"套牢"的状态；基于传统观念的影响，他们也并未被迫进入城市寻找另一条生存道路。独龙江乡的产业发展举措与西方发展话语体系常使用的"税收、强迫种植和劳役"完全不同。自山区改造、互助合作至今，各级党委、政府一直把发动群众、组织群众作为民族工作的重要内容：把贫困群众作为扶贫开发的决策主体、建设主体、受益主体和监督主体，认真落实群众的知情权、选择权、监督权、参与权；动员群众以投工投劳投料、换工互助等方式参与项目建设，自己家园自己建、自己家业自己创；通过各类优惠政策，保证农民以平等的身份参与到社会政治活动和市场经济竞争中，而不是被排斥在社会及经济发展之外。

具体财政政策上，将农民导入市场的同时贡山县出台了一系列的保障措施。一是财政政策，包括加快建立和完善县级基本财力保障机制，提高财政扶贫项目投资标准，加大扶贫投资力度。二是税收政策，包括实行税收优惠政策，提高贫困地区和民族地区的中央税种地方留成比例，实行特税区，并享受国家现行的区域、产业和行业税收优惠政策，实现资源开发企业在资源开发地就地纳税政策。企业从事国家重点扶持的公共基础设施

　　❶ 亨利·伯恩斯坦. 农政变迁的阶级动力 [M]. 汪淳玉，译. 北京：社会科学文献出版社，2011：75 – 76.
　　❷ 亨利·伯恩斯坦. 农政变迁的阶级动力 [M]. 汪淳玉，译. 北京：社会科学文献出版社，2011：40 – 41.

项目的，可依法享受企业所得税"三免三减半"。❶❷ 三是金融政策，包括多方面拓宽发展融资渠道，扩大企业规模；深化少数民族聚居区信用社的改革，促进乡镇银行发展，扶持小额信贷；加强国家扶贫贴息贷款政策，加大财政扶贫贴息资金投入，引导银行业金融机构加大扶贫贴息贷款的投放力度。❸ 四是投资政策，包括提高对公路、水利等建设项目投资补助标准，对特色、优势和新兴产业项目在核准和土地使用等方面给予优惠与优先。五是产业政策，包括实施产业扶持差别化，旅游业、文化产业和生态型产业予以优先考虑、重点扶持和政策倾斜。六是土地政策。进一步完善建设用地审批制度，合理安排产业用地，保证工程建设用地，同时规范林权和村组集体土地流转。七是生态补偿政策。除退耕还林、水土保护等常规重点项目，还有完善矿产资源有偿使用制度，征收生态环境补偿费，生态环境补偿费总额的 85% 部分作为生态环境保护基金，15% 部分作为环境保护部门和协助单位的专项业务费用。

授人以鱼不如授人以渔。为解决传统农民进入市场经济以后如何生存的问题，县、乡政府推出了一系列农业、第三产业服务技能的职业培训，聘请相关专家、技术人员进行跟踪指导，以传统中药采集业为基础，重点推广草果、重楼等中药材的现代种植。至 2018 年年底，累计完成农村实用技术培训 6857 人次，培训驾驶员 100 名，教师、乡村医生、农技人员、乡村干部培训 1488 人次，乡土旅游人才培训 485 人次，文明生活培训 17760 人次。2015 年，乡政府还组织了 10 名独龙族群众参加省人社厅在县里组织的创业培训，提升了群众代表的创业意识和能力；组织 4 名独龙族群众参与昆明技工学校开展的两次厨师培训班；在省、州、县人社部门的大力帮助支持下，32 名独龙族学员在大理剑川顺利完成了木雕培训。❹ 在与乡政府的座谈中，基层工作人员一再强调，为提高农民生产的积极性他们在两件事情上尤为关注：一是产业发展用地绝不占用村组的种植用地，二是

---

❶ 云南省扶贫开发领导小组. 贡山县"直过民族"脱贫攻坚实施方案［R］. 怒江州：云南省人民政府，2016.

❷ "三免三减半"政策，指符合条件的企业从取得经营收入的第一年至第三年可免交企业所得税，第四年至第六年减半征收。

❸ 云南省扶贫开发领导小组. 贡山县"直过民族"脱贫攻坚实施方案［R］. 怒江州：云南省人民政府，2016.

❹ 孔玉才. 独龙江政府工作报告［R］. 怒江州：独龙江乡政府，2016.

除了加强产业技能培训，政府每年都会投入大量精力用于与外界的市场接洽，为农民与收购商搭起一座桥梁，及时沟通买卖双方的信息。没有繁重的税收、没有租赁土地，自己种自己村民小组的地，农民拥有对土地的支配权和使用权是关键。

### （二）现代生活带来生产资料的商品化

"下山入市"后，伴随现代化进程的持续推进，传统自给自足的生存经济形态迅速解体，生产资料被商品化成为必需。伯恩斯坦对"生产资料商品化"的定义是："指过去以属于'独立'小农的生存资料的要素（也是再生产的要素）逐渐受控于市场交换及其强制力（商品化）的过程。"❶在独龙村民眼中，过去漫山遍野都是生产资料。自给自足的生存经济中，只要足够勤劳就能得到基本生活所需，不通过市场渠道便能得到。现代生产技术得到推广后，虽然地还是那么多，人还是那些人，但现代农业工具、种子、磷肥、尿素都需要通过市场购买。伴随生产投入中的资本性投入越来越多，当生产所得不足以获得再生产的资本时，农民就被迫通过其他渠道来获得收益保证生产投入，如打短工、辅之以采集、手工业等。进入市场购买生产和生活资料使该乡经济关系发生了巨大的变化，农民要生存愈发依赖市场和货币。生产资料商品化又推动了消费商业化和乡村的城镇化进程。对于今天的独龙族群众来说，如果没有小集镇上的超市，没有村民小组里的小卖部，没有县城的种子公司，没有银行的 ATM 机、没有网络购物商城……一切都是不可想象的。

此外，生产资料的商品化还表现为货币成为生存的条件和习惯。货币本质上是一种所有者与市场关于交换权的契约，根本上是所有者相互之间的约定。吾以吾之所有予市场换吾之所需，货币就是这一过程的约定，它反映的是个体与社会的经济协作关系。❷以前独龙族人生活在自给自足、以物易物的环境中，早期的退耕还林补助亦是以每户每季度十袋大米的形式发放。改革开放后，独龙江乡发展虽然缓慢但还是步入了市场经济，货

---

❶ 亨利·伯恩斯坦. 农政变迁的阶级动力［M］. 汪淳玉，译. 北京：社会科学文献出版社，2011：155.

❷ 戴金平，黎艳. 货币会消亡吗：兼论数字货币的未来［J］. 南开学报（哲学社会科学版），2016（7）.

币成为其生活和生产必不可少的组成部分，尤其"十二五"时期"整乡推进整族帮扶"项目实施后，独龙江乡快速实现了物质社会的现代转型。20世纪末，这里家家户户有了电视，人们从中逐渐接触到建立在数字体系上的经济逻辑，开始熟悉 GDP、价值、信贷、融资等一系列现代词汇，物欲在对外部世界的了解中慢慢萌发。整体式扶贫后，更多外部力量介入村民们的生活中，旅游、生态、可持续等概念融入其认知结构，工具概念被强化，移动营业厅、农村信用社建成后，以年轻人为主的村民迅速接受了通过互联网进行虚拟柜台货币流动的方式。

脱贫致富进程中，通过推进农业科技、培育与市场接轨的新型农民、优化农业产业结构、转移农村劳动力、建立以市场为导向的种植结构，该乡顺利完成了农民、农业"下山入市"的过程。作为强大的社会物质力量，经济转型无疑极大冲击了人们传统的思想观念，其中经济观念首当其冲。借用美国认知心理学家布鲁纳的观点，所谓认知结构就是表征系统，是人们知觉和认识世界的一套规则，观念结构由知识结构和价值观念两个部分构成，❶ 下文将分别述之。

## 二、市场话语：传统知识构成的现代转型

马丁·拉瓦雷在其论文《比较视角下巴西、中国和印度减贫研究——基于世界银行政策研究工作文件第 5080 号》中代表世界银行的观点认为："巴西在社会政策方面得分很高，但中国和印度的情况较低一些；就中国而言，在实施与新市场经济更相关的新社会政策方面进展缓慢，尽管在这方面有历史优势。"❷ 而我国的事实是，改革开放以来伴随中国特色社会主义市场经济体制改革的深化，政府、社会和人民就发展市场经济、推进现代化进程达成了共识，"市场能够推动经济增长、减少农村贫困"❸，且效果迅速、显著。伴随各类帮扶项目的相继落实，独龙江乡进入了飞速发展阶段，与现代信息社会快速接轨后一系列陌生的词汇，如市场、商业化、

---

❶ 李勇. 试析布鲁纳认知结构理论 [J]. 安顺师范高等专科学校学报，2005（1）.

❷ RAVALLION M. Comparative perspective on poverty reduction in Brazil, China and India: World Bank Policy Research Working Paper No. 5080 [J]. Journalist's resource, 2009（11）.

❸ 世界银行. 2002 年世界发展报告：建立市场体制 [M]. 北京：中国财政经济出版社，2004：7.

信贷、利润等进入独龙族人的日常，工具理性开始成为新的思维方式。现阶段"信贷"和"利润"影响最为凸显，朴素地方知识话语的改变成为必然。

## （一）市场经济要素进入本土知识体系

### 1. 信贷与储蓄

"信贷"和"储蓄"是改变传统经营观念的经济元素，也是现代话语的重要内容。建立现代市场经济体系的过程中，作为构成现代市场的要素之一，社会信贷资本进入了独龙江乡。

（1）现代"信贷"介入乡土

整体式帮扶之前，独龙江乡的金融服务基本处于空白状态。因穿山隧道未通，金融网点工作人员进出乡非常困难，2003 年乡里唯一的金融网点也被撤销了，村民如有金融业务须去县城办理，一来一回得两三天。推进"整村推进整族帮扶"后，贡山县农村信用合作社独龙江乡分社于 2010 年 11 月正式挂牌营业。2019 年 5 月第三次调研中，笔者就 2015—2018 年的贷款与储蓄情况对 YXL（男，怒族，28 岁，大学，贡山县农村信合社独龙江分社主任）进行了访谈：

"2014 年贷款都是在县里办，自 2015 起贷款业务下放到了乡合作社。2015 年社里总贷款额为 97 万元，发放给 25 户，主要集中在巴坡村有创业项目的 10 户中。2015 年的贷款项目主要有两类，一种是"贷免扶补创业小额贷款"，根据经营规模考察后发送贷款，最高额度 10 万元，2 年还款期免利息，已发放 56 万元。还有一种是与巴坡村委合作专门针对巴坡村的"基层党员带领群众创业致富贷款"，还款期 3 年，共发放 41 万元，用于扩大草果种植规模，贷给巴坡村 12 户农户，最高额度也是 10 万元。12 户中有 2 户为女性，分别为 29 岁和 30 岁。"

说明女性逐渐从家庭的后勤走到经营前线，承担起了更重要的角色。

2016 年主要贷款仍然是无利息的'贷免扶补创业小额贷款'，第二种'基层党员带领群众创业致富贷款'主要在巴坡村实行，现在在全乡的 6 个村推行，由各村委主推，也有些农户自己来信合社领材料和咨询。利息个人支付一半，政府利息补贴一半，比如按最高额度贷款 10 万元，三年期满还款时利息为 2000 元/年，农户先需支付全部利息 2000 元，还完后在村委会领取申请表，由村委会申请从县财政拨款返还给农户支付的利息的一半1000元。2016年贷出92万元，2017年贷出96万元。除原有两种贷款项目，2016年针对精准扶贫新增了'小额扶贫贴息贷款'，2016年授信总额158万元，贷给39户，基本上用于草果种植、农家乐和小超市；2017年授信总额激增至522.5万元，贷给141户，除草果种植、养殖业，用于第三产业的有11户；2018年授信总额354.5万元，贷给86户，主要用于种植重楼，第三产业有4户20万元。新增的第四种贷款是'农户联保贷款'，专门针对那些不符合基层党员条件，但是又急需资金扩大生产规模的农户，由3~4户相互担保，贷款额度为6万~7万元。

据了解，2015年发放的贷款到2016年还完贷款的占20%，已还本金的占97%以上，没有欠息的现象；至2018年年底，绝大部分贷款户已还清。

（2）平均分配的传统惯习减弱了储蓄和贷款需求

信贷方面，据上述贷款情况单谈贷款业务量相对全乡4000多人的确不算大，2016年第二次调研时在对独龙江乡信用合作社职工ZLJ（男，28岁，怒族，大专，贡山县，乡信合社职员）的访谈中，他对此很不解：

我们信用社发放产业发展贷款的条件非常宽松，只要到村委出个证明，（村民）就可以轻松贷到5万~10万元。2016年7月20日，银行还专门推出了精准扶贫专用、无息的'小额扶贫贴息贷款'，但来贷款的村民还是很少，2015年全乡只有12户办理了贷款，还都是巴坡村的。

储蓄方面，2012年全乡储蓄总额为924.57万元，2014年为1249.73万元，2015年为1852.47万元，2016年为2241.38万元，2017年为2102万元，2018年为2234万元，2019年初至5月24日调研结束储蓄总额为2164万元。通过上述数据可知，一方面脱贫致富进程中尤其2016年前后当地居民的储蓄额度的确大幅上涨，见图3-1；另一方面，人均储蓄额度却相对不高，2018年人均5167元。对此，可从独龙族持续数百年平均分配的集体生活中寻找答案。

增长理论是发展经济学最重要、直接的先驱，该理论认为，要使经济有所增长便得将一定部分的成果储蓄起来和用作投资，储蓄和投资达到特定水平时，实质的增长率就取决于新投资的生产力，即经济增长的基础是"储蓄"。但特定历史文化背景下，该理论却并不一定适用，因为"平均"

图 3-1 2014—2019 年独龙江乡储蓄总额

和"集体主义"观念在独龙族传统文化认知中根深蒂固，在他们看来借贷属于非必需行为。较早的数百年间，独龙河谷森林密布，荒山土地到处都是，生产方式以游耕为主，对于原住民来说没有划定区域占为私有的必要。由于人口少、生产工具简陋，历史上存在十分典型的家族"共耕"（独龙语称"孟吴"），即每个家族都一起开火山地（独龙语称"削姆郎"）共同耕种。察瓦龙藏族土司统治独龙江以后，强迫大家族拆分成小家族以增加税收，才出现了个体家族占有土地耕种的形式。一直到 20 世纪 50 年代，在生产组织上还保留有原始的"共耕"协作形式，需要的种子、劳力、工具都平均出，如遇一方无种子时，由其他家庭垫付，有种子时再归还，分配时也是绝对平均分配。"直接过渡"时期，这种平均分配的传统生产观念曾一度阻碍了生产力的发展。相关资料记载：

互助组要实行评工记分，要按工分来分粮食，他们（头人）又不愿意，而仍然想保持共同劳动，平均分配的关系，说："什么四分、六分，都是工作队搞出来的。"同时又暗地以固有的威信，不顾群众的意愿，偷偷按户平均分配集体的粮食。1959 年 12 月，在迪郎梅·能杜令（头人）的主持下，按户把 35 斗鸡脚稗、57 斗稗子分配尽，后来工作队知道后，已无法补救了。在龙总家族，龙总·朋（甲长）1959 年也将稗子按平均分给各户，最后剩下的竟落于自己家中⋯⋯于是到收获后又是平均分配，总

想维持共耕关系。❶

生活习俗方面，则有主妇管仓、主妇分食的习惯，饮食和生活资料的家庭分配也是按人头平均，一人一份。独龙语中一个祖先的后代称为"尼柔"，同"尼柔"有互相帮助、互相保护的责任，尤其本氏族成员有丧葬、婚事等时，邻近的家庭均有援助的义务。从这个意义上来讲，独龙族传统观念中没有"储蓄"的概念，一是温饱不足受现实条件所限，二是存钱防灾意义不大。

（3）传统"借贷"关系仍一定程度地影响了当前的经济生活

在独龙人的传统生活观念里有"借贷"观念，但无"信贷"概念。独龙语称"借贷"为"那安"，意思是"借给别人"，大多以实物为主，包括土地、粮食、刀斧、衣服、铁锅和麻布，基本上借什么还什么，借刀还刀、借衣服还衣服，借土地也仅仅收对方一点折旧费，比如一把刀、一只鸡等。"还要交利息？"图利观念在守望互助的乡土道德中不能被理解，在其传统的借贷习俗中也并没有"利息"的概念，在他们看来出借重要物件以实物形式给的折旧费叫作补偿，因图利而出借东西是没有脸面的事情。互帮互助的集体生活中，"贷"虽然贯穿始终，但这种基于熟人社会信用而产生的"借贷"，却并不是现代意义上的"信贷"。同时，长期地自给自足中亦未形成"投资"的概念，有盈余就扩大生产或改善生活花掉，没有就老老实实做好手头现有的生计。所以，在传统生活、生产观念的影响下信用合作社推出贷款与储蓄业务发展较为缓慢便不难理解了。值得期待的是，信贷经济已在独龙江地区方兴未艾地发展进来，独龙族群众开始了解银行贷款业务，而不再如以前向他人进行实物租借。随着人们逐渐享受到信贷的好处，必然会有越来越多的人使用信贷杠杆，推动独龙族人经营观念的变革。

## 2. 利润与风险

"利润"是最常用的现代经济词汇，也是从生存经济过渡到商品经济、市场经济的核心要素。生存经济可以理解为以生存为伦理的经济，是以规避风险为主旨，相对简单、稳定的经济方式，以"满足需求"为基础，主

---

❶ 中国科学院民族研究所云南民族调查组，云南省历史研究所民族研究室. 云南省怒江独龙族社会调查：调查材料之七［Z］. 内部刊印，1964（12）：124－125.

要指基本的生存需求和被认为"合理"的得到。"安全第一"是其显著特征，如斯科特在《农民的道义经济学：东南亚的反叛与生存》一书中表达的，作为天然弱势群体的农民，对于任何外部的变化与新事物第一反应就是"持怀疑态度"，因为新事物会产生风险，也可能影响到生存的基本安全。而商品经济则以利益最大化为基础，体现在"利润"的获得上，"风险"被认为是得到收获必然的历程与代价。

帮扶后经历着产业发展、物质变迁、信息多元的独龙人，亦正在逐渐接受从生存经济到商品经济的观念转变，并逐渐融入市场体制中。作为常用词汇的"利润"和"风险"概念进入传统农民视野，使独龙族群众在自给自足的"生存经济"认知中逐渐有了"图利"和现代"经营"的观念。访谈中，独龙族群众对于"挣钱"的想法均较为一致，如果草果的收成好，就会扩大种植规模。BJL（男，独龙族，27岁，大专，务农，孔当村丙当小组）笑着说："挣钱了，不准备像以前那样出去玩儿把挣的钱花掉，可以用挣的钱'生钱'嘎，我还要再包几百亩（种草果）。"由此可见耕作具备了"资本"性质。对于这些纯朴的农民来说，农业生产的目标已由生存开始转向投资和利润。从"满足"到"利润"的观念变化根本上是从生存到商品经济转变的表现。正如卡尔·波兰尼在《大转型：我们时代的政治与经济起源》一书中写的："所有社会都受到经济因素的制约。而19世纪文明具有独特而鲜明的经济意义，因为它选择了图利作为文明的基础——而图利在人类社会历史上几乎未被认为是有效的动机，这种动机也从未被提升到作为人类日常行为和行动标准的高度。自我调节的市场体制正是源自这一原则。这是一种将图利动机变为实际行动的机制，其产生的效力只有历史上迸发的最狂热的宗教热情才能与之匹敌。在整整一代人的时间内，它对整个人类世界的影响都不曾褪色。"❶

## （二）信息获得与知识结构呈现碎片化特征

"碎片化"是20世纪80年代后现代主义的概念，原意是指将完整的事物拆分成诸多零碎部分，现多见于传播、社会、政治、经济学等研究领域。现代观念融入知识结构以后，独龙族村民的观念嬗变过程亦呈现了

---

❶ POLANYI K. The Great Transformation［M］. Boston：Beacon Press，1957：243.

"碎片化"特征，主要体现在信息获得与知识构成两个方面。

### 1. 信息获得的碎片化

传播渠道层面，我们获得的信息主要为两种类型，一为"系统化"，一为"碎片化"。大数据时代以前的社会，信息获得因传递渠道单向度、金字塔形、量化、可溯，使我们能够实现信息的重叠，经系统地类比、归纳和生长，成为对生命具有真正作用的知识。伴随互联网时代的到来，网络传播呈现出碎片化语境，数字技术、网络技术、传输技术大量应用，大大强化了受众作为传播个体处理信息的能力，多传播渠道、多传播源、海量的碎片信息虽能成为信息来源，但远不足成为具有结构性、系统性的知识。LS（男，独龙族，27岁，初中，务农，孔当村丙当小组）告诉笔者："小时候大家一起上山打猎、采药，我爸还没去世时带我和妹妹学种地，现在想起来还记得很清楚。现在早上起来看会儿手机上的新闻，去地里看看种的草果，如果有工地上要临时工，朋友喊我就去帮忙挣一天的工资（日薪），有钱时晚上和组里的人一起喝个酒嘎。村里组织的培训也多，每天都在忙，时间过得快，一整天过完，有时候却不知道忙了些什么。"可以看到，相对于从前单一、集中的传统知识获取途径，当前生活状态中LS将时间与生活根据自我需求进行了碎片化分割，其认知获得主要来自"碎片化"特征的网络信息、媒体信息和零散的社区交流，从而使其生活和劳作也呈现出一种似忙似闲的碎片状态。信息社会也为村民们提供了获得上网工具的条件，在乡移动营业厅18岁以上村民凭身份证上号可免费领取一部移动4G手机，30元包月，青年、中年甚至60岁以上的老人基本人手一部。碎片化现象不但让受众群体细分呈现碎片化现象，也引发着受众个性化的信息需求，整个网络传播呈现为碎片化语境。针对当前村民除接受教育、培训和日常社交以外基本通过网络和电视获得资讯的碎片化情况，2017年年底乡政府通过在每个村民小组修建"农家书屋"和组织各种文化活动中心来丰富群众生活。如组建了党员先锋队、护村队、文体队，每日通过广播播放中央新闻，每星期一集中升国旗，开展"忆往昔、思今朝、展未来"主题活动；同时鼓励大家在日常生活中重拾文化实践，在全乡6个村委会41个村民小组3000多人次开展"走出房屋到广场""走出火塘到活动室"等文体活动。

### 2. 知识构成的碎片化

从知识结构层面来看，科学与技术的特征之一，是以归纳和演绎方法实现的可分析性。一小步一小步地进行逻辑演绎，把知识由一个整体拆零，拆成一个一个的小步骤，经化解后得出其结构要素，是一种彻底的平铺直叙，构成结构的任意要素都可以立刻拆解和还原。正如拉美经济学家安东尼奥·加西亚曾指责西方经济学家假设的"发展"必然是机械和零碎的："这一概念建立的基础是这样一个理论假设，即'发展是由某种技术创新和促进储蓄—投资的某种平衡机制所引发'，因此它是机械的。它把社会生活看成是一些不同部分（经济、政治、文化、伦理）的算术加和，这些部分可以被随意分离和任意处置，因此这个概念是分割化的。"❶ 加西亚的话隐含了这样一个事实：以科学为标志的现代化推进是发展的必由之路，但科学的可分割性特征又将带来现代知识结构的"碎片化"结果。

比如养蜂。独龙族曾经使用较原始的野外养蜂方法，被称为"原洞养蜂"。即直接在树干上凿洞，将其变成树段蜂箱，可以竖立放置，也可以横卧。竖立时用木板封顶作盖子，在树段中部或底部留下孔洞为蜂巢的门（见图3-2），横放则盖住两端。产业帮扶中县政府请来专家对中蜂养殖户进行了活框养蜂（可移动蜂箱）的理论与技术的培训，调研中可以看到村民们已极少使用传统方法，基本上改为活框养蜂。传统养蜂的方法虽然产量低，但由于以树洞为蜂巢，完全"靠天收成"，养蜂人会自发地植树护林，关

**图3-2　巴坡村拉旺夺村民
小组现存的传统原洞养蜂**
（笔者摄于2016.08.28）

注自然与生态的保护，保证蜂蜜和蜂蜡的产量。相比传统方法，现代技术的优势无可比拟。如增加产量，可以在蜂场、家里任何适宜的环境养蜂，减少了自然环境对生产的影响。但是，从另一个角度来看，对自然依赖降

---

❶　ANTONIO G. Atrasoy Dependencia en América Latina［M］. Buenos Aires：El Ateneo. RFIOC，1972：16-17.

低的同时也降低了生态保护的诉求。从知识构成来看，传统养蜂的知识不仅限于养蜂，还包括树段蜂箱的选择经验（树种、木质、大小、湿度等）、生态环境保护的经验、动植物的生长规律，甚至对天气、风向的判断。现代养蜂技术则由成体系的技术点构成，如中蜂生物特征、常用管理技术、强群饲养、病虫害防治、开箱检查的注意事项、中蜂巢脾的固定、人工育王技术、组装活框蜂箱操作等，其特点是可分割、规范、标准。所以，传统生产知识是一个要素集合，是与其相关的整个生态圈的系统知识，是适宜独龙流域生态特点的要素集合，包括具体技术。而现代技术的特点是普适性、可拆分、规模化。这呈现了科技知识介入地方传统生活的另外一面，是现代知识介入地方传统生活的必然结果。

**图 3 - 3　2017 年 5 月独龙江乡中蜂养殖培训中正在"过箱"❶**

（由独龙江乡乡政府办公室提供）

### 三、工具理性：传统价值观念的现代转型

独龙江乡脱贫致富进程中，政府与社会共力打造了良性经济循环，鼓励村民扩大生产规模，以市场、技术、海量信息为标志的现代元素在极短时间内涌入了独龙族人的生活，数百年来形成的对人、生活、社会的价值认知正悄然发生着变化。不管现代性以何种形式呈现在我们眼前，都具备一个共同的特征，即由人情社会转向契约社会，由价值理性转向工具理性。马克斯·韦伯将理性分为工具理性和价值理性两种，工具理性以利益

---

❶　把中蜂由传统树段蜂箱移到现代木质蜂箱中。

衡量、工具崇拜和技术至上作为实现目标的决定因素，而价值理性强调的则是人的动机和选择。相对于知识结构，这种工具理性的价值转向，是传统观念现代转型的更深层表达。

（一）传统空间结构改变生活观念

人与建筑的关系是共生的，空间结构变迁与价值观念嬗变相随相依。诚然，导致价值观念发生变化的因素有很多，如传播及教育渠道改变、个人差异、同辈群体影响等，根据独龙江乡的具体发展情况，本章主要就现代基础设施建设中空间要素的影响进行探讨，包括空间居住格局和村落分布格局。

**1. 日常居住格局发生改变**

独龙族传统居住格局为大家庭多火塘分居制，以父系为单位，联合家庭围火塘共居。安居房则将联合家庭拆分为核心家庭，各家分户而居。目前，乡内部分山上还保留有少量完整的传统民居，笔者以 MJZ（男，独龙族，20 岁，大学，西南民族大学预科，迪政当村木当小组）家为例，对其旧居和新居进行了比较。据 MJZ 介绍，在山上时他家、大伯家和爷爷奶奶家作为一个传统大家庭住在一个屋檐下。三家共用杂物仓库，堆放粮食等物品，厕所和洗澡间在屋外另建（见图 3-4）。大火塘设在房屋正中，各家面朝火塘以帘为门。火塘后方、左、右三面为各户睡房，爷爷奶奶住客厅①、卧室①（主卧），大伯家和他家左右而居，分设三个小火塘。各家主妇轮流在小火塘做好饭，端到大火塘处大家一起吃。过去一大家子在一起很是热闹，老人们会用即兴说唱教孩子们种植、采集等技能，教导他们要勤劳和与人相处的道理。搬迁后，政府给他们分了三套安居房，分散居住。因为是政府集中修建，全乡安居房每家结构基本一样（见图 3-5），厨房在安居房外自建，村民小组共用一个公用厕所和洗澡间。至 2015 年，独龙江乡基本完成了安居工程移民搬迁，安居新房把传统大家庭式居住格局拆分成核心家庭，以血缘关系为主的互动形式随之发生了改变。

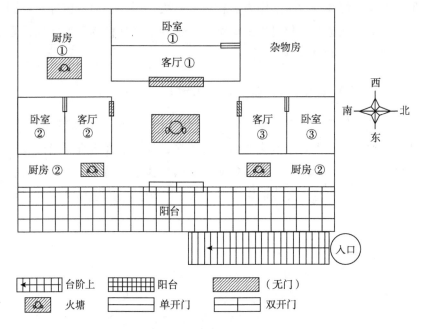

**图3-4 MJZ家旧居居住格局图**（笔者绘于2019.08.14）

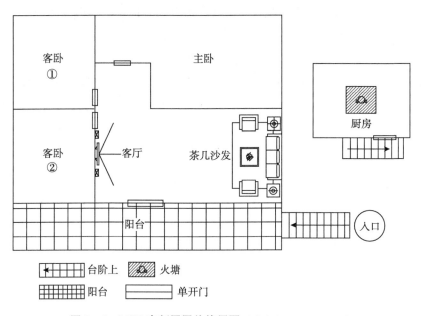

**图3-5 MJZ家新居居住格局图**（笔者绘于2019.08.14）

### 2. 村落分布格局发生改变

过去，独龙江乡各自然村分布极为分散，每个自然村基本上就是由一个大家族组成，以大家庭为主要居住形式的血缘关系在人际互动中占主要地位，地缘互动较弱。"整乡推进整族帮扶"中，为了便于推进城镇化进程和社区管理，安居工程以现代民居为蓝本进行了格局规划和项目设计。笔者以马库村钦兰当小组原村（见图3-6）和搬迁后新居（见图3-7）的整体分布进行对比，发现该小组的传统居住格局极为分散；搬迁后则十分集中，还留有出村、上公路的社区进出口，路面硬化后形成了村内的主干道和支路，村落的边界亦十分明显。它们共同构图，画出了一个闭合的村落地缘空间，虽然拆分了传统大家庭，但是实现了血缘关系向地缘关系的转变。

**图3-6 马库村钦兰当小组原貌**（由独龙江乡乡政府办公室提供）

**图3-7 马库村钦兰当小组新居**（由独龙江乡乡政府办公室提供）

### 3. 由传统"集体互助"到现代"合作策略"

伴随空间居住与村落分布格局的改变，人们的互动关系也随之发生了变化，同时也改变了建立在组织关系之上的群体价值观。传统"互助合作"强调人与人之间的社群性关系和情感价值，是"自我"之于他人和集体的"被需要"。其一，日常居住格局将大家庭分割为小家庭后，家族利益被分割成每个小家庭和个人的利益，以集体需求为中心替之以个人需求为出发点，以个人和市场来调节生产、分配、交换和消费。与生产有关的社群关系越来越被看作一种与他人的"策略性"关系，不管为了生存还是利润，"合作"都被作为一种"策略"而存在，用于消减风险、获得收益。其二，村落空间分布格局改变则将以前以血缘关系为主的人际互动转化成以地缘关系为主。虽然拆分血缘大家庭相对削弱了传统亲情纽带和群体凝聚力，降低了社会整合程度，对"个体"概念的强化在一定程度上弱化了基于集体生活的互助观念和集体价值，但现代社区式集中居住增加了村民们的社会互动频次，从而将传统集体互助转化为现代农村的社区互助。据问卷分析，本土居民对这种空间格局的变化呈满意态度。回答问卷"您怀念搬迁以前的生活吗？"，虽然82%的被访者选择了"怀念"，但"对搬迁后的生活方式和状态满意吗？""非常满意、满意、一般、不满意、非常不满意、无所谓"6个选项中，100%的被访者选择了"非常满意"。总之，传统空间结构的改变，带来了"个人"意识的增强和"集体"意识的减弱，从而使价值观念被赋予了由"集体互助"到"合作策略"的工具理性价值转向。

### (二) 生产要素改变劳动观念

传统农业社会里，独龙人对自然界的一切都持有敬畏之心，信仰"万物有灵"的原始宗教，认为风、雨、雷、电、树、河、山、日、月等都存在神灵和鬼灵。山鬼，独龙语称"齐不朗"，它能使人们患上全身酸软无力之症；树鬼，独龙语叫"升火"，如果冒犯了它，人会浑身疼痛；水鬼"瓦呛布朗"，使人吐血、发冷热之症；还有年神"花麻不朗"、地鬼"洛日不郎"、野鬼"塞朗"、河边鬼"勒母囊"、虹神"莫信"、山神"拉"和天神"格谋不朗"。LZX（女，独龙族，73岁，迪政当村熊当小组，务农，独龙族即兴说唱传承人）给笔者即兴说唱了一段祭"拉"（山神）时候的内容，歌词大意是："村寨的男女都要你来保佑，愿我们村人口兴旺，人人长寿、长生不死，愿你永远保佑我们，我们将献给你最好的东西。"在独龙族老人的概念里，自然和生态是神圣一体的，是一元的，就像藏族的神山圣水崇拜一样，他们用"有灵"来表达对自然的尊重。除此以外，传统劳作观念中，农业劳作、家庭教育、生态保护、人际互动等生计、生活的各个方面也都是一个整体，在劳作中娱乐、娱乐中教育，不可分割，如集教育、娱乐、传承作用于一体的独龙族即兴说唱。LZX 告诉笔者，在她看来"天上的太阳和地上的杂草、远处的高山和稻子上的积雪都是天神的赐予"。可见在独龙族传统价值观中，与生存和生活有关的所有事物都应该敬畏，自然和生产是一个整体，统一于存在的意义，其劳动观呈现出一元的结构特点。

科技、标准、规范等现代性力量日益支配人们的经济与社会行为，乡村经济生活从日常到生产方方面面与此日益息息相关。梭罗曾感叹："农事曾经是一种神圣的艺术，但我们匆促而杂乱，我们的目标只是大田园和大丰收。我们没有节庆的日子、没有仪式、没有行列了，连耕牛大会及感恩节也不例外，农民本是用这种形式来表示他这职业的神圣意味，或是用来追溯农事的神圣起源。"❶ 随着农业生产机械化、科技化的介入，传统生态观中整体性的"自然"概念被分割，实用主义让年轻的族人将自然给予的土地、山林视为可利用的"资源"。由"自然"向"自然资源"的概念转变，体现了以"有用"和"无用"作为价值标准进行的二元划分。小小的 BEX（女，独龙族，4 岁，乡幼儿园，孔当村丙当小组）向我哼唱着："庄稼是朋友，杂草走开；木材是朋友，杂树走开；益虫是朋友，害虫走开……"笔者试图弄清是谁教她唱的，但刚上幼儿园的她并未能清晰告之。科技是一把双刃剑，在科学技术和职业技能被传授的同时，效益、效率等工具性概念也正将村民原本一元的劳动观一分为二，划分成诸如"有效/无效""有益/无益"的二元结构。

## 四、观念转型初期的现代适应：问题、趋势与必然

身处大数据时代，独龙族群众迅速接触到的社会现实为他们打开了全

---

❶ 江浩. 浅析梭罗生态思想的理论渊源［J］. 湖北函授大学学报，2014（11）.

球化认知和国际分工的大门，知识结构与价值观念的改变影响了独龙族人的行为，使其在传统观念与现代性的碰撞中，努力适应着快速、激烈的物质社会变迁。快速发展的同时，在扶贫攻坚初期这里也出现了发展内生性不足而产生的普遍问题，之后的精准扶贫和精准脱贫中地方政府通过"党建＋脱贫"双推进、感恩教育等措施予以解决，本书第四章笔者进行了具体论述。

## （一）构成观念的各部分发展不均衡

"适应"一词原本来自生物学，指生物体在外部环境作用下发生变异，并经过自然选择机体细胞、组织、器官自身的代谢机制，屈从环境的压力做出适合生存的相应改变。❶ 社会研究中，"适应"被用来理解个人为与环境取得和谐关系，而产生的心理和行为变化。由传统向现代社会的快速变迁中，当地人首先面临的问题就是适应逐渐变化的物质与文化环境，接受现代规范和准则，整合传统文化要素，主动做出与当前社会结构相符合的行为。经调研，笔者发现从适应内容来看，与经济社会跨越相对应，观念结构中变迁与适应速度最快的是经济观念，主要是现代生产与经营观念；其他部分，如现代教育观念、婚姻观念、生活观念、消费观念等则尚在形成与完善之中，相比经济观念处于发展不同步的状态，突出表现为现代化进程中的不适应以及因此产生的短期社会问题。从适应主体来看，能迅速、较好完成过渡的适应良好者多为乡村精英群体，他们通过教育、参军、务工、创业等方式，或走出家乡垂直流动到更高层次，或学成归乡进入基层行政体制，或找到经营方向取得不俗业绩；而一部分村民在新情境要求和个人能力不能匹配时则出现了不适。需说明的是，此部分数据与深度访谈内容主要为2016—2018年期间的情况，本部分写作意在呈现传统观念现代适应与转型的阶段性特征，从而能从实证研究中概括观念发展的规律。"十三五"期间，基层政府以树立社会主义核心价值观为核心，围绕"观念扶贫""教育脱贫"，立足组织建设，实施了一系列举措来解决观念转型初期出现的各种社会问题，从而推动观念结构各部分的协同发展。

---

❶ 雷永生，陈晓希. 皮亚杰发生认识论述评 [M]. 北京：人民出版社，1987：50.

### 1. 生计观保守，社会融入程度较低

笔者以巴坡村为调查点基本上进行了人力资源情况的普查。除去外出务工 11 人、16 岁以下 197 人和 80 岁以上 15 人，对剩余 16~80 岁之间的 631 位村民，进行了培训意愿和外出务工意愿数据的收集（见表 3-1，表 3-2）。

表 3-1　巴坡村人力资源情况

| 全村户数：251 户；人口总数：854 人 | | | | | | | | | 在外务工（打工）人数：11 | | | | |
|---|---|---|---|---|---|---|---|---|---|---|---|---|---|
| 性别结构 | | 年龄结构 | | | | | 受教育情况 | | | | 务工去向 | | 在外务工行业 |
| 男 | 女 | 16 岁以下 | 16~30 岁 | 31~40 岁 | 41~60 岁 | 60 岁以上 | 初中以下 | 初高中毕业 | 技工学校毕业 | 大专及以上毕业 | 乡内就业 | 县里就业 | 县外省内就业 | 省外国内就业 | 农业 | 工业 | 服务业 |
| 434 | 420 | 197 | 239 | 137 | 196 | 85 | 608 | 220 | 21 | 5 | 0 | 5 | 4 | 2 | 0 | 0 | 11 |

表 3-2　培训意愿

| 愿意在本地参加技能培训人数 | | | | | | | | | | 25 岁以下初、高中毕业生愿意到省内技工学校参加脱产学习人数 | 16 岁以上 40 岁以下愿意到县外务工人数 |
|---|---|---|---|---|---|---|---|---|---|---|---|
| 摩托车修理培训 | 厨艺培训 | 养蜂培训 | 草果栽培 | 重楼栽培 | 山羊喂养 | 独龙牛喂养 | 兽医防疫培训 | 手工编织培训 | 其他培训 | | |
| 70 | 106 | 50 | 80 | 72 | 8 | 33 | 37 | 40 | 81 | 31 | 0 |

数据收集时间：2015 年 12 月，协助数据收集：LWZ（男，25 岁，傈僳族，贡山县人，巴坡村选调生，2015 年 6 月到村）。

表 3-2 中，愿意参加技能培训的共 608 人，占接受调查总人数的 96.4%，且培训内容多样化。说明以旅游业为主、草果种植为辅的区域社会发展，对独龙族村民掌握现代技能、融入主流社会的意愿产生了较大影响，村民已具有个人发展的内在需求。接受调查的 631 人中，有外出培训意向的仅 31 人，占 4.9%，愿意外出务工人数甚至为零。说明村民们虽然有发展的内在需求，却固守原有生活圈，不愿接触外面的世界。传统生活场域消失后，中青年村民对于外界的了解较多来自于电视、学校教育、政府宣传、手机、网络以及游客等外来者。伴随产业的转型与发展，村民们虽与外界接触增多，但仍处于迷茫状态，对于出乡培训、务工、融入现代

社会存在顾虑，对外边的世界觉得陌生和不信任。大多数人觉得在家里过得很"安逸"，并不想走出独龙江，包括外出求学不适应辍学回乡的青年。对比内地农村的大批外出务工者，当地村民的劳动观具有较突出的封闭、保守的特点，一定程度上仍受到传统自给自足狩猎—采集、刀耕火种生计观念的影响。

### 2. 宗教观受西方影响较大，信教与非信教群众存在人为社会隔离

信仰对人至关重要，它影响人们对人生的根本看法、信念和态度，是个性的重要组成部分，也是行为动机的核心。独龙族本土信仰是自然崇拜的原始宗教。1935 年，美籍传教士莫尔斯多次派人进入独龙江地区，一些独龙族人开始改信基督教。❶ 快速的物质进程中，传统生活和生计方式的改变对文化传承造成了极大冲击，部分独龙族群众在人生观的快速解构和重建中向西方宗教寻求指引之法，表现在三个方面：

一是基督教信教人数增加。独龙江乡基督教堂每周做两次礼拜，专门配有傈僳文圣经，春节、元旦、复活节、圣诞节都有活动，传教范围广、力度大，渗透到教育、文娱各个方面，信教群众越来越多。截至 2015 年 12 月底，全乡基督教信教群众 633 人，宗教活动场所 8 处。其中，马库 82 人、场所 1 个，巴坡 178 人、场所 3 个，孔当 110 人、场所 1 个，献九当 126 人、场所 1 个，龙元 69 人、场所 1 个，迪政当 68 人、场所 1 个。❷ 孔当村信教群众占村总人口的 10.7%，巴坡村信教群众占 20.8%。巴坡村麻必当教堂是独龙江乡建立时间最长、信众最多的教堂，有传教士 2 人、执事 3 人、礼拜长 2 人、信众 96 人。该教堂传教士 MWH（男，30 岁，独龙族，初中，巴坡村木兰当小组）告诉我们，2014 年全乡信众才 400 多人，2015—2016 年就增加到近 700 人，仅巴坡村 2017 年年底统计基督教信教群众就有 217 人。

二是一定程度存在宗教与社会主义相适应的问题。宗教对于社会发展的积极意义不容否定，但在传教过程中如果宗教与社会主义相适应不足，社会主义核心价值观宣传力度不够，将削弱信众对国家的认同。全乡 6 个

❶ 贡山县地方志编纂委员会. 贡山县志 [M]. 北京：民族出版社，2006：85.
❷ 独龙江乡人民政府办公室. 独龙江乡宗教与基层党组织的情况 [R]. 怒江州：中共独龙江乡委员会，2015.

村中，巴坡村从村容村貌、经济发展等各方面均强于其他村，但也是独龙江乡信众最多的村。MJY（女，28岁，独龙族，初中，务农，外嫁到孔当村丙当二组）告诉我们，因为信教的人更具有自律性，所以巴坡人勤劳些，生活规律，家庭更和睦。麻必当教堂传教士MWH说："我们木兰当（巴坡村木兰当小组）以前治安很不好，这几年信教的快有一半，就没有这些治安问题了。不再像以前不睡觉，整个小组喝酒、打架。虽然十分感激国家给新房住、衣食无忧，但在信教群众看来，所有独龙族都有新房住，都有生活保障，宗教却帮助他们生活得更好、收入更高，让他们与其他人不同。"

三是信教和不信教群众之间产生了人为的社会隔离。传教士MWH说："我们信教的人通常平和、有爱心，生活习惯很好，不信教的人做不到。"走访中笔者发现，信教与不信教群众在日常生活中是泾渭分明的两个群体。信教群众基本只和自己的教友交往，看不惯不信教村民喝酒、抽烟、玩乐，而不信教的人也不愿和信教的人来往。巴坡村共16个小卖部有2个是信教群众开的，他们拒绝经营烟、酒，消费群体基本是信教群众。此外，当地基督教针对独龙族发展的特殊性，进行了传教内容的添加和改良，要求村民信教后戒掉烟、酒（其他地区教条中没有这一条），改掉一些不良的生活习惯，变得更勤劳，从而教徒的经济状况普遍优于不信教村民。他们因此感到优越，更加不愿意跟比自己穷的不信教群众交往。

### 3. 消费观仍保有传统惯习，酒在生活中所占比重较大

酒在独龙族传统文化中占有十分重要的位置，平时家庭聚会、家庭节庆、婚丧嫁娶都少不了它，唯一的年节"开昌哇"节中酒也是必不可少的元素，独龙男子以酒量好为极荣耀的事。在中原农村，聚会请客吃饭有劝酒的习惯，常听到酒量还不错的朋友说"哎呀，我酒量不行，稍微陪一下，你们可要喝好"。待在独龙江的日子里，笔者从来没有听过任何一个村民说自己酒量不行，因为这在男人们看来很没面子，大多数时候他们会夸耀说："Y老师，我酒量很好嘎，我醉起呢，你随意啊！"所以，历时五年的调研这些以酒当水、当饭的独龙男人让我印象深刻。作为传统山地文化的要素"酒"的确必不可少，但若饮酒过多未免会影响第二天的劳作和工作，非健康的现代生活观所提倡。其间，笔者参加

了孔当村丙当小组一户人家的婚礼，发现办婚礼的时候饭桌上没有菜只有酒，大家在一起喝酒聊天、唱歌到半夜。原以为只是婚礼时大家聚一聚，在后来近一个月的共同生活中发现，小组村民串门聚会是常态，有聚会有歌就有酒，有时候凌晨才散去。接受访谈的还有外地包工头 ZYH（男，60 岁，汉族，丽江永胜人，在独龙江乡包工程 6 年），他一般不愿雇用本地独龙族村民做工，原因就是酒。老人们则反映，住山上的时候并没有这个现象，以前酒很珍贵，从山上下来不方便，一般玉米酒和纯米酒是自酿的，通常只做一罐酒糟，留着节庆的时候喝，现在搬下山了，酒很容易买到，便成为大家用以消除疲劳和打发时间的寄托。

村民们对酒的消费量很大。笔者走访了巴坡村全部的 16 个自营小卖部，40 度勾兑白酒"鹤庆大麦酒"（400 毫升）是销量最大的一种，每瓶 10 元，每件 12 瓶，16 个小卖部每月总共销售约 150 件。其次是易拉罐装雪花啤酒，每瓶 200 毫升，每件 24 瓶，每个小卖部每月能卖 20～30 件。此外，笔者采用垃圾调查法，从孔当村最北的鲁腊小组经丙当、孔美、腊佩、肖旺当一直沿村级公路向南，步行 18.7 公里到达巴坡村，对两个村共14 个村民小组的垃圾处理点和公路沿线 20 余公里垃圾的种类进行了收集，同时注意避开春节、暑假等旅游旺季，尽量减少外来行为的影响。结果发现，绝大部分垃圾都是各色酒瓶子，孔当村丙当小组和鲁腊小组情况较为严重。此处必须说明的是，以上为 2016 年的情况。2017 年 7 月，乡政府为了重拳治理这种情况，出台了为社会和媒体热议的"禁酒令"，经过 3 年多的乡村治理，2019 年 5 月和 2020 年 8 月笔者再进独龙江时，村民们无节制饮酒的情况已经并不常见了。

此外，消费观念上当地村民仍一定程度地受到传统"平均"和"集体主义"惯习的影响，在他们看来储蓄属于非必需行为，特别是不少年轻人处于"月光"状态。据丙当小组 3 个小卖部经营者反映，许多 20～30 岁的男性村民在小商店基本都赊有烟酒账，发低保或打临工挣钱了就来还，不少人处于无规划消费状态。

### 4. 现代婚恋观尚在形成中，男性婚姻挤压现象一定程度存在

剧烈的物质社会变迁中首先发生思想变化的是独龙族青年女性，随着网络媒体介入后对现代社会了解的日益加深和对外面世界的向往，在交通基础设施改善以后不少女性选择了外嫁，导致尤其 2015 年前后 20～35 岁

的本地独龙族适婚男青年难觅结婚对象。比如孔当村丙当小组村民 BLX（女，28 岁，独龙族，无业），初婚选择离乡嫁到县里，两年后离婚，再嫁现在的汉族丈夫，因国家对独龙族补助力度大，现夫妇二人回到独龙江乡定居。关于这点，丙当小组村民 ML（男，29 岁，独龙族，小学，无业）十分郁闷和不解。情况最严重的是巴坡村的斯拉洛小组，该村民小组全部适龄未婚男性在 2016 年 8 月的时间节点上均处于失婚、没有对象的状态，适婚男青年共 15 人，年龄最大的 38 岁，最小的不到 20 岁。访谈中他们表示不想去找对象，常处于抱团玩乐状态，性格均较内向。问卷里在"和您关系密切的朋友有几个？"的问题中笔者设置了 4 个选项，填答选择"20 个以上"的仅为 3.4%，"10～19 个"的为 18.7%，"5～9 个"的为 40.2%，"0～4 个"的为 37.7%。可见，受到婚姻挤压的独龙族男性受限于狭小的生活社交圈，并不能接触到更多的适婚女性，免于婚姻挤压危机的男性多为"精英群体"，如各村民小组干部、外出接受高等教育后回乡以及外出当兵后转业回乡的族人。

### 5. 传统教育传承场域日渐消失，现代家族教育观念亟须健全

下山安居、产业结构调整后文化失去了赖以生存的传统环境，过去常见的教育传承事项和场域或不复存在或日益消失。比如独龙族说唱，作为传统大家庭教育方式，老人们通过"即兴说唱"向晚辈传授传统劳作技能，包括翻雪山出行、狩猎、采集、人际交往等。而现在能"即兴说唱"的老人一个村民小组不过两三人，丙当小组只有两位老人还掌握着这门演唱技艺，其他人都只会用独龙语唱流行歌曲。等这一批老人过世之后，在旅游业发展起来之前，独龙族的这项传统教育传承方式亦是非物质文化遗产已濒临绝迹。还有独龙毯编织，过去基本上每户的主妇都会，织毯技术代代相传，现在只剩中老年妇女会，青年妇女并不想学，在笔者借住的孔当村丙当小组，小组里年轻一辈女性村民能熟练编织独龙毯的不到十人。有幸基层政府意识到了这个问题，通过出资鼓励村民恢复传统节日、"百人编织独龙毯"、传承人保护等多项文化教育项目来保护和传承文化生态。传统教育场域消失的同时现代家庭教育观念又尚未形成，中青年村民忙于适应新的生计方式或成为"低头族"，闲暇时间无暇照顾子女造成儿童家庭教育的缺失，使孩子们也过早地依赖上手机与网络，看电视和玩手机多于打篮球、同辈群体玩耍。笔者借住的村民家里，儿子 BLS（男，独龙族，

5 岁，幼儿园，孔当村丙当小组）每天早上起床后的第一件事就是打开电视，放学后的娱乐也是看电视，他和两岁半的妹妹都很喜欢画画，但父母忙于种地和打工没时间管他们。

总的来说，以上社会与观念转型期出现的问题，表面上看是新情境要求和个体需求之间产生矛盾的结果；深究其因，则源于新的核心价值体系未完全形成、旧有价值观又被渐渐覆盖，源于观念结构各部分发展的不均衡、不同步。面对传统生计和教育场域的消失，当就业、生活、婚姻、教育等观念不能匹配现代物质进程时，便以具体社会问题的形式表现了出来。

### （二）从话语分析与微信民族志看社会分层趋势

观念发展不均衡对独龙族人社会生活的影响，一方面表现为微观社会问题；另一方面伴随现代化进程的持续推进，基于适应性的个体差异社会结构出现了社会分层的两极走向。地方精英群体具备强烈的个人发展愿望，主动适应并积极参与现代生产，接受、学习现代生活方式；一部分群众则处于被动适应的状态。笔者以社会地位、财富和发展意愿的强烈程度为指标，将本地村民分为两类走向——乡村精英和普通村民。乡村精英以教育为划分标准分为出乡读完大学回乡工作或务农的、外出当兵退伍后回乡务农的；以职业为划分标准分为各村往届和现任村委干部、村民小组组长、副组长；以经济收入为划分标准分为较富裕与一般。然后，在巴坡村和孔当村以立意非随机抽样抽取 5 名乡村精英、以偶遇非随机抽样抽取 50 名普通村民组成样本。一是使用非结构式访谈对内容进行话语分析。如"可以跟您聊聊近几年独龙江的变化和您个人生活的变化吗""对目前的生活满意吗""未来有什么打算"等，未设定访谈提纲，目的在于从闲聊中拓展式了解访谈对象更深层的想法。二是从样本中用立意非随机抽样的方法选取了 5 位受访者进行微信民族志研究，征求他们的同意使用其微信朋友圈的情况作话语分析。❶ 通过整理录音和微信分析笔者发现，以上两类群体在"个人发展"想法等内容的用词表述中存在明显的差异，所以尝试通过横剖研究，通过对所获资料的话语分析，较生动地描述与剖析社会分

---

❶ 具体操作中，调研组请被采用微信的 5 位受访者签署了授权文本。内容为："本人同意在《本土建构的差异化治理：基于独龙族脱贫与发展的乡土实践》为题的学术著作中，使用本人的微信朋友圈截图。"基于隐私保护的原则，未在本书中展示。

层的阶段性趋势。

### 1. 乡村精英话语

（1）三段访谈记录的话语内容

三位受访者分别代表了乡村精英的三种类型：基层公务员、外出培训（参军）回乡人员和致富代表，分别体现了行政、教育、财富三个维度的群体特征。

MJL（男，独龙族，28岁，初中，巴坡村村委主任，巴坡村木兰当小组，务农）："近两年，我们独龙江发生了巨大的变化，实现了现代化，产业结构进行了调整，安居工程之后，我们搬迁进了新居，交通通畅以后，出乡回乡方便多了。用上手机能上网、上QQ、上微信，获得各种信息的渠道增加了，眼界开阔以后，可以干很多以前想都不敢想的事儿。州县还派农业技术专家来培训草果、重楼的种植技术。说实话，前两年投资在草果上的钱好些都亏着呢，风险还是比较大，从2015年开始草果赢利，今年的收成应该更好！"

SJP（男，独龙族，26岁，初中，退伍军人，巴坡村巴坡小组组长，务农）："2014年我退伍回来，不知道自己在家能干什么，但是在四川绵阳当兵最大的收获是让我学会了与人很好地沟通和交流，我的性格也变得开朗和活泼很多。所以回家没多久，大家就推荐让我当了小组的组长，组长要经常开会，联系村民上传下达，还要把外面先进的技术和最新的信息传递给大家，村民有纠纷的时候就要由我来协调和处理。所以，沟通能力、会说话、能以普通话表达很重要。回来以后，发现家里发生了巨大的变化嘎，家里搬进了新居，路也通了。乡里出去当过兵的朋友互相建了群，平时也注意交流各种信息，我们几个关系特别要好的先种起了草果，养了独龙蜂，去年我还娶了一个缅甸老婆，虽然没登记但是家里已经办了酒席。我还出去培训了汽车、摩托车修理，我想在巴坡开个维修点，乡里发展旅游业干这个应该是挣钱的，再包50亩地种草果。"

YWP（男，独龙族，32岁，小学，孔当村孔当小组，外出打工经商后回乡承包工程）："我在孔当也算是先富起来的一批了，最近几年乡里基础设施建设工程很多，我的挖掘机有7台，还有自己的两个工程队和几个工地。乡里有时候接待记者、专家都是在我家，也经常参加各种座谈聊一聊致富经验。其实致富经就两个字——'资本'。2007年我就出去打工了，先是在工地上帮忙，后来有了自己的人脉，积累了一些资金。2009 年，乡里有各种扶贫工程，国家的大量资金用来搞基础建设，赶着这么个好机会，我就赶紧回乡了。把家里的兄弟、堂兄弟们喊在一起商量，各家出资组起了工程队，买了最早的三台挖掘机，主要以我为主经营。2010—2015 年这五年修旅游小镇、孔当村修小集镇、修桥、路面硬化……工程量很大，我们承包了其中一小部分，之后又买了几台机器，加雇人手扩大工程，也解决了村里一些年轻人的就业问题。风险是有的，但都在可接受和可控制范围。乡里好些四川、丽江那边的包工头，与其让别人赚了，不如自家人赚这个钱，你说是不是嘎？Y 老师喝'吓啦'❶，可只有在贡山呢才能喝到。"

（2）两份❷微信朋友圈展示的话语内容（均已征得当事人同意）

当前大数据时代中，微信朋友圈是对个人民族志进行追踪调查的一个较便利的方法。虽然也存在一定的片面性，即表达的都是被访者主观想表达的和仅想让外界看到的生活的一部分，但也能从另一个层面说明，被访者心里所重视的或是所努力塑造的生活目标、状态。所以，作为补充，笔者对 MJL 和 SJP 微信朋友圈的资料进行了收集。

征得 MJL 同意后，笔者得以将其朋友圈作为资料的一部分用于写作，后文所使用朋友圈资料也均征得了其他被访者的同意。从 2014 年 5 月 17 日发表在朋友圈的第一个帖子到 2017 年 12 月 15 日为止，MJL 发表了 5316 条朋友圈，与独龙江乡发展和行政信息有关的帖子 2014 年不到十分之一，更多的是生活状态，如歌曲、游玩、打猎、家庭等；2015 年与乡情有关的行政信息逐渐增多，到 2016 年该类信息在朋友圈中占到了半数以上；2017 年该类信息量达到了 92%，2017 年的 1628 条朋友圈中展示个人生活的只有不到 130 条，其他均为与工作、乡情、发展、就业、交通等有关的内容。笔者截取了最近的几页如下。

---

❶ "吓啦"为音译，是怒江地区特有自制粮食酒，兑入土鸡汤和漆油制成。

❷ MJL、SJP、YWP 三位受访者中，因 YWP 不愿添加微信，所以未能得到其朋友圈的相关资料。

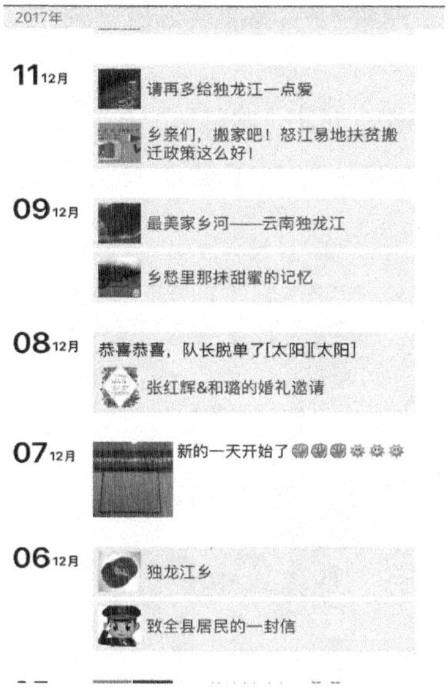

2017年

11 12月　请再多给独龙江一点爱

乡亲们，搬家吧！怒江易地扶贫搬迁政策这么好！

09 12月　最美家乡河——云南独龙江

乡愁里那抹甜蜜的记忆

08 12月　恭喜恭喜，队长脱单了[太阳][太阳]

张红辉&和璐的婚礼邀请

07 12月　新的一天开始了

06 12月　独龙江乡

致全县居民的一封信

**图3－8　MJL 的朋友圈截图1**

（2018. 01. 17）

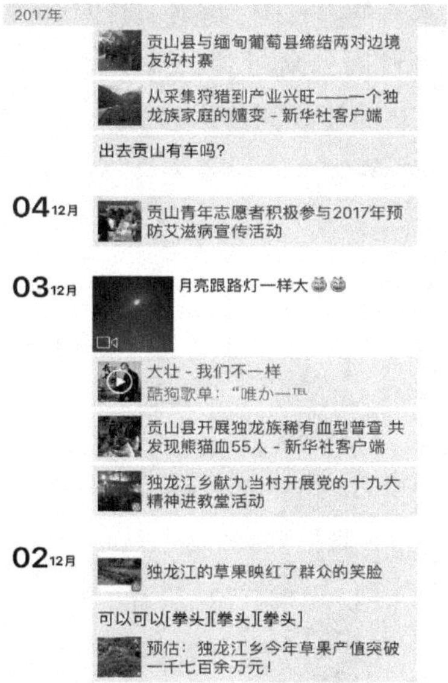

2017年

贡山县与缅甸葡萄县缔结两对边境友好村寨

从采集狩猎到产业兴旺——一个独龙族家庭的嬗变－新华社客户端

出去贡山有车吗？

04 12月　贡山青年志愿者积极参与2017年预防艾滋病宣传活动

03 12月　月亮跟路灯一样大

大壮－我们不一样

萌狗歌单：“唯か一—TEL

贡山县开展独龙族稀有血型普查 共发现熊猫血55人－新华社客户端

独龙江乡献九当村开展党的十九大精神进教堂活动

02 12月　独龙江的草果映红了群众的笑脸

可以可以[拳头][拳头]

预估：独龙江乡今年草果产值突破一千七百余万元！

**图3－9　MJL 的朋友圈截图2**

（2018. 01. 17）

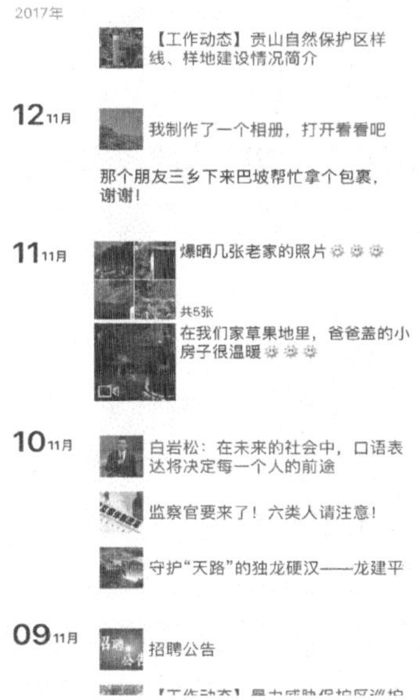

2017年

【工作动态】贡山自然保护区样线、样地建设情况简介

12 11月　我制作了一个相册，打开看看吧

那个朋友三乡下来巴坡帮忙拿个包裹，谢谢！

11 11月　爆晒几张老家的照片

共5张

在我们家草果地里，爸爸盖的小房子很温暖

10 11月　白岩松：在未来的社会中，口语表达将决定每一个人的前途

监察官要来了！六类人请注意！

守护“天路”的独龙硬汉——龙建平

09 11月　招聘公告

**图3－10　MJL 的朋友圈截图3**

（2018. 01. 17）

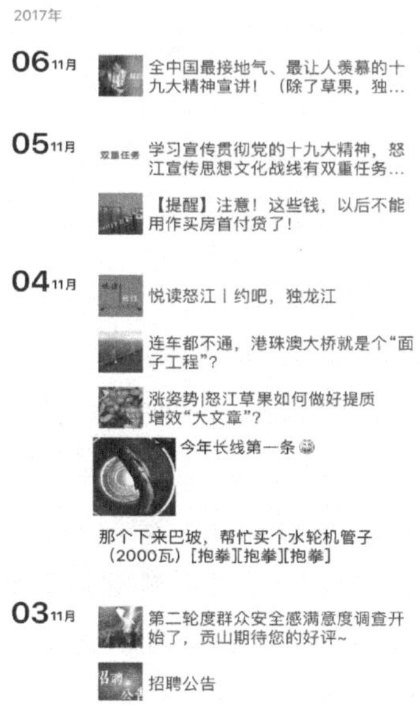

2017年

06 11月　全中国最接地气、最让人羡慕的十九大精神宣讲！（除了草果，独…

05 11月　学习宣传贯彻党的十九大精神，怒江宣传思想文化战线有双重任务…

【提醒】注意！这些钱，以后不能用作买房首付贷了！

04 11月　悦读怒江 | 约吧，独龙江

连车都不通，港珠澳大桥就是个“面子工程”？

涨姿势|怒江草果如何做好提质增效“大文章”？

今年长线第一条

那个下来巴坡，帮忙买个水轮机管子（2000瓦）[抱拳][抱拳]

03 11月　第二轮度群众安全感满意度调查开始了，贡山期待您的好评~

招聘公告

**图3－11　MJL 的朋友圈截图4**

（2018. 01. 17）

笔者曾与 MJL 笑谈，其朋友圈就是一部独龙江发展全记录，更像一个独龙江政府公众号和公共平台。

SJP 的朋友圈绝大多数信息是与工作相关的出车信息，每半月左右会有 1~2 条信息用于发布家人近况，基本上是一个拼车微商号和交通信息大全。

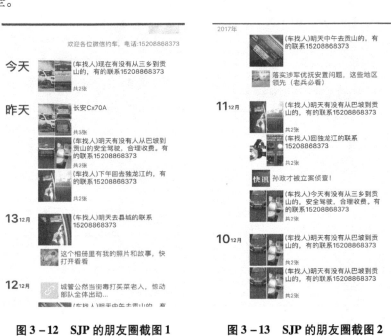

图 3-12　SJP 的朋友圈截图 1
(2018. 01. 17)

图 3-13　SJP 的朋友圈截图 2
(2018. 01. 17)

（3）话语分析

通过对访谈内容的话语分析笔者认为：①乡村精英使用词汇较贴近当前现代科技背景下的专业词汇，如"风险""投资""结构调整""资本""资金""计划"，这些词直接反映出他们对公共、行政、市场领域、科技领域和发展专业话语的兴趣和接触程度。②精英群体的语言表达更加书面化，在访谈中会主动以普通话的表达习惯配合笔者进行交流。比如"事儿"的儿化音，在西南官话是没有这种发音习惯的。精英群体信息渠道来源多样、广泛，话语适应力较强，往往能得到更多的发展便利。③精英群体表述与官方表述基本相同，对扶贫政策信息了解比较多、关键词准确，如"现代化""新居""信息""培训"等，在精英群体表达中还常见"结构""基础设施""协调发展"等官方用语和现代词素。如果没有对该类信息的长期关注，是不可能在一次没有准备、即兴、随机的访谈中达到这个表达效果的。

结合微信朋友圈的展示，笔者认为乡村精英群体具备的共性是：话语内容体现出较强的类型性、方向性和目的性。如 MJL 的访谈内容和朋友圈都体现了他行政工作的特点，尤其 2015 年之后几乎全是与村情、乡情、县情、州情、招聘、就业、培训等相关的公共行政信息；而 SJP 的访谈与朋友圈则紧紧围绕与交通运输相关的工作内容展开，客户资源是他最关注的，挣钱的渴望贯穿在他话语的始终；YWP 的话语则基于市场、资金及其外出谋生十年的成功经历，与主流商业话语、与政企合作紧密相关，挣钱以后回乡实现个人价值是他要表达的主要想法。三种人生观分别围绕着"行政""致富""个人价值"，为我们展现了三段各不相同但均具有强烈个人发展愿望的人生发展轨迹，长期目标、规划和使命感是其共同特征。

### 2. 普通村民话语

BJL 是孔当村为数不多出去上过大学的青年，回乡后帮助父母务农，他有一定自己的想法，但是在资源、资金上又有所缺乏，所以在普通村民中较有代表性；第二段访谈记录的被访者 MWH 除了务农还是一个虔诚的基督教传教士，近年独龙江基督教教众成倍增长，他作为普通村民中的信教群众具有典型性；第三位 MJY 则是一位十分普通、在村里随处可见的独龙族已婚妇女，她从巴坡村嫁到孔当村，与前文乡村精英 MJL 还有较远的亲戚关系。

（1）三段访谈记录的话语内容

BJL（男，独龙族，23 岁，大专，孔当村丙当小组，务农）："这几年村里变化很大，我家最大的变化就是搬了新房子，用上了电器和手机，最高兴的是路修通了以后生活方便了很多，很多东西能很快运进来，比如烟、酒啊。酒不用再在自己家里酿了，在乡里新建的小集市上买很方便。我自己出乡里去呢也很少，一年难得出去玩几次，所以感觉隧道修通以后我的生活也没什么很大的变化。感觉变化最大的是种草果卖钱，准备年底再包几十亩地种草果。说是这么说，不知道能不能雇到人，我家两个哥哥已经成家了自己也有草果地，收草果的时候怕是也都不上什么忙，我还没结婚呢，所以我和爸妈一起种。"

MWH（男，独龙族，30 岁，初中，巴坡村木兰当小组，务农，兼职巴坡村麻必当教堂基督教传教士）："要说我们这里变化么是真大呢，我们木兰当（巴坡村木兰当小组）以前治安很不好，这几年信教的快有一半，就没有这些治安问题了。不再像以前不睡觉，整个小组喝酒、打架。当然十分感激国家给新房住、衣食无忧。不过在我们信教的人看来，所有族人都有新房住，都有生活保障，但宗教却能帮助他们生活得更好、收入更高，让他们与其他人不同。我家也种草果、养蜂和羊，勤劳、不抽烟、不喝酒、善良、与邻居和睦是最基本的。"

MJY（女，独龙族，28 岁，初中，务农，外嫁到孔当村丙当二组）："说实话，生活条件比以前好太多了，但是日子过得比以前也辛苦了很多嘎。特别到了收草果的时候，家里亲戚都叫上人也不够用。从山上搬家搬下来了，大家都集中住到了一起，但是种的地还在山上，每天还是要走很远去种玉米啊、冬瓜这些粮食、蔬菜，草果地有些也在山上，我家的草果地有一两块是在新房子后边的山坡上，还稍微方便一点。我老公（BLJ）平时喜欢喝酒，以前其实没有那么喜欢喝，因为现在劳动量大了，除了种地他还出去工地上给老板打工，所以一天很累的就想喝酒，说了他也不听么，我也没有办法嘎。"

（2）对应微信朋友圈展示的话语内容（均已征得当事人同意）

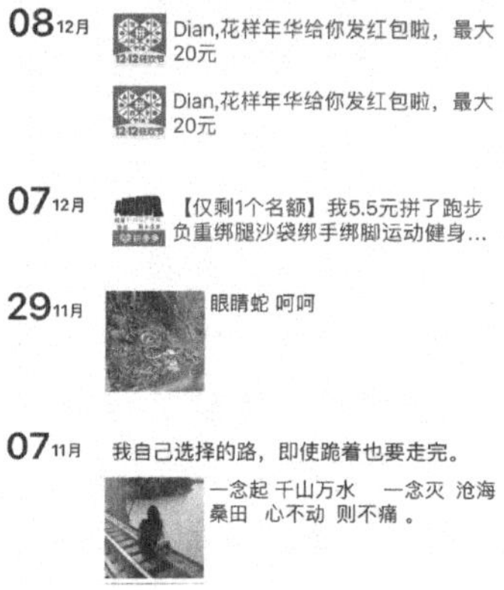

| 08 12月 | Dian,花样年华给你发红包啦，最大20元 |
| | Dian,花样年华给你发红包啦，最大20元 |
| 07 12月 | 【仅剩1个名额】我5.5元拼了跑步负重绑腿沙袋绑手绑脚运动健身... |
| 29 11月 | 眼睛蛇 呵呵 |
| 07 11月 | 我自己选择的路，即使跪着也要走完。 |
| | 一念起 千山万水　一念灭 沧海桑田　心不动 则不痛。 |

今天　圣诞舞曲
🎵再会无缘的情人
圣诞这样的舞蹈，太美了！一起跳一起唱，哈利路亚！

图 3－14　BJL 的朋友圈截图
（2018.01.17）

图 3－15　MWH 的朋友圈截图
（2018.01.17）

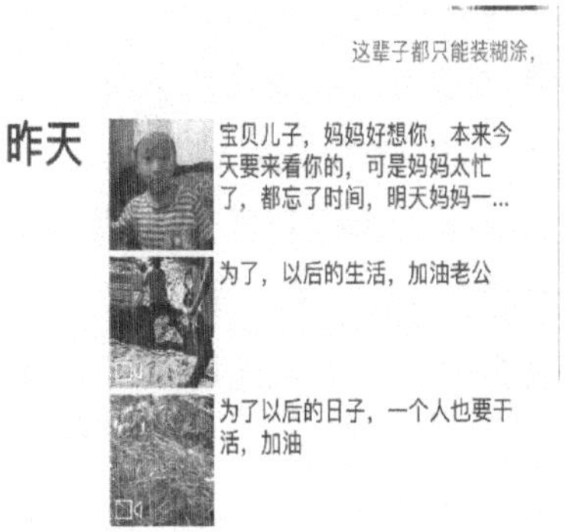

图 3 – 16　MJY 的朋友圈截图 1　　　　图 3 – 17　MJY 的朋友圈截图 2

（2018. 01. 17）　　　　　　　　　　（2018. 01. 17）

以上朋友圈虽然内容丰富多样、五花八门，但却有一个共同点，即表达个人生活感触较多，社会新闻较多，更具有生活性和感性，目的性、经济性、政治性较弱；发帖时间亦无规律，或很长时间不发，或一天发数条，全凭心情，比如 BLJ，一年多时间只发了十条朋友圈，而传教士 MWH 忙于教务工作和农作，基本没有时间似乎也没有兴趣发朋友圈。

（3）话语分析

对比乡村精英，结合访谈内容和微信朋友圈的情况，笔者认为：①现代话语并不平均地为不同阶层的群体所掌握。相比起来，普通群众并不主动和经常使用诸如"投资""资本""计划"等现代技术话语。②对比乡村精英的目标性和使命感，普通群众访谈中，笔者感受到了浓浓的生活感和随性，即使有目标也多为短期目标，且规划性和执行力不强，对生活的感性思考和感慨较多。结合问卷"您有没有未来职业规划或打算?"，填答"有"的占 33.2%，"没有"的占 26.5%，"不知道"的占 40.3%。可见大多数被访者对未来没有规划，填答"不知道"比"没有"还多，显示被访者的迷惘状态和无目标感。③对比乡村精英书面化的语言表达，普通村民在表达上则较为口语化和生活化，均带有云南方言中的语气助词，如"嘎""呢""么"，较为随意。

最后，笔者将乡村精英与普通村民话语中有交集的部分进行了话语对比，前面为精英表述、后面为普通村民表述："现代化"—"变化""新居"—"新房子""信息"—"用手机""培训"—"上课""资金"—"钱""交通通畅"—"路通了"。以上话语分析反映出知识分布中更深层、更微妙的差异，这种差异较之物质条件和经济条件导致的社会后果更加深刻，可以想象如果面对人生发展的同样机遇，两类群体的个人发展结果一定是不同的。面对这种现代性适应差异，如果不从整体层面提升群众素质，社会分层差距可能会日益加大，走向"精英—群众""富—贫"的两极。针对该分层趋势，基层政府在精准扶贫、精准脱贫中加大了观念脱贫等素质教育力度，后文中将进行详细阐述。

### （三）辩证看待跃迁式社会发展进程的必然

詹姆斯·C. 斯科特于 2009 年出版的"赞米亚"区域研究❶横跨千年，他通过《逃避统治的艺术——东南亚高地的无政府主义历史》一书，探讨了历史上国家权力内卷化过程中"高地人""反抗""逃避"的现象。因该研究地理上的亲近性引起了我国学者的广泛关注，学者们从生态民族学的视角与斯科特进行了对话，认为政府现代化推进中本地居民的生存策略用"生态适应"来表达更为准确。❷斯科特还在马来西亚吉打州一个化名"塞达卡"的小村庄待了 14 个月，写出《弱者的武器》，该书表述了农民反对统治的抵抗"艺术"，如偷懒、偷盗、开小差、诽谤、装傻、暗地破坏等。表面上看，前文独龙族群众现代适应过程中出现的问题，与斯科特在"赞米亚"和马来西亚农村所观察到的问题有些相似，但本质上却是完全不同的两种进程。"高地人"和"塞达卡"农民以消极的方式躲避公开反抗的风险，对不平等的发展话语进行申诉；而独龙族村民经历的则是扶贫项目现代化推进中跃迁式的社会发展，以及跃迁式发展面临问题的必然。

现代类型学将迅速、激烈的跨越式社会进程界定为一个非线性的过

---

❶ 空间概念"赞米亚"，原本由荷兰学者维列姆·范·申德尔于 2002 年提出，是一个包括喜马拉雅山西缘、西藏高原、中南半岛高地的跨国区域。詹姆斯·斯科特进一步指出这个区域包括了东南亚诸国与我国的云南、贵州、广西和四川四个省区。对于斯科特而言，"高地人"因为拒绝国家治理，而选择了来到高地，具有与低地人完全不同的社会组织形态。

❷ 罗康隆，舒瑜，麻春霞，等. 对话"斯科特"：是逃避？还是规避？抑或是适应？［J］. 贵州民族研究，2019（12）：82.

程，称为"阶跃函数"或"量的跃迁"❶（见图3-18），体现为跨步式阶梯而非衔接圆润的曲线，独龙族当代社会发展进程就是典型的非线性"量的跃迁"类型，经济领域首当其冲。经过多年发展项目帮扶，独龙江乡由一个基础设施建设滞后、社会发育程度低的边境封闭山区，进入了现代生活，发生了翻天覆地的变化和急速的物质社会变迁，家家有电视、户户有洗衣机、人人有手机、厨房电器齐全，原来需数十年完成的物质进程，在这里只用了不到5年时间。纵观独龙社会经历的三次社会变革，即"直过"带来的政治变革、改革开放带来的经济变革、整乡推进整族帮扶和精准扶贫带来的现代化变革，都具有国家在场、迅速、激烈的特点。尤其2010年以后通信接入、4G网络开通、交通条件改善，独龙族人实现了与外部社会的信息对接，传播渠道的变化带来主流社会生活方式和价值观，对当地人影响日渐加深。作为最激烈的变迁类型，"量的跃迁"必然产生制度、文化和核心价值观的相对滞后。迅激变革中经济要素与文化要素变迁的速度各不相同，导致其他观念如教育观、婚姻观、生活观、消费观、人生观等并不能完全跟上物质跨越的步伐，从而使观念结构各部分发展不均衡，即社会学所说的"堕距"，体现为现代转型初期社会问题的呈现与两极社会分层。它符合文化变迁的规律，是当前社会重构的必然，是发展的必然。我们要做的，是用马克思主义辩证法的思维看待跃迁式社会发展进程中的这种必然。相信，在政府的引导、投入和关怀下，伴随社会主义核心价值观的逐渐深化，观念嬗变中适应的过程终将成为一个自愈的过程。

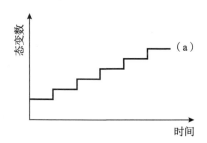

图3-18　阶跃函数或量的跃迁：上升（递增）的类型

---

❶　WALTER B. Sociology and Modern Systems Theory［M］. Englewook Cliffs：Prentice Hall, 1967：58-66.

## 本章小结

回顾这段经济社会与观念体系协同发展的历程，作为理论与实践的中介，个案为我们展示了一个观念快速发展的社会事实，笔者从中概括出三个特征：

一是多元内嵌，包括现代要素的制度内嵌、知识结构内嵌和价值观念互嵌。各级政府带动多方参与推动了地方经济社会的现代化进程，是为制度内嵌；基于此，市场话语单向进入知识结构，推动一系列经济学核心概念进入村民们的日常生产生活，是为知识内嵌；不同于制度与知识，现代观念与地方传统价值观在现代化进程中呈现出并融的双向度特征，是为价值互嵌。各级政府一方面通过制度、政策等方式在这个较封闭的小型社会实现生产、生活的现代化，推动扶贫项目融入地方社会；另一方面，通过观念调整推动地方性知识与观念体系的现代转化和交融。在发展干预中遵循现代性内嵌的多元逻辑，理解和尊重发展主体文化习惯的多样性，促进地方知识与现代要素有机对接，这正是我国扶贫、脱贫成绩与斯科特所说"高地人""逃避"结果迥然相异的原因。

二是互为动力，层层推进。产业结构、知识结构、价值观念是社会结构由浅到深的三个层面，对于脱贫致富三者是互为因果又层层递进的三重动力。传统农民进入现代经济体系后生计得以转型，是价值观念得以嬗变的基础和时代背景；现代生产、生活观念逐渐渗入独龙族群众的日常经济生活，价值认知结构改变，而后生产、经营观念中市场话语形成，则是实现内生式发展的深层原因。概括之，经济转型是知识和价值观念变迁的基础和时代背景，现代知识、观念的形成又能更好地促进经济实现内生式发展。所以，发展不仅是经济问题，更是文化问题；不仅是物质实体，更是一种文化生产。尤其是小型社会研究，更要关注发展主体的生存、权利和文化表达。❶

---

❶ 张劲夫，罗波. 独龙江文化史纲：俅人及其邻族的社会变迁研究［M］. 广州：中山大学出版社，2013：27.

三是本土性。既包括历史文化、传统认知结构、核心价值观念等抽象元素，也包括生计、生态、传统乡村空间等具象条件，这是原有生存场域改变以后传统农民在现代经济体系中得以生存的原生倚仗。无论现代性以多么多元的形态呈现，地方知识体系的转化和文化再生产都是现代发展的基础。

# 第四章　以基层党建为引领
# 创新乡村治理机制

费孝通在研究乡土中国时认为，传统的乡土中国是皇权不下县背景下形成的乡村自治体系，西方社会学关于传统社会的研究亦形成了从礼俗社会向契约社会、从熟人社会向陌生人社会的转变。我国几代学者都一直思考，在小农户还将长期存在、分户经营的国情下怎样把一盘散沙的农民组织起来。当前，我国许多内地农村的治理困境是空心化、离农化，是缺人的问题，村委会领导和富裕农户都搬到了乡镇和县城居住，村干部不在村，年轻人也都进城务工，农村就剩下留守的老人和孩子，在农村种地的可能是最后一代传统小农。而独龙江乡不同于上述农村地区的差异之处在于，过去封闭的地理区位环境与传统自给自足的生计方式，一方面阻碍了社会的自我发育和与外界的交流，另一方面养成了独龙族人封闭、保守的性格特点，生产生活中表现为突出的守土性，出去打工的族人并不多，主要问题在于社会转型期物质、制度和文化发展的堕距❶，是观念转型初期各部分发展的不同步。那么，在这样的情况下怎样振兴乡村，形成有效的治理机制？基层政府立足本土采取了一系列针对性举措，以基层党建为引领，通过引导群众建立现代生产生活秩序消除文化堕距、实现脱贫的内生性，为脱贫出列、巩固脱贫成效、实施乡村振兴提供组织保障。当前的发展早已不是单纯的经济增长，而是各个体系之间、产业之间、经济与文化

---

❶　依据辩证唯物主义的观点，物质文化决定非物质文化，但非物质文化一经形成便具有相对的独立性和稳定性。从客观过程来看，在物质文化发生变化的时候，这种变化信息传达到适应性文化中去要有一个过程，即适应性文化反映物质文化的变迁要经历一段时间即时间差，然后才能发生相应的变化，因而发生堕距（cultural lag）现象，即文化集丛中的一部分落后于其他部分而呈现出的滞后以及彼此间的协调性降低。

之间的协调发展和有机发展，是基于地方性知识、历史条件、文化习性等本土构建的均衡发展，这是我们求索少数民族贫困地区治理现代化的重要方面。

## 一、以基层党建为引领推动脱贫攻坚

怒江州、贡山县和独龙江乡基层政府以习近平新时代中国特色社会主义思想为指导，深入贯彻党的十九大精神，切实增强政治意识、大局意识、核心意识、看齐意识；以党章为根本遵循，以落实全面从严治党要求为主题，以开展"不忘初心、牢记使命"主题教育为总抓手，以严肃党内政治生活和强化党内监督为重点，坚持稳中求进总基调；牢牢把握坚持党要管党、全面从严治党的指导方针，全面落实新时代党的建设总要求，在经济社会跨越式发展后的深化拓展上下功夫，以党的政治建设为统领，着力加强基层组织建设；突出党建主业，突出党建促脱贫攻坚、促乡村振兴。

### （一）党的基层建设和产业脱贫"双推进"

截至 2018 年，全乡共有基层党组织 35 个，其中党委 1 个，党总支 6 个，党支部 28 个，党员 392 名，其中预备党员 33 名，少数民族党员 391 名、占党员总数的 99.7%。乡党委始终把加强党的建设作为自己的主要工作职责，把党建工作任务落实到每个班子成员，分工负责。在以党建促脱贫的推进中将精准脱贫任务写入党建目标责任书，实施了基层党建与产业脱贫"双推进"工程。

#### 1. 创新"双推进"思路

乡党委与各总支、支部签订《年度基层党建工作目标责任书》，并将党建工作任务纳入各支部年度考核，定期听取汇报，定期不定期进行检查督促，做到年初有计划、有布置，年终有总结，有评比，有典型。具体措施主要在以下五个方面。

一是持续实施农村党员"一先双带"。深化农村党员关爱帮扶工作，实现建档立卡户中的党员户率先脱贫；采取有效政策措施精准扶持，推动脱贫的党员带头致富；采取产业项目带动，实施农村人才"领头雁"工程，培养一批"美丽乡村带头人"，党员带领群众致富奔小康；实施好

"基层党员带领群众创业致富贷款"项目。二是持续提升基层党组织的自我保障能力。挖掘资源资产潜力，结合脱贫攻坚项目实施，稳固集体经济增收项目，根据 2018 年度各党委书记抓基层党建工作责任清单要求完成相关集体经济发展任务；积极推进"强基惠农"股份合作，抓好"四位一体"项目收尾工作，发展壮大现有集体经济，带动群众脱贫；引导监督建立规范的集体经济收益分配机制。2018 年年底迪政当村等村集体经济覆盖率已达到 100% 以上，人均收入近 5 万元。三是深化开展基层党组织在脱贫攻坚工作中的"十二个一"系列活动，即做好一系列思想发动；建立一套党组织统筹的工作机制；配强一支好班子；制定一套行之有效的规章制度；建设一支好队伍；成立一支党团先锋突击队；建立一批党员示范户；办好一批实事好事；建立一支党员为骨干的监督小组；树立一批典型示范；发展一批集体经济；规范一本台账。四是做好"两平台两活动"。整合政务服务资源进综合服务平台，加强农村党组织服务功能，方便群众办事；健全农村电商平台管理员队伍，加强农村电子商务站点使用和管理，加大培训力度，发挥电子商务助推脱贫攻坚作用，方便群众买卖。最后是落实"双联系—共建双推进"。州县基层机关联系农村基层、党员干部联系贫困群众，强化机关党员干部的宗旨意识、公仆意识，自觉践行党的群众路线，巩固和拓展党的群众路线教育实践活动成果，进一步贯彻落实中央八项规定精神，将建立健全改进作风长效机制落实在深入基层、深入群众、深入实际的具体工作中；州县机关党支部与贫困村党支部结对共建，强化各级机关和党员干部的政治责任意识，培养与广大农民群众深厚的感情，打通联系和服务群众的"最后一公里"，扎扎实实推进和落实"挂包帮"定点扶贫资金投入家庭以及产业的对口帮扶工作，搭建一个党建工作的新载体、新平台，进一步拓展和深化机关党建工作内涵；基层党建与脱贫攻坚双推进，强化机关党组织的服务功能，紧紧围绕脱贫攻坚大局，充分调动和发挥省、州、县各级机关党组织和党员干部的积极性、主动性和创造性，服务攻坚战略"挂包帮""转走访"的中心工作。从而推进机关基层党组织活动制度化、常态化、规范化建设。

**2. 建强基层堡垒促脱贫：讲巴坡村独务当党支部的故事**

独务当党支部由独务当小组（17 户 55 人）、斯拉洛小组（20 户 106 人）、木兰当小组（23 户 88 人）3 个小组联合组成，共有 26 名党员。独龙语"独务"意为"上游","当"是平地,"独务当"上坝、上游之意,位于独龙江乡南边,距离村委会2公里,距离乡政府18公里。海拔1510米,年平均气温18.2℃,年降水量3105~4000毫米。适宜种植玉米、草果等农作物。在基层党建和脱贫攻坚"双推进"工程中,该支部主要做了三件大事。

第一件,聚焦生产生活能力加强培训。党支部充分运用党群活动室功能,把党群活动中心建设成为党员活动中心、群众议事决策中心、便民服务中心、红白喜事辅助中心、技能培训中心、文娱活动中心、文化教育中心,组织村民开展文化活动、技能培训。利用新时代农民讲习所平台,多种形式组织群众学习党的路线、政策、方针和自立自强、诚信感恩、文明生活、产业发展、脱贫致富等相关内容,提振党员群众精气神。组织讲习活动20余场,参与群众1000余人次。

第二件,聚焦志智双扶提高内生动力。党支部注重扶贫同扶志、扶智相结合,深入开展"三个队两个一"活动,同时结合全乡开展"自立自强、文明感恩"十大工程百日攻坚行动,创新党员活动方式内容,开展树立形象展示风貌、家庭内务整理每日一晒、人居环境清洁等活动。开展党员帮扶联系群众制度,帮助他们出点子找出路,充分激发他们脱贫致富内生动力。扎实开展"门前三包"制度,党员以居住地较近原则进行环境卫生门前三包和帮带群众,党员进村入户给群众讲政策、讲帮扶措施、带着农民干。通过一系列的活动,党员群众脱贫致富的内生动力得到了提升,党支部密切联系了群众。

图4-1 独务当党支部组织生产互助

（杨进宝摄于 2018.11.04）

图4-2 独务当党支部组织小广场文艺活动

（杨进宝摄于 2018.11.04）

第三件，聚焦基层阵地建设提升党建水平。大力推进村活动场所规范化、标准化建设，提升党组织服务群众能力。通过向上级反应 3 个村民小组达到党群活动中心建设全覆盖，并按照党群活动中心"十二有"（有标牌、有制度、有党旗、有桌椅、有音响、有电视、有电脑、有网络、有档案柜、有党建档案、有厨房、有卫生间）标准进行了软硬件设施配备，不断优化了为民服务环境，大力推进了党支规范化创建。

## （二）党的基层建设和观念脱贫"双促进"

### 1. 创新"双促进"思路

针对观念发展相对滞后的问题，经调查了解，基层政府主要采取了基层党建与观念脱贫"双促进"的做法，进一步提升群众素质，激发其内生动力。主要有推动创作一批影视、歌曲、舞台剧等文艺作品。在全乡推进乡风文明示范村创建，组织开展"最美庭院""十星级文明户"创建评选活动。持续开展"小广场大喇叭"活动，走出火塘到广场活动，常态化开展"升国旗、唱国歌"活动、家庭内务"每日一晒"评比活动，培育广大群众"比、学、赶、超"的意识，晒出干净、整洁新家居，晒出不断提升的素质文明、晒出美丽洁净的新乡村。积极引导学生把文明带进家庭、带入社会，让学生和家长的文明行为习惯在潜移默化中培养起来，最终达到一个学生带动一个家，一所学校带动一个乡，努力形成文明、卫生的良好习惯。

具体落实到村，2017 年乡政府在马库村实施了全州基层党建和乡风文明示范点建设，大家一起开展环境大扫除，清扫道路、党群活动室等公共区域。驻村扶贫工作队牵头成立党员志愿服务队、护村队、文体队，帮助贫困群众发展生产，定期开展文艺演出和民族体育活动；每日播放一次《新闻联播》，每周组织一次升旗仪式；围绕"忆往昔、思今朝、展未来"三大主题，创建基层党建文化长廊。在孔当村，为彻底改变村寨脏乱差状况，提高村民文明素质，村委通过村规民约，全面推行门前卫生"三包"制度，并由专人负责日常卫生督查。完善环境卫生综合治理长效机制，每月开展一次"最美家庭"评比活动，对各小组排名前三的家庭颁发流动红旗并给予奖励，充分发挥文明典型的带动作用。同时，扩大乡风文明宣传知晓面，营造人人讲卫生、学技能、搞生产的良好氛围。同时，乡政府还组织干部群众到马库村、孔当村现场观摩学习人居环境整治和家庭环境整治成果，参加马库村升旗仪式，参观马库村基层党建文化长廊、感恩教育走廊，全面推广马库村和孔当村的经验。

调研中，虽然是双休日，但五年级学生 KHM（女，独龙族，12 岁，小学，孔当村孔当小组）起床后，主动拿起了扫帚打扫屋里的卫生，上初二的姐姐已经把门口鞋架上的鞋子摆放得整整齐齐，还配合着父母把家里的物品里里外外地收拾了一遍。看似平常的"全家总动员"，对这一家人来说却是一次"家庭比赛"，整理完家务以后还要拍照片"晒"到所在的孔当村微信群和其他家庭比拼，看看谁家更干净整洁。挂在家门口的"洁净户"流动红旗，她们可不想被别家"抢"走。"这是余明花先提出的建议"。孔当村党总支书记鲁江利介绍，"整乡推进整族帮扶"安居工程实施初期，独龙族群众刚搬进安居房时，并不注重个人卫生，鞋子衣服到处扔，甚至碗筷也不洗。为倡导文明的生活方式，2017 年孔当村按大学生村干部余明花的建议，开展了"每日一晒"活动。要求各家将家庭内务整理情况照片上传，之后由村里的专门检查小组入户检查。后来，这一做法逐步形成了一套规范的监督管理及奖惩机制，做得不好的，要被村里点名批评，而优秀者可以获得一些日用品奖品。"通过两年多的努力，家家户户基本形成了习惯。从 2018 年 9 月开始把'每日一晒'改为'每周一晒'。"目前"孔当经验"已在全乡推广实施。脱贫攻坚，不仅仅是物质生活上的进步，更应该是精神面貌的提升。独龙江乡通过积极发挥党组织的引领作用，从家庭内务到群众外部居住环境卫生等细节入手，培养独龙族群众良好的生活习惯，不断提高他们的精神文明素养、倡导文明健康的生活方式。❶

### 2. 党建引领观念脱贫促素质提升：讲孔当村腊配小组的故事

腊配，独龙语"腊"为"雕"的意思；"配"意思是"抓"，含义为被大雕叼走之地。据传在此地居住的先民将小孩放于野外玩耍，雕见到小孩就俯冲而下叼走小孩，幸被大人及时发现，大声呼叫赶去大雕而幸免于

---

❶ 杨建乐. 千年跨越先脱贫：云南怒江州贡山县独龙江乡抓党建促脱贫纪实［EB/OL］.（2019/04/26）［2020/10/08］. http：//www. mohrss. gov. cn/SYrlzyhshbzb/ztzl/rsfp/gzdt/201904/t20190426_316335. html.

难。此后，人们将该村称为"腊配"。腊配位于独龙江乡孔当村村民委员会驻地南偏西约2公里的独龙江西岸，海拔1600米，居住有农户30户154人，依娜腊卡山脚台地呈长方形块状居住。以农业为主，草果为支柱产业，其后山产有黄连、重楼、木耳等。在新中国成立初期，腊配小组村民居住在半山腰，以木勒房和篱笆房为主，2010年全乡实施"整乡推进整族帮扶"三年行动计划、两年巩固提升方案，全面推进了腊配小组的基础设施、人居环境等跨越式发展。在最初所有的1068户安居房中，仅腊配小组安居房建设项目为两层，是独龙江乡26个集中安置点中最特殊的一个点。同时，也是独龙江乡第一个完成党支部规范化达标创建的党支部。

图4-3 腊配小组整体面貌

图4-4 全乡基层党组织书记、
驻村工作队到腊配交流学习

（图片由独龙江乡政府办公室提供 2019.05）

强基固本，促进党建示范。按照"统筹谋划、分类实施，无的要有、有的要强"思路乡内全面推进了基层党建，增强了腊配党支部的战斗力，党员充分发挥了先锋模范作用、形成了团结群众的基础。2018年1月27日，时任中共中央政治局常委、国务院副总理、扶贫开发领导小组组长汪洋到独龙江乡调研，在孔当村腊配小组党群活动中心召开了座谈会。

党建强则队伍强，队伍强则人心聚，人心聚则事业兴。腊配党支部共有党员13名，在党组织战斗堡垒作用的保障下，腊配党支部充分利用党群活动中心的一室多用功能，开展"围绕素质抓党建，抓好党建促素质"的活动，结合无职党员设岗定责，探索开展农业种植技能培训、普通话培训、党建业务培训等，做到了支部工作与农业农村农民生产生活结合、党员与履职设岗定责结合、党建与党员群众素质提升结合、民主评议党员与党员积分制结合"四结合"，把党群活动中心建设成为党员活动中心、群众议事决策中心、便民服务中心、红白喜事辅助中心、技能培训中心、文娱活动中心、文化教育中心。

### （三）党的基层建设和感恩教育"双增进"

除上述"双推进"和"双促进"，最具有独龙地方特色的治理便是基层党建和感恩教育的"双增进"。正是有党和国家领导人到省州政府的持续关注、整乡推进整族帮扶中上海市的大力对口帮扶、精准扶贫与精准脱贫阶段珠海市的教育和就业支援，才有今天的独龙江，所以感恩教育是该乡治理的重要举措。

### 1. 创新"双增进"思路

主要通过三个"主题教育"建设工程予以落实。

（1）"党建学习主题教育"

包括三部分内容。一是构建"两学一做"常态长效机制，坚持全覆盖、常态化、重创新、求实效，以"两学一做"为基本内容，以"三会一课"为基本制度，以党支部为基本单位，推动"两学一做"学习教育融入日常、抓在经常。把严格党的组织生活制度作为"两学一做"的重要内容和抓手，认真落实党章、党内政治生活准则、党内监督条例、民主生活会规定，严格落实领导干部参加双重组织生活会、民主评议党员、谈心谈话等制度，认真开展批评和自我批评，提高组织生活质量和效果。全面推行党支部工作纪实、党支部书记"双述双评"、支部主题党日和党员活动日、党员政治生日、党员量化积分管理工作。紧跟新部署新要求，充实教育内容、拓展活动载体、聚焦突出问题，推动以学促做、以学促改具体化，推动主题教育入脑入心、落地生根。二是组织党员干部学原文、读原著、划重点、做标注、悟原理，认真学习《党的十八届中央委员会向中国共产党第十九次全国代表大会的报告》《党章》《习近平谈治国理政》《习近平总书记系列重要讲话读本》《之江新语》《习近平的七年知青岁月》等重点内容，教育引导广大党员干部在学懂弄通做实上下功夫。三是积极拓展学习载体，在新时代农民讲习所举办"云岭先锋"夜校班，广泛运用微党课、故事党课、"双语"党课、文艺宣讲等方式，持续开展习近平新时代中国特色社会主义思想和党的十九大精神进农村、进机关、进企业、进校园、进社区、进教堂、进网络等"七进"活动，推动全乡各个领域、各条战线、各个行业持续兴起学习热潮。

（2）扎实开展"不忘初心、牢记使命"主题教育

按照中央、省委、州委和县委部署要求，以乡科级以上领导干部为重点，在全乡扎实抓好"不忘初心、牢记使命"主题教育。在教育中注重组织干部到不通公路的深度贫困村、村民小组（自然村）体验贫困群众疾苦，在联系思想实际、改造主观世界、结合岗位职责、指导推进工作上悟初心、守初心、践初心，加强长期执政能力建设、先进性和纯洁性建设，坚定理想信念宗旨，拧紧世界观、人生观、价值观这个"总开关"。

（3）继续开展"听党话、跟党走、感党恩"主题教育实践活动和"诚信、自强、感恩"主题实践活动

每周一各村都要举行一次升旗仪式，村民们高唱《没有共产党就没有新中国》，表达对党的热爱和感恩；以及结合马库村"忆往昔、思今朝、展未来"特色主题教育，扎实组织开展"入党为什么、在党干什么、为党留什么"专题学习研讨活动，着力解决全乡党员干部"四个意识"强不强和"四个自信"有没有的问题，让全乡上下团结一致，一心向着党中央、一心护着党中央、一心跟着党中央。

图 4-5　腊配小组周一升国旗　　　图 4-6　拉旺夺小组周一升国旗

（图片由独龙江乡政府办公室提供 2019.05）

## 2. 感恩奋进抓党建促脱贫：讲巴坡村拉旺夺小组的故事

拉旺夺村民小组，位于巴坡村村委会东南面，距离村委会 8 公里，"拉旺"独龙语意为"始祖""拉旺氏族"，"夺"为"河沟"，指拉旺夺河，传说这里是拉旺夺村民祖先居住的地方，故而感恩命名为"拉旺夺"，

意为"始祖（拉旺氏族）居住的河沟"。拉旺夺居民在实施"整乡推进整族帮扶"之前，分散居住在现居住地南面的箐沟的山腰，住房以木楞房、叉叉房为主，2014 年通过"整乡推进整族帮扶"集中安置在现居住地，为 26 个安置点之一，集中安置的安居房沿河而建，呈长块状分布在拉旺夺河东岸，安居房建筑面积 70 平方米，共有 64 套安居房，2 套幸福公寓，从西岸山腰俯瞰像迷你型的独龙江乡政府驻地。农业人口共 69 户，261 人，农业以种植草果、重楼、养蜂为主，小组森林覆盖率高达 99%，适合发展林下种植业。拉旺夺党支部共有 14 名党员（其中 1 名预备党员），党支部结合"两学一做"学习教育常态化制度化，持续开展"自立自强、文明感恩"十大工程百日攻坚行动，教育引导贫困党员群众感党恩、听党话、跟党走。

拉旺夺小组也主要做了三件事，第一件事是抓结对帮扶，实现"造血"脱贫。在"整乡推进整族帮扶"的基础上，近年来在上级党委政府、挂联单位、各级部门的帮扶下，拉旺夺小组结合实际大力发展草果、重楼、蜜蜂等种植养殖业，草果种植 800 余亩，2017 年实现收入 118 万元，重楼种植 30 余亩，经济效益达 80 余万元，养蜂 350 箱，2017 年收入达 10 余万元。党支部为帮助贫困户脱贫，开展"一对一"结对帮扶，党员和贫困群众"一对一"结成对子，在生产生活上为他们提供帮助，带动贫困户内生动力和发展意识。在有稳定的"造血"产业支撑和内生动力提档基础上，小组从 2014 年小组建档立卡 29 户 103 人，2015 年 33 户 116 人，2016 年 33 户 121 人，2017 年 33 户 123 人，2018 年实现脱贫出列。

第二件事是抓支部引领，探索"党支部＋产业"的发展模式。党支部充分利用森林覆盖率高、降雨量充沛、土壤肥沃、零污染得天独厚的自然优势，创新党建工作，探索开展党支部＋产业的集体经济发展模式，党支部种植草果 25 亩，独龙牛养殖近 60 头。草果主要由党支部管理，独龙牛养殖采取党建带群团的方式进行，根据拉旺夺的总户数，每个月由 5 户进行轮流管理，集体养殖方式降低个人养殖风险，此模式丰富了党员活动内容，增强了党员的先锋模范作用，为脱贫攻坚事业的发展提供了不竭动力，也为党支部发展打下了经济基础。

第三件事是抓示范带动，激发内生动力。为推动精准脱贫，打赢脱贫攻坚战，拉旺夺党支部组织宣传美丽乡村建设和最美家园建设，开展环境卫生整治、彩钢瓦清零、绿化美化村庄等行动，起到了强有力的示范带动作用，充分发挥了基层党组织组织引领和政治引领的作用，增强了党支部的战斗力。在全县开展"七一"表彰活动中，党支部书记丁仕军荣获优秀共产党员荣誉称号。

## 二、以基层党建为引领创建基层党建独龙品牌

"基层是党的执政之基、力量之源。只有基层党组织坚强有力，党员发挥应有作用，党的根基才能牢固，党才能有战斗力"。❶ 习近平同志强调了基层党组织的重要性，基层党组织是改善治理微循环的枢纽。所以，要增强党支部政治功能和组织力，推动机关党建工作提质增效，结合独龙江实际，不断拓展机关党建新思路、新举措和新办法，找准全乡基层党建示范点创建基层党建独龙品牌，建设充满活力、和谐有序、民族团结的乡村社会，构建乡村治理新体系。如强化边疆民族地区基层党建创新工作，创新基层党建工作载体，增强党支部的创造力、凝聚力，坚持自治、法治相结合等。

### （一）探索边疆民族贫困山区基层党建的载体创新

基层党建载体创新是党建创新工程的一项重要内容，是盘活基层党组织活力的重要手段，要使创新活动取得实效，必须结合实际与时俱进的创新思维，探索符合新时代特点的基层党建工作的新模式、新方法，使其成为加强和改进基层治理能力提升的重要抓手，在具体实践中日臻完善形成机制。近年来，独龙江乡党委不断适应新时代、新形式、新任务的需求，以党建统领各项发展，深化措施方法，以脱贫攻坚为重点，抓基层党建载体创新。

### 1. 基层党建载体创新路径

独龙江乡党委带领各党（总）支部，努力适应时代的发展变化，适应党员干部的特点和需求，紧密结合独龙江乡边疆、民族、贫困、山区等实际，充分发挥主动性、积极性和创造性，在推进全乡基层党建工作方式和

❶ 习近平关于"两学一做"学习教育重要论述摘［EB/OL］.［2017/12/18］. http：//cpc. people. com. cn/xuexi/n1/2016/0814/c385474 - 28634283. html.

工作载体创新中做出了一些有益的实践和探索。

（1）理论学习、活动交流和教育培训载体：阵地建设

为进一步加强基层党组织建设，提升党员发挥先锋模范作用和基层党组织的凝聚力，独龙江乡党委按照"无的要有，有的要强"的工作目标，全面开展党群活动中心"十二有"标准化建设，目前，全乡党群活动室共28个，达到村民小组党群活动室全覆盖，通过不断的引领打造，党群活动室已经成为"理论讲习"平台、活动交流平台、"模范风采"平台、党员活动中心、干群议事中心、技能培训中心、文娱活动中心、便民服务中心。成为独龙江乡推进基层党建整乡示范的重要基础设施保证。不断提升了党群参与社会治理水平和服务能力，党群活动室已经成为党和群众紧密联系的纽带、为民服务的一站式平台。形成了党群共建促发展的良好局面。

（2）党员受教育、支部同进步载体："结对共建"

独龙江乡党委严格落实县委党建工作领导小组基层党建相关部署，开展挂联单位党支部同挂联村基层党建"结对共建"，突破基层党建工作者文化素质不高、业务能力不足的瓶颈，以"传帮带"的形式提升基层党建工作者的党建工作能力和业务水平，同时改进机关党员干部的作风，进一步强化联系群众和为人民服务的宗旨意识。自2016年以来独龙江乡农村党总支与省县级单位党支部举办结对共建活动6次，共同开展活动40余次。联袂的各党（总）支部把此活动当作机关党员干部密切联系基层的重要载体和党支部优化提升的重要契机，紧密结合本实际，签订"结对共建"协议，认真制定活动方案，丰富活动内涵，精心组织实施，开展了丰富多彩、各具特点的"结对共建"活动，取得了党员受教育、结对支部共同提高的明显成效。

（3）服务群众、提升发展内生动力载体："三个队两个一"活动。制定了《独龙江乡八大提升行动方案》《独龙江乡"自立自强、文明感恩"十大工程百日攻坚实施方案》，推进基层党建和脱贫攻坚同步实施，共同推进，做到党建和扶贫两项重大"政治任务"双促进、双丰收。2017年以马库村党总支为圆心，创建"三个队两个一"活动，2018年全乡全面推广。"三队"即党员志愿服务队，在党员活动日开展志愿服务活动，在抢险救灾中形成突击队力量开展救灾救援和生产自救；护村队，负责村内日

常治安巡逻、维护邻里和谐、排查地质灾害隐患，并对村内环境卫生进行监督保洁；文体队，强化村内文化阵地建设，通过开展政策宣传、文艺和体育活动等，丰富老百姓业余文化生活，提升文明素质。"两个一"即利用村内"小广场大喇叭"每日播放新闻，使农村党员群众第一时间了解党和国家政策。每周举行一次升旗仪式，强化了群众的爱国意识、国家意识、国门意识。通过开展"三个队两个一"活动，基层党组织凝聚力进一步增强，党员群众自我发展的内生动力进一步提高，党员的先锋性进一步展现，共建美好家园的氛围进一步浓烈。

（4）乡风文明、环境优美乡村振兴载体："每日一晒"活动

2018 年年初孔当村驻村工作队、村干部、大学生村干部联合创建"每日一晒，每周一评，每月一奖"的环境卫生整治"每日一晒"。"每日一晒"由党员群众自行将每日的家庭卫生照片发至孔当村村民交流微信群，大学生村干部收集整理照片归档；每一个星期一结合开展升国旗仪式，挂联各小组的驻村工作队员、村干部、大学生村干部同村民小组组长进组入户检查农户家庭卫生，进行量化打分；根据村民自发照片和每周评比情况，进行适当的激励奖励，奖品费用从村集体经济中支出。目前，已形成环境卫生整治、素质文明提升的"孔当经验"在全乡推广实施。全年全乡清除彩钢瓦建筑物 300 余间，面积约 3 万平方米，清除河道、村民房前屋后垃圾近 350 吨。人民群众居住的环境日益优化，对美好生活的向往日趋强烈，进一步激发广大人民群众内生动力，在全乡范围内形成"比、学、赶、超"的竞争氛围，广大群众家庭卫生习惯逐步形成，从而推动乡村振兴战略深入实施。

（5）文化传承、文化活动载体："走出火塘到广场"活动

在每个党支部每月 5 日开展"6 + X"菜单式主题党日的基础上，独龙江乡系统谋划保护、传承和发扬独龙族文化，开展"穿民服、唱民歌，跳民舞""走出火塘到广场"等活动，丰富了基层党组织的组织生活，提高了基层党组织的吸引力。为参加独龙江乡党委举办的庆祝中国共产党成立 98 周年文艺会演，党员人数达 93 人的巴坡村，村下设 4 个党支部，在 6 月 29 日举办参加乡级会演节目甄选比赛，各党支部 6 月初开始准备，在准备过程中人民群众约定俗成地每星期三、星期六、星期天集中在党群活动室排练，久而久之，人民群众形成了"穿民服、唱民歌，跳民舞"的"广

场舞"习惯。活动开展至今，激发了大批的爱好文艺的青年自主创造音律、音乐，至今共创造2首在独龙江甚至靠近独龙江的缅甸独龙族居住地区非常受欢迎的音乐，音乐表达了独龙族人民永远跟党走的决心，与时俱进传承和发展独龙族文化。

（6）互帮互助、暖心载体：激励关怀帮扶工作

在落实基层党组织政治引领工作中，独龙江乡建立党员联系困难党员、困难群众和信教群众制度，引领困难党员、群众和信教群众发展经济，坚持在重大节日组织开展"送温暖"慰问活动，45名党员参加2018年春节活动，15名党员参加"七一"慰问活动。乡党委、基层党组织书记定期听取教堂执教人员汇报，组织召开2次听取村党总支书记落实"四项制度"情况专题会议。开展十九大精神进教堂20余次。全乡基层党组织书记听取宗教负责人汇报18次。独龙江乡时刻保持同人民群众的血肉联系，在密切联系群众过程中得到人民群众的一致好评，取得了联系群众最大"公约数"。

**2. 基层党建载体创新工作中的不足**

经"十二五""十三五"时期的努力，独龙江乡基层党建工作取得了质的飞跃，特别在基层党组织组织活动的方式上，党建载体不断创新深化，党建统领发展、治理社会和谐稳定的作用凸显，但还存在创建质量不高、没有形成完整的制度等缺点。一是队伍建设相对滞后。专职党务工作人员偏少，党建人才缺乏。独龙江乡24个农村党支部书记年龄结构65%集中在45～55岁，文化水平90%在初中以下，对新时代基层党建的工作任务构成了天然屏障，基层党建工作不知道怎么抓、不会抓、抓不住，明显存在重生产轻业务、抓党建力不从心等情况，导致党建工作落实难。二是党员积分制结果运用不充分。"一分部署，九分落实"。独龙江乡各基层党组织有完整的一套党员积分制制度，但积分制运用与党组织日常活动、党建载体运行脱离，部分党支部积分制成为墙上摆设，没有与党员民主评议、评先评优等挂钩，党建载体缺少了制度的保驾护航。三是载体建设未形成完整的机制。新形势下，党建载体创新成为考验基层治理能力的"衡量器"，是基层组织创新的有效抓手，运行良好的党建载体创新将成为基层经济发展的动力引擎。独龙江乡创建的"三个队两个一""每日一晒""走出火塘到广场"等党建载体促进了党建和脱贫攻坚的有效碰撞，但存

在载体内容形式单一、主体实施不到位等情况，导致载体创建质量不高，执行不到位。

### 3. 完善基层党建载体创新的思路

有效的基层党建载体可以充分激发基层党建工作活力，充分挖掘党员干部群众积极向上发展的热情，发挥党组织的引领作用，推动党建工作更好地围绕中心、服务大局。2019 年 5 月 17 日，笔者与独龙江乡政府和组织干事杨进宝进行了座谈，他对于如何改进不足、创新基层党建载体创建提出了自己的看法。他认为，在抓载体创建过程中，要注重结合实际，努力做到坚定政治方向、围绕工作职能、完善载体要素、实施分类创建、形成示范带动。

（1）基层党建载体创新要紧扣"一个方向"

在基层党建载体创新建设中坚持正确的"政治方向"，要始终围绕"四个意识""四个自信""两个维护"的主题，以尊重首创、大众创新精神大力推动载体创新，激发和释放基层党建工作活力，促进基层党建、脱贫攻坚、乡村振兴等政策方针良性互动、同频共振，不断发挥基层党组织的引领作用和党员的先锋模范作用，提升基层党建工作的实效性和影响力。立足独龙江乡边疆民族、山区贫困实际，服从全面从严治党、边境民族政策的要求，着力为实现独龙江乡"率先脱贫、全面小康"提供政治和组织保障，这是独龙江乡基层党建载体创新必须坚定的政治方向和工作靶心。要通过对党的十九大、习近平新时代中国特色社会主义思想和汪洋到独龙江乡视察讲话等精神的深入学习和系统掌握，认清我国、我省、我县、独龙江乡的发展大势和定位走向，认清党的建设在保障统领发展、维护边疆和谐稳定、民族团结等重大事业中的重要意义，认清基层党建工作在提高基层治理能力和自身建设中的重要作用，从而坚定方向和目标，提高思想和行动自觉，增强使命感和责任感，主动把基层党建工作放在全乡各项事业建设大局中谋划和推进，以基层党建载体创新的实践，为独龙江乡各项事业发展提供组织保障。

（2）基层党建载体创新要坚守"两项职能"

"队伍建设、服务中心"是基层党建工作的核心职责。着力提高队伍建设水平和服务中心能力，强化基层党建的工作地位和作用。一是围绕队伍建设抓载体创新。要以建设信念坚定、为民服务、勤政务实、敢于担当、清正廉洁的党员队伍为目标，不断加强基层党建工作者的能力和水平，带动人民群众自力更生、艰苦奋斗，培育群众树立积极向上、乐观上进的人生观和价值观，才能引导群众形成正确的社会主义核心价值观，不断地净化干事创业的氛围，激发"脱贫能手""乡村能人"致富带头信心。二是要融入中心工作抓党建载体创新。要紧紧围绕服务发展、服务群众的职责搭建载体桥梁，进一步将党建载体创新和党的建设、经济发展、环境保护等深度耦合，最大化发挥党建载体创新的实效。

（3）基层党建载体创新要健全"三个要素"

一是载体的主体。要牢牢把握创新主体的主导作用的重要性，明确主体责任，独龙江乡创建的"三个队两个一""每日一晒""走出火塘到广场"等活动，指导主体为乡党委，主导主体为各党（总）支部，实施主体为党员；二是载体的内容。载体内容为党建载体创新的躯干，要把党建工作方式方法、目标任务，融合于具体载体中，使躯干与精神融为一体，化无形为有形，化抽象为具体，化虚为实。独龙江乡"每日一晒"内容主要落实在整治环境卫生的乡村振兴战略上，"三个队两个一"主要提升边疆稳定和谐、激发群众内生动力，"走出火塘到广场"主要功能是文化传承和文化创造。三是载体的形式。载体形式是多样化的方式结合而成的，制度是载体形式的保障，形成制度载体形式才有流传沿用的生命力。基层党建工作常见的形式有网络形式，比如乡村组建三级微信群；有活动形式，比如"三个队两个一"活动；有培训形式，比如万名党员进党校。"我们充分用好28个村民小组活动场所这一阵地，把活动室当成培训中心举办了各类培训班，把政策宣传也融入培训中，收到了良好的效果。"独龙江乡组织干事杨进宝说，2018年全乡开展的"万名党员进党校"等培训参与人员达600余人。余金成说："我们靠组织学习培训，不断提高从乡到村的党员干部的思想认识，再让他们去宣传动员群众。"由于干部注重思想引领，坚持把群众的各种情况摸清楚，然后再把政策向群众解释宣传，独龙江乡的干群关系一直保持良好的状态，为开展脱贫攻坚工作打下了坚实基础。

## （二）乡风文明助力提高乡村治理效能

如果说，认知本土文化元素、拥有文化自觉，是推动乡风文明的传统要素，那么构建地方特色核心价值就是乡风文明的内核。帮助群众基于传统价值观念，对社会事务形成新的判断、是非标准和原则，同时也是一种文化再生产。当前，独龙江乡乡政府在该方面的措施主要有：2013 年 1 月 7 日，独龙江乡十一届人民代表大会第一次会议通过了"独龙江乡《村规民约》"共 24 条❶，见附录 2；同时要求 6 个行政村制定本村的村规民约，巴坡村《村规民约》见附录 3，并在村委会的公开宣传栏张贴公告；以张贴宣传画、宣讲的方式，对村民进行 24 字社会主义核心价值的宣传。《村规民约》的内容十分全面，涵盖生活、生产方方面面的法规和准则，如土地管理、教育与卫生、环境保护与治安管理、婚姻与家庭生活、遵守法律法规等。同时，笔者还发现，村民们以自己的理解将这些守则进行了简化，将其简化、内化成为本社区的核心价值。笔者将孔当村丙当小组作为一个农村自然社区，根据小组内村民们的口述，整理、归纳了当前该小组的社区核心价值：

> - 我是独龙族，我是中国人。
> - 我是村民小组一分子，有义务保持它的整洁，并通过自己的努力让它更好。
> - 劳动是光荣的，是让生活变好的唯一途径，不劳动可耻。
> - 不能打架斗殴、酗酒。
> - 不能骗人。
> - 亲属、邻居有困难互相帮助是美德。
> - 我们的好生活是政府给的，政府工作要积极支持。

这份社区价值比《村规民约》简单、易记忆。我们可以看到，经数年帮扶，基于主流核心价值观，一个具有本土特点的社区价值观正在初步形成，尤其是对"劳动中心性"的认知，在《村规民约》中没有提及，但村民们本能进行了补充。对于传统农民来说，财富的来源一直是劳动，而不是资本。所以，要构建适宜本土发展和当地群众的地方核心价值，推动文化自觉，基层政府仅从法律角度制定村规民约是远远不够的。从当前的发展现状来看，一方面要加大社会主义核心价值观的宣传力度；另一方面，

---

❶ 2016 年 8 月，由独龙江乡乡政府办公室提供。

帮助文化持有者以传统文化为涵养，将其观点与专家、政府的主流价值观相结合，再生产出社群本身所需要的核心价值，用以指导其他领域的生产与再生产。具体实施过程中，应基于各村、村民小组的情况，协助群众构建简洁明了的社区价值，要容易记忆和推广，亦能代表和体现各村、小组的特色、特点。例如，巴坡村斯拉洛小组过去由以打猎为主的家庭构成，而与缅甸接壤的马库村村民则长于竹篾编织。总之，各社区生计与生活情况各不相同，社区价值的构成亦将有差别。

乡风文明在乡村振兴与乡村治理过程中始终发挥着重要且积极的方向性引领作用，乡村治理的全过程则更是乡风文明建设的呈现。在我国广大乡村社会，除乡规民约、习惯法等村民们约定俗成的内生社区价值，还有家风家训、邻里互助、尊老爱幼、德孝父母等教育都是乡风文明建设的有效载体，推进了乡村社会的治理。与其他地区不同的是，独龙族的"族风族训"亦多以即兴说唱的形式进行。LSY（女，独龙族，57岁，文盲，迪政当村熊当小组，独龙族即兴说唱传承人）为笔者唱道：

> 孩子们要互相帮助　不能打架不闹事
> 孩子们要团结一致　不能起内讧
> 孩子们要一辈子成为好朋友　不能干那些坏事情
> 孩子们要善良和温柔　出人命的事情不能干。

歌词翻译 MJZ（男，独龙族，24岁，大学，西南民族大学预科，迪政当村木当小组）。除教晚辈与人相处的道理，LSY 还说唱了关于爱情、祖先来源、葬礼上对死者祝福等内容。LWH（男，独龙族，59岁，文盲，务农，孔当村丙当小组，乡内"剽牛祭天"活动担任剽牛猎手）说唱的则是教会晚辈们对生活的感恩：

> 我们的祖先生活在山上
> 山上的自然环境很恶劣
> 生活很艰难
> 独龙江的大雪漫天
> 山高得翻不过去
> 一代一代
> 我们打猎野兽、摘野果子、挖野菜把你们养大

> 这多不容易
>
> 80 年代以后
>
> 你们的父母又很艰辛地种地
>
> 用粮食把下一代喂养成人
>
> 现在的生活是多么幸福　你们要珍惜！

总之，基于社区差异化引导群众构建地方价值标准与家风传承，是当前以及未来该乡乡风文明建设的核心思路。基于此，健全和创新村民自治机制，推行村级事务阳光工程，开展以村民小组为基本单元的村民自治试点，建立和完善乡村便民服务体系，引导村组制定并严格遵守村规民约，包括加强对酗酒群众的教育引导。

### （三）法治引导宗教与社会主义相适应

深入开展法治宣传教育和法律进乡村活动，巩固全国民族团结进步示范乡成果，引导独龙族群众向上向善、孝老爱亲、重义守信、勤俭持家。推进乡村社会治安防控体系建设，深入开展扫黑除恶专项斗争，开展平安乡村创建活动。坚持党对宗教事务的领导和管理，引导宗教与社会主义社会相适应。按照"属地管理"的原则，依法监督管控宗教领域相关工作。以团结信教公民、维护社会稳定为根本出发点，积极开展基督教私设聚会点治理和临时宗教活动点管理等工作，促进独龙江乡宗教健康发展。坚持依法管理县基督教两会，加大力度打击非法宗教势力渗透，加强对信教群众的教育和引导。具体体现为三个工程：

"红旗飘飘"活动模式创新工程。持续实施村民小组"国旗飘扬"。结合打造贡山"两江"党建长廊，在沿江、沿路村民小组突出位置，建设标准旗杆悬挂国旗。同时，开展每周一升国旗、唱国歌、国旗下演讲系列活动。做好宗教活动场所"国旗飘扬"。在宗教活动场所突出位置，建设标准旗杆悬挂国旗。把每周日（宗教礼拜天）确定为"升国旗日"，在集中开展宗教活动前，必须先开展升国旗、唱国歌活动。农村优秀党员户"党旗飘扬"。年度党员民主评议被评定为优秀的党员户，在其住房室内显要位置悬挂党旗。在所有党员户房屋前钉挂"我家有党员，乡亲向我看"铜牌，提升党员意识，亮出党员身份，明确党员职责，接受群众监督。发挥脱贫攻坚、人居环境提升、产业发展的党员先锋模范作用。进一步建立健全基层党员设岗定责制，明确每个党员的工作职责。

分类创建党建示范点工程。推动各领域党建工作全面提升。围绕脱贫攻坚、群众工作、美丽乡村、文明素质提升、城乡环境整治等创建一批农村基层党建示范点；围绕规范组织生活、提升作风素质、开展"下基层""转走访""实调研"机关党员到村志愿服务等活动，创建机关党建示范点工作；围绕政治引领、民族团结、宗教和谐等创建一个民族宗教重点地区政治引领示范点（马库、巴坡、迪政当）；围绕边防稳固、边境和谐、边疆安宁等创建一批"国门党建""军警地共建"示范点（马库）；围绕发挥离退休老干部作用创建老干部党支部示范点；围绕民族和谐、宗教和顺、社会稳定、跨越发展创建一批涉藏地区党建示范点（迪政当）；围绕认真落实领导干部挂钩村联系工作制度创建一批沿独龙江、沿路党支部示范带（迪马公路沿线党支部）。

边疆民族宗教贫困地区基层党建创新工程。认真落实领导干部挂钩联系宗教界代表人士工作制度；认真开展党的方针政策进教堂和宗教知识进党校"双进"活动；全面推行"基层党组织定期听取宗教组织工作汇报""基层党组织书记定期到宗教活动场所调研和宣讲党的政策""共产党员与信教群众结对帮扶"三项制度。"互联网＋党建"。通过综合服务平台、QQ、微信等新媒体，探索建立网上党支部，开展网络党务管理、党员网络教育等。"三个队二个一"活动。在每个村委会组建三支队伍，即护村队、文艺队、党员志愿服务队。开展二个活动，即一组一个大喇叭，每天早上和晚上播放新闻；一周一次升国旗，每周一升国旗、唱国歌，在国旗下演讲。

### （四）组建"实战大队"落实脱贫攻坚和基层党建双推进

根据怒江州委、贡山县委的统一部署，在独龙江乡组成了"实战大队"，队员共43名，于2017年11月22日进驻独龙江乡，围绕脱贫攻坚和基层党建工作，取得了阶段性的成效。2018年6月23日，笔者旁听了州民族宗教委党组副主任、独龙江乡驻村扶贫实战大队大队长、独龙江乡党委副书记（挂职）张贵华主持的"独龙江乡驻村扶贫、行业扶贫工作半年工作总结大会"，他介绍了独龙江乡驻村扶贫工作队"品牌"——"实战大队"相关情况，内容如下：

选好配强工作队。选派驻村工作队、第一书记，是党中央实施脱贫攻坚战略的一项重要部署。2017年3月，完成新老驻村扶贫工作队队员调整轮换，目前，全乡共有1支驻村扶贫工作队、1支行业扶贫工作队，驻村扶贫工作队共23名队员，行业扶贫工作队8名队员。工作队伍能够严格要求自己，切实推动了独龙江乡的脱贫攻坚事业。

实施精准识别"回头看"工作。为保证脱贫攻坚的公正性、精准性，按照省、州、县要求，在4月对国家系统内的建档立卡贫困户与车管、房管、人社、财政、市管等部门进行比对，对不符合贫困对象坚决予以清退，确保应退尽退，对确有重特大疾病、重大变故等情况的也杜绝搞"一刀切"。为保证政策落实，多次层层宣传解释政策，召开各种会议对漏评对象进行认真评定，比对核实，特别是临界户，只要没有明显的"硬伤"，通过干部引导，尽量纳入贫困对象，确保贫困对象应纳尽纳。在"回头看"过程中，对已脱贫对象聚焦"两不愁，三保障"和"脱贫出列'6·10·5'标准"等硬性指标，户户见面，项项核对，查找还存在的问题、明显的短板，建立台账，列出"补短清单"，逐户制定整改完善措施，巩固脱贫成效，确保脱贫对象真脱贫、脱真贫、不返贫。

大力开展"五个一批"帮扶行动。明确聚焦贫困户退出标准，聚焦"两不愁，三保障"，深化干部挂包帮，全面落实100%的贫困户有帮扶联系人，100%的帮扶措施精准到村到户到人。挂联单位全体干部深入贫困户与贫困户结对子，保证时间开展全方位的帮扶工作，落实帮扶责任，在帮扶上分类指导、一户一策、因人施策，对一些特殊群体坚持两手抓，一手抓临时性应急救助，一手抓持续增收的产业项目。

大力推动产业发展。为确保贫困户有稳定的脱贫增收致富项目，不仅要继续加强"输血"，也要加强自身的"造血"功能，根据贫困户自身特点，充分征求本人意愿，合理确定项目建设内容，不搞强迫命令。按照"长短结合、以短养长、多产联动"的发展模式，户户要有产业。根据独龙江乡气候南北差特点，南面种植草果，北面种植重楼。2018年6月发放草果37.74万苗，能繁殖母猪500头，新增种植重楼83亩。同时，大力倡导群众"菜园子"建设，提出户均种植2分菜园，乡大队积极争取多种菜种子，截至目前种植完成160余亩，切实提高了群众自力更生的意识。

大力开展素质提升。借用软件平台推广素质文明提升、人居环境整治

"孔当经验"，依靠基层组织力量宣传动员全乡人民群众"撸起袖子加油干"，去除"等靠要"思想，激发自力更生、艰苦奋斗，创造幸福的思想，切实营造了主动建"最美庭院""最美家乡"的氛围。坚持培训提升劳力素质，本地和异地就业服务相结合，深入推动乡村振兴战略，2018 年驻村工作队和行业工作队共开展重楼种植培训 1 期、草果提质增效培训 3 期，培训达 300 多人次。2018 年 6 月 22 日，动员乡内群众劳务输出到珠海，共 25 人，充分发挥了劳务输出在精准脱贫攻坚中的重要作用，实现了"转移输出一人，脱贫一户"。

着力做深做细群众工作。边疆边陲历来是政策方针落地的"盲区"，驻村扶贫工作队、行业扶贫工作队认真贯彻省委、州委、县委、乡党委脱贫攻坚决策部署，紧紧围绕"户脱贫、村出列"目标，强化责任，转变作风，发挥政策宣传员作用，针对部分贫困户对政策不了解不明白的问题，深入到村田边地角，开展扶贫政策宣传工作。2018 年上半年，"实战大队"借助微信、综合服务平台、实地宣讲等多种措施多种方式宣传产业扶贫、健康扶贫、教育扶贫、政策兜底等政策宣传活动，共集中宣传 30 余次，其中，行业扶贫工作队结合行业特长，2018 年 6 月巡回宣讲 6 次。政策宣传是党务政务公开的有效抓手，是工作队与人民群众建立良好的"鱼水情"的有效手段，是党的政策方针在独龙江乡落地生根的基本途径。通过宣传各项政策，坚定了全乡干群打赢脱贫攻坚战的信心，有效提升了贫困户和群众对扶贫"政策的知晓度"，营造了"脱贫光荣"的舆论导向和浓厚氛围，进一步加深了驻村工作队和群众之间的感情。

大力兑现落实系列特惠政策。一是加强教育扶贫救助。对新入学大学生、高（中）职学生给予扶持，对实施了各类救助后还有困难的学生积极帮助解决后顾之忧，2018 年 4 月在驻村工作队的努力和社会的帮助下，为龙元村 1 名在上高中的孤儿筹集 15000 多元救助金，社会爱心人士愿意长期支助他到大学毕业。二是医疗救助全覆盖。行业工作队积极发挥行业扶贫优势，深入各村开展免费体检，针对重大疾病进行专项体检和疾病预防宣传，共开展 2 次体检，4 次宣传，参与达 400 多人次。三是公益性岗位、护林员、河道管理员等"四大员"都全部由符合条件的贫困户担任。四是医疗保险、养老保险实现全覆盖。

大力开展不定期督查工作。脱贫攻坚是一个系统工程，浩大工程，政策多、范围广、时间紧、任务多、要求高，工作环环相扣，工作稍有懈怠就会出现问题。为此在上级统一部署的全覆盖督查以外，工作队经常深入村组对脱贫攻坚各项工作开展专项的、全面的督查。

大力实施项目建设。牢固树立"抓项目就是抓发展，抓大项目就是抓大发展"的理念，完成全乡精准脱贫攻坚三年行动计划项目入库，项目库计划建设资金达 7.5 亿元。

大力提升村集体经济发展。村集体经济发展是脱贫攻坚考核的重要内容之一，也是村级组织实施村民自治的经济基础。通过实施短平快与长效发展相结合的方式，推进集体经济持续发展，截至 2018 年 6 月全乡 6 个村集体经济全覆盖，年收入金额达 28.2 万元。

大力提升基层党建。驻村扶贫工作队肩负着推动基层党建和脱贫攻坚"双推进"的任务。2018 年上半年，"实战大队"紧密配合乡党委开展"基层党建大提升行动"，立足工作实际，把握工作重点，压实工作责任，推进"基层党建巩固年"、党支部规范化达标创建各项工作，以扎扎实实的工作作风完成贡山县委组织部每月下发的菜单式基层党建任务。一方面抓好基础工作。乡大队高度重视党建工作，3 次专题研究基层党建工作，对党建工作多次进行调研部署。选齐配强党建指导员专人抓，设置 AB 角持续抓，不留"空档"，制订年度党建工作计划并要求工作队明确工作要求、时限和任务。村以党建指导员为第一责任人，驻村工作队为抓党建的"队伍"，齐抓共推，层层压实工作责任。2018 年 5 月 10 日召开独龙江乡基层党建与脱贫攻坚双推进会，各村党总支书记、扶贫工作队及相关参会人员现场观摩了孔当村、马库村人居环境提升、家庭卫生、基层党建、乡风文明和美丽家乡建设等各领域的工作推进情况。摸排党组织设置，推进党支部规范化达标创建。全乡 36 个基层党组织，通过摸排向乡党委建议撤销孔当第二党支部和迪政当党支部，提升了党组织的凝聚力和向心力。按照党群活动室"十二有"标准，跟进党群活动室建设。2018 年开工建设 4 个党群活动室，目前，完成验收 3 个，有效增强了阵地建设。抓好党员教育，构建"两学一做"常态长效机制，坚持全覆盖、常态化、重创新、求实效，以"两学一做"为基本内容，以"三会一课"为基本制度，以党支部为基本单位，推动"两学一做"学习教育融入日常、抓在经常。严格落实"三会一课"制度。支部大会每季度召开一次，支部委员会每月召开一次，党小组会议每月召开一至两次，按需要可多开，每季度上一次党课，按照"三定一报备一纪实"做好各项会议记录、信息简报、签到等痕迹材料。按照"6＋X菜单式支部主题党日"认真开展组织活动。学《党章》、学《习近平谈治国理政》第二卷、上微党课、推送小故事、看电教短片、开展文体活动等6个基本流程和结合主题党日主题确定自选动作。"X"开展组织活动，不断增强全乡党员活动参与度和吸引力。充分发挥各村组党群活动室、村广播室等设施的作用。村党支部、村委会、驻村扶贫工作队（实战队）每周周一组织全体村民升国旗，国旗下"感党恩"讲话。紧密结合各村村情及民俗，组建文艺表演队，做到月月有活动，坚持示范带动，吸引村民参加。开展"万名党员进党校"，提升党员政治理论素养。继续开展"听党话、跟党走、感党恩"主题教育实践活动和"诚信、自强、感恩"主题实践活动，增强边疆民族地区和谐稳定。另一方面抓好党建特色品牌创建。借鉴马库"三队两个一"活动经验，全乡组建"三个队"，开展"两个一"活动，基层党组织在凝聚民心、推动发展、建设美丽乡村和促进和谐方面的领导核心和战斗堡垒作用得到不断增强。

## 三、以基层党建为引领为脱贫攻坚与乡村振兴提供组织保障

强化干部队伍建设，为独龙江乡"巩固脱贫成效、实施乡村振兴"行动提供人才支持，着眼当前工作需求配齐配强干部队伍，围绕独龙江乡"巩固脱贫成效、实施乡村振兴"行动，抽调精兵强将，配齐州县工作组人员，围绕独龙江乡工作需要，配齐配强乡党委政府班子和村"两委"班子；同时结合工作需要，组建从州县行业部门抽调业务骨干组建分项目工作推进组。着眼独龙江长远发展培养干部队伍，重视从源头上抓好独龙族干部的培养，着力解决独龙族干部后备力量不足的问题，进一步扩大和充实独龙族后备干部队伍；坚持把提高干部政治素质放在干部教育培养第一位，把提高政治觉悟、政治能力贯穿于干部教育培训全过程；不断提高教育培养的针对性，强化特色产业建设、旅游开发、乡村振兴、边疆基层党的建设等方面的培训，坚持在一线培养锻炼干部，有意识地把优秀干部选派到脱贫攻坚一线、在急难险重任务中历练培养，真正达到在一线和重大任务中识人、练人、用人的目的，不断提升干部队伍实践精神、实践能力，为脱贫攻坚与乡村振兴提供组织保障。

## （一）以边疆党建长廊建设为契机，强化基层党组织建设

2019 年 5 月 16 日，笔者一走进马库村，道路两旁映入眼帘的便是一道亮丽的"红色风景"，这是贡山县独龙江乡马库村在省文联和县委宣传部的支持下精心打造的一条党建文化宣传走廊。借此契机，村委会党员活动室也得以提升改造，打赢脱贫攻坚战的强大正能量不断凝聚。党建文化宣传走廊建在进村委会的道路两旁，12 块红色宣传栏紧扣党的十九大精神，突出党建引领作用，以图片的形式呈现了"忆往昔、思今朝、展未来"三大主题。"忆往昔"主要呈现独龙族原来的民居、道路、溜索、过桥等，"思今朝"呈现了老百姓现在的生活面貌，美丽宜居建设、村容村貌、基层党建亮点、产业发展等。"往昔"与"今朝"形成鲜明对比，并按照"生活富裕、治理有效、乡风文明、生态宜居、产业兴旺"的总要求实施乡村振兴战略，引出"展未来"主题，还提出将马库村打造成独龙族旅游特色村的"旅游文明行为公约"。每一块宣传栏背面呈现了 24 字社会主义核心价值观，用直观形象的形式进行忆苦思甜、感恩教育，引导人民群众时刻"听党话、跟党走、感党恩"。

以边疆党建长廊建设为契机，沿独龙江公路的农村党支部，以党建脱贫"双推进"为抓手，围绕脱贫攻坚、群众工作、美丽乡村、文明素质提升、城乡环境整治、边防稳固、边境和谐、边疆安宁等乡村治理的各个方面展开了工作。突出表现为两个建设工程：一是机关党建和"两新"组织党建工程。全面落实"思想教育从严、干部管理从严、作风要求从严、组织建设从严、制度执行从严"五个从严，扎实推进机关党组织班子、党员队伍管理、党员活动载体、工作保障机制等规范化建设，督促其做好发展党员、党费缴纳、组织生活和结合自身实际做好具有自身特色的党建活动等，集中推进非公有制企业和社会组织的党组织和工作全覆盖，对一些具有一定规模的企业和社会组织建立党支部，加大对"两新"组织党组织书记和党务工作者的业务培训、按照上级党委安排部署打造活动场所、落实党建工作经费、进一步完善三会一课及民主评议等基层党建制度、加大培亮树新力度。探索农村产业协会组织党建新机制。二是党内政治生活工程。全面推广"菜单式支部主题党日"，每月确定一天，按照学《党章》、学《习近平谈治国理政》、上微党课、推送小故事、看电教短片等 5 个基

本流程和 1 项文体活动，增强党员活动参与度、吸引力。按照要求，做好"三定一报备一纪实"工作，完善台账管理。加强基层党风廉政建设。深入实施廉洁扶贫工程，深入开展"不作为""慢作为"专项治理，严厉查处发生在群众身边的"蝇贪"和"微腐败"，整治"村霸"和宗教恶势力。加强各级党代表联络服务工作，认真落实乡党代表大会年会制度，做好年度党代会相关工作，强化监督管理机制，既要做好党内监督工作，也要带动发挥人大、政协监督作用。每月确定一天，按照党员学习教育日、基层党务公开日、基层民主议事日、为民服务奉献日、先锋模范服务日、党内民主评议日主题开展党员主题活动日。

### （二）抓好独龙族干部培养，强化干部队伍建设

具体通过 6 个建设工程达到治理效果。

党员队伍建设工程。一是做好党员教育工作。继续深入开展"两学一做"集中学习教育，提高农村党员的党性意识和组织观念，扎实开展好半年度对农村党员的集中培训工作，每名党员参加集中培训的时间不少于 24 学时，借助村级每月一次的党员大会、选派党建工作指导员、书记上党课等形式，加强对农村党员的日常培训。做到 20% 以上党员占比进乡党校集中培训不少于 3 天。二是做好发展党员工作。坚持发展党员"控制总量、优化结构、提高质量、发挥作用"十六字方针，严格落实发展党员的各项制度，村级党组织重点培养入党积极分子 3～5 名，计划 2018 年全乡发展党员不少于 20 名，重点破解三年不发展党员村组的问题。三是做好党费收缴工作。严格按照党章规定和上级的要求，从严督促党员自觉按时足额交党费。及时进行党费收缴清理工作，对拖欠的党费进行追缴，严格按照要求及时足额收缴党费。四是强化流动党员管理，实行流动党员活动证管理机制。探索建立外出务工党员工作站，加强外出务工党员教育管理服务工作。五是做好党员组织关系转接工作。管理好台账，及时更新好综合服务平台数据，做好电子数据系统调整工作。

干部队伍建设工程。把坚决维护党中央权威和集中统一领导落到实处。乡党委班子坚定政治立场，始终做到大是大非面前旗帜鲜明，大风大浪面前立场坚定；坚决执行上级党委政府各项决定决议，让党的各项政策在独龙江生根开花。始终把抓班子、带队伍，建设一支高素质的干部队伍

当成基础性的工作长抓不懈，继续贯彻执行"网格化分层次精细管理"制度，将干部队伍划分四个层面，形成党委书记抓科级干部、分管领导抓中层干部，中层干部抓其他乡村干部的工作机制。"一级做给一级看，一级带着一级干"，完善层层抓党建的工作体系，打造一支具有"独龙牛"精神和实干作风的干部队伍，在全乡党员干部中形成干事创业的浓厚氛围。始终带头履行党的各项组织生活制度，推动各级党组织和党员干部牢固树立政治意识、大局意识、核心意识、看齐意识，把"四个自信"展现在脱贫攻坚、人居环境、组织建设日常当中。

强化基层党员干部队伍建设工程。党员队伍：注重从产业能手、致富能手、优秀青年中培养发展党员，每个村都有一支党员后备队伍。每年严格把关，吸收一批先进分子入党。加强对党员的日常教育和管理，发现问题及时教育处理，始终保持党员队伍的纯洁性和先进性。村干部队伍：认真实施"村干部素质学历双提升行动计划"。加强村干部培训的针对性和实效性。认真落实村干部值班制度。健全绩效考核制度，充分调动村干部工作积极性。驻村扶贫工作队和"第一书记"队伍：做好驻村扶贫工作队轮换调整工作，严格执行驻村扶贫工作队召回管理办法，试行工作实绩管理机制。大学生村干部队伍：坚持独龙江乡村官全覆盖工作，并调整选派优秀村干部到独龙江各村工作。基层党务工作者队伍：配齐配强基层党组织党务工作者，分批、分类轮流培训基层党组织书记，纪检、组织、宣传等专兼职党务工作者。推动基层党员干部养成"六种"好习惯。严厉整治排查出的"村霸"和"慵懒滑贪"四类村干部。

强化党的基层组织阵地建设工程。村民小组活动场所全覆盖。2017年，完成独龙江乡龙元村龙元一组、孔当村王美小组、孔美小组、马库村钦郎当小组、迪政当村迪政当小组5个党群活动室，实现村民小组党群活动室全覆盖。按照"十二有"标准，全面配备好村民小组党群活动室的相关设施，使党群活动室用起来、活起来、热起来，把村民小组活动场所建设成为党员培训中心、为民服务中心、党群议事中心、文体娱乐中心、电商交易中心，把全体党员和广大群众凝聚到党的旗帜下。

村"两委"班子建设工程。坚持班子建设为农村工作之本，强力推进战斗堡垒巩固提升。一是深入落实州委州政府《关于进一步加强村（社区）干部队伍建设的实施意见》，对全乡村级班子实行分类管理。按照

"先进班子常青创业、中进班子提档升级、后进班子动态整治"的工作思路开展村级班子分类施治，重点对二类班子帮带提升，确定中层以上党员干部作为帮扶责任人，根据该村的实际情况进行帮扶，破解发展瓶颈，推动争先进位，突出抓好后进班子整顿，通过确定乡党委书记和一名副科级领导作为帮扶责任人，对 2018 年新排查的后进村进行深入调研，制定切实可行的整顿措施，集中整顿。二是做好村级班子换届前的教育培训工作。明年即是村"两委"班子换届之年，要对换届前的村"两委"干部进行集中培训，重点从讲党性、顾大局，讲团结，守纪律等方面引领正确的责任观，为新一届班子干事创业打好开局仗。另外做好后备村干部的储备摸排调研工作。

驻村工作队、大学生村干部工程。首先，做好对第一书记、党建指导员的管理服务工作，每月召开一次第一书记、党建指导员工作会议，对第一书记、党建指导员的日常工作进行交流，每季度召开一次第一书记、党建指导员现场观摩会，对第一书记、党建指导员的重点工作进行现场观摩，检验第一书记、党建指导员工作的同时，形成比学赶超之势，促进全乡第一书记、党建指导员工作提高水平。为第一书记、党建指导员的帮扶项目搞好服务，确保各项帮扶项目见成效。其次，要加强大学生村干部队伍建设。持续做好"连排班"管理制度，做好大学生村干部日常管理和考核。建立落实"结对联系、结对帮带、包组到户实践"培养工作机制。做好有序分流工作。最后，还要协调落实好大学生村干部待遇，驻村工作队食宿补助等待遇。

（三）增强"四个意识"，强化纪律作风建设

2019 年，中共中央政治局于 6 月 24 日召开会议，会中习近平总书记强调，党员干部要增强"四个意识"。在思想上政治上行动上与党中央保持高度一致，才能使我们党更加团结统一，坚强有力，始终成为中国特色社会主义事业的坚强领导核心。因此，党员干部要从三个方面着手，自觉增强"四个意识"。一是在学习上下功夫，提高对于"四个意识"真理性的认识。政治意识要求要把政治规矩、政治纪律挺在前面，时刻同党中央保持高度一致。大局意识是要看到自己从事工作的特殊性，在大局下谋划，开展工作。核心意识是要通过维护党中央这个核心，强化党在中国特

色社会主义事业中的领导核心地位。看齐意识是要主动向党中央看齐，向党的理论和路线方针政策看齐。共产党员需要从"四个意识"的内涵和背景出发，加强理论学习，深刻认识"四个意识"具有的真理性。二是在行动上下功夫，以"四个意识"来指导日常工作的开展。"四个意识"有没有、强不强，是衡量是否政治合格的关键标志。党员干部尤其是领导干部要带好头，进一步增强"四个意识"，牢固树立"四个意识"，自觉践行"四个意识"，不折不扣地做到对党忠诚、知行合一。我们要把"四个意识"上升到价值层面，成为各级党员干部工作的价值标准，并落实到具体工作中，体现在求真务实的能力和水平上。要坚决维护中国共产党的领导，听党指挥，在工作中自觉服从大局，确保各项政策部署落地生根。三是在运用上下功夫，用"四个意识"助推中心工作。要结合自身实际，以"四个意识"为指导，以"两学一做"为推手，落实各项中心工作。要注重实践锻炼，砥砺意志品格，练就敢于担当、善于担当的本领；要涵养一心为公的正气，坦荡做人、谨慎用权；要增强攻坚克难的勇气，事不避难、奋勇向前，推动各项工作取得新成绩、实现新发展。❶

为独龙江乡"巩固脱贫成效、实施乡村振兴"行动提供坚强执行力。各县（市）各部门一定要提高政治站位，增强"四个意识"，切实用习近平新时代中国特色社会主义思想武装头脑、指导实践、推动工作，不折不扣地贯彻好习近平总书记的回信精神。州级部门主要领导对涉及的事项要亲自安排、亲自检查、亲自落实。贡山县要列出项目清单，明确责任部门和责任人，确保各项工作落实到位、推进有力、发挥成效。要严格遵守廉洁纪律，强化廉洁意识，在项目和资金面前既要用活政策、大胆使用，又要守住底线、管住黑手。要严格遵守作风纪律，作风散漫的报到纪委，相互推诿、不敢担当、推进不力、效率低下的启动相应的问责机制，对发现的问题要及时报告。落实好以上重点任务，必须全面加强党的领导，加强基层组织建设，强化党组织、干部队伍和纪律作风建设，充分发挥基层党组织的战斗堡垒作用。

---

❶ 何世博. 党员干部要增强"四个意识"［EB/OL］.（2019/07/05）［2020/10/09］. https：//www.sohu.com/a/325028485_99972521.

### （四）规范村级组织运行机制，为党建提供基础保障

继续深化党员干部履职纪实管理。严格落实专人管理制度，及时将每月一次的党员大会，每周一次的村"两委"会议，以及村干部轮流坐班、党员践诺言亮诺言等情况上报乡纪委、乡基层党建办公室，建立履职纪实长效机制。以此推动对"三会一课"和"四议两公开"等基层党建制度的落实。认真落实谈心谈话制度，经常性开展谈心谈话活动。认真落实重大事项请示报告制度、外出报备制度、党员干部直接联系群众制度。强化领导，认真谋划。各级党组织要强化领导、高度重视，把"基层党建巩固年"作为2018年基层党建工作的总抓手，抓基础、抓重点、抓特色，全面谋划、精心组织、狠抓落实。各级党组织书记要亲自抓、抓具体，并结合各自实际，制定"基层党建巩固年"工作方案，确保各项任务落地见效。强化措施，扎实推进。各级党组织要依据"基层党建巩固年"各项任务，工作责任清单，实行"清单化管理"，逐级逐项明确项目任务、项目内容、目标要求、完成时限、工作责任，建立工作台账。乡党委采取定时定量、项目化实施、现场化推进、暗访式督查、点名式通报等工作手段，推动任务落实，实现工作过程与目标结果的统一；要坚持以暗访暗查为主要措施开展监督检查，工作落实情况实行每月报告和每两月通报；要以每年开展一次现场观摩交流的方式现场化推进；要注重加强蹲点指导。强化问责，落实问责。严格落实问责机制，履行责任不到位、任务落实不力的，严肃进行约谈整改、点名通报；对不重视问题整改、同一问题被点名通报两次以上的，要进行问责，既追究直接责任，同时又追究上级党组织责任。强化宣传，营造氛围。各级党组织要加大"基层党建巩固年"宣传力度，总结推广一批基层党建先进经验和典型，树立好标杆、放大正效应，充分发挥先进经验和典型的示范引领作用，形成比学赶超、争先进位的浓厚氛围，营造"大党建"工作格局。

规范村级活动场所建设。对全乡的村级活动场所进行排查，制定活动场所改造提升方案，按照示范、新建、提升三个阶段全力打造村级活动场所，按照"十二有"的标准打造标准化党员活动室，为党员群众开展活动提供舒适的环境。把村民小组党群活动室建设成为党员培训中心、为民服务中心、党群议事中心、文体娱乐中心、电商交易中心。年内再建活动室

全面完工验收，实现村民小组党群活动室全覆盖工程。落实好各领域党组织工作经费及农村干部待遇报酬。①落实各领域基层党组织工作经费，足额保障机关、农村、"两新"组织等党组织的工作经费。②规范落实离任村干部生活补贴和在职村"两委"干部养老保险。及时足额发放在职村"两委"干部基本工资待遇的同时，根据考核结果兑现村干部业绩考核奖励报酬，营造干事创业、争先进位的浓厚氛围。积极创办党员关爱基金。严格按照程序创立党员关爱基金，用于救助困难党员、慰问老党员、激励先进党员，做到专款专用。

同时，启动党建＋互联网工程。抓好直接服务群众"两平台两活动"。①整合政务服务资源进综合服务平台，加强农村党组织服务功能，方便群众办事。②健全农村电商平台管理员队伍，加强农村电子商务站点使用和管理，发挥电子商务助推脱贫攻坚作用，方便群众买卖。③创新学习方式和载体，依托综合服务平台，云岭先锋 APP，建立微信、QQ、易信学习圈或学习小组等方式开展多渠道学习，融合民族文字、民族文艺、民族节庆开展学习活动，创新方式鲜活学。④开展"微党课"活动，每个党支部年内至少完成一个"微党课"视频课件。⑤深化机关党员到村组报到开展志愿服务实践活动。⑥持续开展机关基层党组织"双联系—共建双推进"活动。

## 本章小结

乡村治理是国家治理体系的有机组成部分，不管是在传统社会还是现代文明社会中，乡村治理对维持社会稳定、保证乡土社会经济发展以及保障广大民众的切身利益具有重要意义。独龙江乡以基层党建为引领创新乡村治理机制、实现与脱贫攻坚的双推进，其主要做法和经验总结之有三个方面。

抓规范、建队伍，增强基层党组织政治引领功能。包括紧抓关键环节推进"两学一做"学习教育。扎实推进党的十九大进机关、进农村、进学校、进教堂等活动，采取"模范讲""带头讲""集体讲"三支宣传队伍进村入户宣讲，共宣讲 19 次，党员群众参加 3000 余人次。抓培训增素质。党员干部主持参加党员培训班，并在班上讲专题党课。同时还组织、协助开展了独龙鸡、水产养殖；厨师、家政、竹编、民族服饰缝纫、农家乐经营等形式内容丰富多样的实用技能培训。严把党员发展入口关。严格按照党员发展程序，对发展党员层层把关，段段审查，优化基层党员的结构。

抓软肋、补短板，提升基层党组织组织力。包括抓整顿。针对4个重点软弱涣散党组织进行专项整治，并按照一个好班子、一条好思路、一套好制度、一批好党员、一支好队伍"五个一"的标准，采取一个村、一位驻村党支部书记、一套整改措施外加两名乡领导挂联的"3个1加2"方式进行带队指导。抓服务。发展壮大村集体经济是提高村级党组织组织力、服务力的有力抓手。2018年，全乡发展集体经济12项，全年集体经济总收入达264505元。贯彻落实"四项工作制度"，今年组织召开1次听取党总支书记、宗教活动场所负责人汇报和专题研究宗教工作会议，以宣讲十九大精神为提纲，开展"两进"活动12次，信教人员参加1100余人次，做到了党的方针政策全面进教堂，十九大精神宣讲全覆盖。抓示范。完成马库村州委党建示范点创建，启动517万元的孔当村"四位一体"项目。实施一批"一先双带"工程，涌现党员致富带头人18名，群众24名，办理"红色信贷"24笔96万元。抓阵地。积极协调部门整合资金，着力将党群活动场所建设向村民小组一级延伸，全乡村民小组党群活动室共有23个，2017年开工建设6个党群活动室。有效稳固了党组织阵地，进一步保障了党员群众的组织生活，方便了群众办事。

抓创新，树品牌，增强基层组织活力。以试点村抓好"三个队两个一"活动，引领党员干部和广大群众牢固树立"四个意识"，不断增强"国门意识""国家意识"，激发群众走出贫困的志向和内生动力，使脱贫攻坚和基层党建工作呈现出"边境国门党旗飘，独龙村寨换新颜"的新局面。具体来说即，组建党员志愿服务队，在党员活动日开展志愿服务活动，在抢险救灾中形成突击队力量开展救灾救援和生产自救；组建护村队，负责村内日常治安巡逻，维护邻里和谐、排查地质灾害隐患，并对村内环境卫生进行监督保洁；组建文体队，强化村内文化阵地建设，通过开展政策宣传、文艺和体育活动等，丰富老百姓业余文化生活，提升文明素质；利用村内"小广场大喇叭"每日播放新闻联播，使农村党员群众第一时间了解党和国家政策。每周举行一次升旗仪式，强化了群众的爱国意识、国家意识、国门意识。

# 第五章　立足本土探索生态保护与产业脱贫的双赢之路

习近平总书记在党的十九大作报告中指出："农业农村农民问题是关系国计民生的根本性问题，必须始终把解决好'三农'问题作为全党工作重中之重。要坚持农业农村优先发展，按照产业兴旺、生态宜居、乡风文明、治理有效、生活富裕的总要求，建立健全城乡融合发展体制机制和政策体系，加快推进农业农村现代化。"实施乡村振兴战略中最重要的就是产业兴旺，它是实现民族可持续发展的根本，因为物质发展与观念嬗变既是经济发展的背景，也是经济发展最终要推动的结果。物质变迁影响认知体系，认知改变同时又作用于经济结果，独龙江乡的产业发展是在社会发展、观念转变的背景下，基于现代适应中呈现的问题，反复思考适宜本土发展道路的结果。

## 一、曲折中前行：独龙江乡产业扶贫的历程

由于独龙族半封闭式的生产、生活形态，粮食、住房、产业等问题一直是制约其经济社会发展的主要因素。上自中央、云南省，下至贡山县人民政府，都在思索着如何帮助独龙族早日走出贫困。民族要发展，最终要落实到产业发展上，日子过不好、生计不落实、经济不发展，其他都是空谈。经详细论证，基层政府最终将产业扶贫的重点锁定于两个部分：一是大力发展旅游业，以旅游业为龙头带动其他产业发展，通过旅游发展增加当地居民经济收入，解决劳动力就业、改善人居环境，实现社区的可持续发展和社会经济的进一步提升；二是以草果为主要经济作物，辅之以养殖，扶持特色种植业。帮扶规划制定之初，大家均认为，二者对于振兴乡村经济如同车之两轮将会并驾齐驱，但最后的结果却在意料之外。

（一）有心栽花：产业扶贫初期旅游大发展时机尚未成熟

**1. 旅游开发的准备与投入**

确立了发展旅游业为主导产业的意识和目标后，州、县、乡投入了大量的人力、物力和财力。

（1）专家介入与论证

2010 年年初，州政府聘请云南省旅游规划研究院、云南智鼎旅游规划设计有限公司、昆明艺嘉旅游规划设计有限公司的各类专家组成考察团，对独龙江乡旅游业发展进行了研究、论证和考察，展开《独龙江乡旅游开发建设总体规划》的设计工作。专家们认为，从全县来看目前贡山县的经济发展主要以农业为主，县城驻地茨开镇是全县的经济文化政治中心，丙中洛乡已建成丙中洛景区，普拉底乡草果种植也初具规模，捧当乡因地处旅游核心路线而有一定发展前景。以上三个乡镇交通条件较好，除农业外还发展了部分工业及服务业。相比之下，独龙江乡的产业结构则较为单一，基本以农业为主，辅以养殖业，畜牧业无法形成规模，养殖技术比较落后，政府扶持的经济林木种植效果也不是很明显。由于耕作技术落后，投入不足，导致产能过低。

虽然产业结构单一，但该乡却拥有得天独厚的旅游资源。独龙江乡北连西藏，西南毗邻缅甸，流域内森林覆盖率高达93%，种子植物有 200 多种，哺乳动物 106 种，属国家重点保护的珍稀濒危动植物有 30 种，被誉为"野生动植物基因库"，是高黎贡山国家级自然保护区和"三江并流"世界自然遗产的核心区，也是独龙族传统民族文化、民风民俗保存最为完整的传承保护区。所以，利用自然、人文资源，大力发展旅游业确是该乡实现产业结构调整的重要选择。专家经论证，基于《独龙江生态旅游区发展 SWOT 分析》（见表 5 - 1）和《区域主要旅游资源开发综合评价》（见表 5 - 2），给出了以旅游业为主导的产业发展结论。

表5-1 独龙江生态旅游区发展 SWOT 分析

| SWOT 分析及策略 | （S）优势<br>政治和政策优势；<br>资源优势；<br>品牌优势；<br>区位优势 | （W）劣势<br>基础设施薄弱；<br>环境承载能力低；<br>旅游发展起步晚；<br>旅游人力资源短缺 |
|---|---|---|
| （O）机遇<br>国家对独龙江乡"整乡推进整族帮扶"扶贫攻坚计划；<br>省委省政府对独龙江旅游的支持；<br>旅游业战略性支柱产业地位的建立 | （SO）策略<br>挖掘生态旅游与民族文化旅游资源优势；<br>市场营销吸引客源；<br>灵活运用相关政策 | （WO）策略<br>进入"三江并流"大旅游区联合促销平台；<br>深度挖掘独龙族民族文化；<br>引入资金加大开发力度；<br>利用政策机遇引进人才 |
| （T）威胁<br>区域旅游竞争日趋激烈；<br>环境承载威胁；<br>社区文化变异；<br>特殊地形造成地质灾害、意外伤害等威胁 | （ST）策略<br>做大做强生态旅游产业，带动旅游业起步发展；<br>用发展促环保；<br>社区参与 | （WT）策略<br>塑造生态文化旅游目的地；<br>打造完美的旅游环境；<br>注入品牌文化内涵 |

表5-2 区域主要旅游资源开发综合评价❶

| 序号 | 名称 | 分值 | 等级 |
|---|---|---|---|
| 1 | 高黎贡山 | 95 | 五 |
| 2 | 碧罗雪山 | 95 | 五 |
| 3 | 独龙江大峡谷 | 93 | 五 |
| 4 | 雪山丫口 | 89 | 四 |
| 5 | 文面 | 85 | 四 |
| 6 | 开昌哇节 | 82 | 四 |
| 7 | 怒江第一湾 | 80 | 四 |

---

❶ 该表主要按照《旅游资源分类、调查与评价》所规定的分类评价体系，对旅游区的旅游资源进行赋分，然后根据所得的分值和等级指标给旅游资源单体确定其等级。根据旅游资源单体评价总分，将其分为五级。从高到低为：五级旅游资源，得分值域≥90分；四级旅游资源，得分值域≥75～89分；三级旅游资源，得分值域≥60～74分；二级旅游资源，得分值域≥45～59分；一级旅游资源，得分值域≥30～44分；未获等级旅游资源，得分≤29分。

| 序号 | 名称 | 分值 | 等级 |
|------|------|------|------|
| 8 | 重丁村（多元宗教） | 78 | 四 |
| 9 | 钦郎当月亮大瀑布 | 76 | 四 |
| 10 | 雾里 | 75 | 四 |
| 11 | 贡当神山 | 72 | 三 |
| 12 | 那呛洛峡谷（怒江最美峡谷） | 70 | 三 |
| 13 | 秋那桶 | 68 | 三 |
| 14 | 石门关 | 67 | 三 |
| 15 | 担当力卡山 | 65 | 三 |
| 16 | 普化寺 | 58 | 二 |
| 17 | 噶哇嘎普峰（雪山） | 59 | 二 |

表5-1、表5-2资料来源：2010年12月，云南省旅游规划研究院、云南智鼎旅游规划设计有限公司、昆明艺嘉旅游规划设计有限公司联合编制的《独龙江乡暨独龙江生态旅游区旅游发展和开发建设总体规划（说明书）2010—2020年》。

专家认为：规划区17处主要的旅游资源点中，五级资源有3个，四级资源有7个，三级资源有5个，二级资源有2个，分别占旅游资源总数的17.6%、41.2%、29.4%、11.8%；其中优良级（五级、四级、三级）旅游资源占主要旅游资源总量的88.2%；普通级（二级）旅游资源占主要旅游资源总量的11.8%。总体而言，规划区旅游资源多为具有国际品质的旅游资源。这部分旅游资源由于交通条件的封闭，有的藏于深闺无人识，有的虽在国际上具有一定的知名度，但生态反哺效用低、资源利用有限。而未来随着旅游通达条件的改善，这块神秘的处女地将成为旅游市场中猎奇者的天堂，成为云南省面向国际化进程中的重要资源。经旅游管理领域专家科学论证后，各级政府在独龙江乡启动了5个民族特色旅游村的建设。

（2）旅游业的投入与发展

以"中国西南最后的秘境"为主题，依托上海市的帮扶平台，"整乡推进整族帮扶"项目前期投入3240万元，集中建成了钦兰当、巴坡、普卡旺、龙元、迪政当5个民族文化旅游特色村。旅游特色村的新建筑以其土黄色的传统民居特点和独龙牛头图案，彰显着独龙族风情。其中，最成熟的旅游景点是普卡旺民族文化旅游村，该村民小组定位为"依托旅游资源，发展旅游特色村，辅以种植业"。普卡旺民族文化旅游村隶属孔当行政村，位于独龙江乡南部，海拔 1478 米，年平均气温 17.5℃，年均降水量 3308 毫米，适宜种植玉米、土豆，农户 13 户，人口共 56 人。其安居房修建没有采用其他小组的砖混结构，而是根据旅游需要仍以原独龙族传统民居式的草木结构茅草房为主，一期工程包括特色安居房（每户建筑面积 69.21 平方米，共 899.73 平方米）、游客接待房（13 间，共 594.62 平方米）、村间道路、排水沟、给水管、砼化粪池、蓄水池、PVC 排污管。完成投资 217.4 万元，其中上海对口帮扶资金 201.8 万元。❶

普卡旺参与村小组旅游经营的 PQH（男，独龙族，39 岁，小学，孔当村普卡旺小组，务农及个体经营）接受了访谈，他说："我家四口人，两个孩子都还小，要上小学，我爸年纪大，已经 79 岁了，负担在村里来讲是比较重的，家里劳动力就我一个。小组建旅游村之前，一季度 1836 元的低保是家里的主要经济来源，还有地里种的菜、玉米和土豆勉强够家里吃。建成旅游村后，2014 年起一年除开低保可以拿到 3000 多元钱，起码孩子的学费不愁，老人生病也有余钱看病。"据村委会 2015 年统计，普卡旺部分独龙族群众通过尝试参与旅游服务业，仅客房服务一项人均年经济收入就达到 1 万元。旅游产业开始运转后，当地独龙族群众对旅游业的认知从无到有，发生了很大变化。

（3）解决旅游业发展的瓶颈

基础设施工程是旅游业发展的硬件，主要包括以独龙江公路改建为主体的路桥、水利、电力、邮政通讯等工程。"十二五"期间，扶贫项目配套工程投入 3865 万元，用以解决旅游基础设施薄弱问题。交通是制约独龙江乡发展的瓶颈，独龙江隧道贯通之前，每年 10 月到来年 5 月高黎贡山大雪封山，这里便会与世隔绝。所以，要满足旅游发展的需要首先必须解决路的问题。由于 1999 年投入使用的老公路等级低、养护差，2010 年进行了公路改建。改造工程全长 79.983 公里（较原有公路缩短 16 公里，最高海拔由原来的 3390 米降至 3025 米），其中 6.68 公里特长隧道穿越高黎贡山，除满足汽车通行，还留有专用的人马步行通道。2014 年 4 月独龙江隧

---

❶ 数据出自普卡旺村民小组。

道贯通，新公路全线通车，到贡山县城的车程也由 6～8 小时缩短至 3 小时。此外，还有溜索改桥等其他路桥工程，全乡溜索已基本改成了安全的钢索吊桥，乡内还新建了 108 公里的通村公路和各村民小组之间的多座人马吊桥。同时，还新建 10 千伏电线路 120 千米、400 伏低压线路 80 千米、配变压器 31 台，保证了稳定的供电；所有行政村架设了 80 千米的移动通信广播电视光缆，开通了 4G 网络。乡政府所在的孔当村小集镇新建了乡级邮政所、移动大厅、农村信合银行、ATM 终端、药店、小商店、加油站和住宿餐饮，基本具备旅游开发所需的硬件条件。

　　笔者走访了乡政府所在小集镇孔当村 11 个村民小组公路沿途的全部 29 家小卖部（不包括超市），以及 8 家标有"住宿"字样的小规模家庭旅店（不包括大酒店和农家乐），37 家个体经营户中 24 户为来自丽江、大理、四川等地的白族、藏族和汉族，13 户为本地独龙族。LYH（女，独龙族，25 岁，高中，孔当村腊配小组，个体经营）一家五口人经营着一家小旅馆，她告诉我们："路没修通之前，我们这里一家本地人开的小卖部和旅馆都没有，全是外地人来开的。现在交通方便了，生活条件好了，来独龙江玩的人也多了，族里不少人开始做生意，我家就是。高中毕业后我就出去打工，上个月才回来，家里开旅社，爸爸叫我回来帮忙。"可见，基础设施扶贫工程不仅为村民生活的改善和旅游发展提供了便利，还通过发展第三产业拓宽了就业通道，吸引更多人回乡创业。

**图 5－1　改造前的独龙江旅游小集镇　　图 5－2　改造后的独龙江旅游小集镇**
（2012 年与 2014 年孔当村对比，图片由独龙江乡乡政府办公室提供）

　　自推进以交通基础设施改善为标志的"整乡推进整族帮扶"后，独龙江乡基本完成了旅游业从无到有的质变。近年来，在云南省旅游业二次创业的大发展背景下，随着自驾游、探险游的兴起，独龙江作为西南最后的密境之地吸引广大的探秘者。❶ 但是，由于脱贫再生能力弱、群众自主发展意识不强，较之以草果种植为主的特色种植业，作为产业重点的旅游发展反而表现出更多的问题。

### 2. 旅游业发展初期出现的问题

调研期间，笔者主要在行政商业中心孔当村采用偶遇抽样的方法，分别对外地游客、本地独龙族群众和从事旅游服务业的外来经营者进行了访谈。其中，游客 50 名，近半数为深度游，大多自丽江游和怒江户外游两条线路转至独龙江；本地独龙族 50 人，包括旅游、服务业从业者 16 人，务农及无业 34 人。从事旅游业的外来经营者 20 人，包括跑旅游线路运输的个体司机、导游、旅游村寨农家乐经营者和小商品店主。以访谈资料为基础，结合对 5 个旅游小镇的实地观察，笔者认为相比投入，旅游业发展受到区位、地理条件、软硬件条件等方面的限制，"十二五"阶段并未迎来发展的最佳契机。

（1）与省、市、县各级旅游市场无有效对接

旅游业是综合性产业，靠酒香不怕巷子深是远远不够的，必须与周边各级旅游市场对接，立足市场需求进行有效宣传。目前，作为热点的原生态深度文化游与独龙江乡旅游业优势十分契合，但在市场宣传上力度不足。昆明是云南游中转站，各大旅行社和豪华、经济酒店联手，对各条旅游线路进行了宣传与推广，所以笔者在连锁酒店和旅行社进行了省内旅游线路宣传单的收集。分析内容后发现，所有宣传单、册均为大理、丽江、瑞丽、西双版纳、九乡甚至丙中洛的组合线路，却未见与独龙江相关的线路信息。游客访谈中，CWX 夫妇（CWX，男，汉族，30 岁，大学，佛山市，公务员；TSZ，女，汉族，29 岁，大学，佛山市，公务员）说："我俩来这里纯属意外，本来只准备在六库（怒江州府）体验下怒江漂流，一次吃饭的时候偶然听傈僳族老板说独龙江这里有文面女，找了好几家旅行社都没有合适的团，最后我们自己从六库转了三趟车进来。"普卡旺特色旅游村兼职导游 PLC（男，独龙族，30 岁，初中，孔当村普卡旺小组，务

---

❶ 至 2015 年为止，"十二五"期间独龙江乡接待国内及境外游客和中缅跨境游游客人次，无具体统计数据。

农及导游）补充道："来这里（玩儿）的基本上都是散客，或者三五个人在丙中洛等其他旅游点碰到组个团，那种人数多、正规的旅游团基本没有。"深度游游客和户外爱好者毕竟只是旅游市场份额里的一小块，宣传不足意味着将失去大部分市场份额。

（2）未与周边旅游资源共同构成合理的空间布局

个体运营层面，与外地客运司机访谈时，HH（男，藏族，31岁，高中，贡山县城，个体司机）告诉笔者："旅游主管部门并未规划成熟的旅游线路，跑运输的司机们都是以个人经验和驴友们提供的信息为包车游客建议游玩线路。因为从丽江转来的游客较多，所以'丽江—丙中洛—独龙江'是最常规的拼团线路，独龙江是最后一站，再把游客送到贡山或福贡县，由他们自己转回昆明。"自由行的LYL（女，汉族，28岁，硕士，广州市，高校教师）女士抱怨："我在大理旅游完以后，三个小时转到六库想拼个团来独龙江，等了两天都没凑足人数，只好坐长途客运汽车。从六库到福贡县五六个小时，再从福贡拼车到贡山四五个小时，再从贡山进乡四个小时，辛苦得很。"笔者进出独龙江乡时，司机们在景色较美、拍照视角好的地方停留供乘客和游客观赏和拍照，也都属自发行为。目前，民间已形成与周边旅游景点的串联和互动，完成了滇西北跨境少数民族景点线路的空间布局，但作为个体运营行为并未得到相关部门的重视、引导和管理。社会力量毕竟有限，要在贫困边疆地区推进经典旅游线路和串联周边旅游资源，旅游产业发展中基层政府相关部门的参与和投入必不可少。政府层面，因离丽江不远，对旅游产品进行规划时，相关部门也想借助丽江热潮带动独龙江旅游，但目前的交通线路只有"丽江—白汉场—剑川县—甸兰—兰坪—营盘—分水岭—六库—贡山县—独龙江"一条，需要从丽江绕行至六库再到独龙江，且只有汽运，车程约20~22小时，普通游客面对20小时的行程大多数望而止步了。仅"独龙江—贡山—利沙底—维西—丽江"线路可将车程缩短至10小时左右，但该路线途经的德贡公路路况复杂、老路十分难行。所以，国内旅游线路受复杂地理条件影响难以实现最优。此外，因缅北战事，边境游也存在路线规划的难度。

（3）与旅游相关的第三产业发育不全

乡政府所在地孔当村是游客的集散地和来往各村的中转点，无论北上去献九当、龙元和迪政当，还是南下到巴坡、马库都要从这出发往返，所以餐饮、住宿、集市商店都集中在孔当。经实地观察笔者认为，一是孔当村13家独龙族本地村民自营小卖部的货物品种较少，对主打旅游产品亦尚未形成销售渠道。二是配套娱乐设施缺乏，没有较规范的娱乐项目，仅有一家私人经营的小型"藏迪"❶，2018年也取消了。三是旅游景点配套服务设施不足，如普卡旺旅游特色村，近1公里的山腰游览栈道湿滑多腐叶，沿途却没有一个休息点和食品杂货销售点，年龄偏大的游客游览该景点便会比较吃力。游客ZX（男，汉族，48岁，大专，潍坊市，公司职员）反映："独龙江乡旅游业离产业化还有一定距离，尤其软硬件设施不到位，旅游景点玩起来很累人。"四是从业者服务意识和素质不高。游客普遍反映，从业者服务态度不好令人担忧。为此，笔者访谈了村级公路沿线自营小商店的独龙族村民，小杂货店主KDN（女，独龙族，62岁，文盲，孔当村孔当二组，个体经营者）回答："有游客来买东西，有时候他们说的话我听不懂，不知道怎么回答。我家电视机买了有快十年了，我的汉话都是跟电视里学的，这两年村里也组织了各种培训班，烹调、编织、种植什么的，年纪大了不想去参加，我的店早就开很多年了，跟我影响不大吧，东西本村人买的多。"以上情况说明，与旅游相关服务业的硬件配置和人员培训尚显薄弱，人员的非专业化导致服务质量低下。此外，5个民族旅游特色村"原村改建"后，村民小组原有行政设置和现有经营结构重合，致使有人员散漫和遇事责任主体不清晰的现象。

（4）交通事故增多对旅游开发造成不良影响

关于交通情况，笔者主要访谈了跑三乡长途货运的T司机、跑福贡县到独龙江乡的Y司机、贡山县专供游客包车的藏族司机HH、巴坡村跑乡内客运的L司机和迪政当跑乡内客运18岁的独龙族男孩LZ。T司机是四川人，据他自己介绍在独龙江乡跑运输已有十多年，最开始是在贡山县城，1999年独龙江公路开通后开始经营贡山县城到独龙江乡的长途客运。巴坡村的L司机（云南大学学生调研实践固定包车司机），有十年长途客运的经验，贵州汉族，爱人是巴坡村独龙族，打工时相识相爱，十多年前随爱人回巴坡村定居，现在经营短途客运。笔者问T司机："那时没有穿山隧道，有时候会大雪封山小半年，生意岂不是不好做？"答："相反，那

---

❶ "藏迪"指有具怒江藏族特色的酒吧和迪斯科歌舞厅。

时生意好做，我们一共才 20 多辆车，竞争小啊！现在一堆跑运输的，竞争激烈了生意反而不好做了。所以，我现在不跑客运了，只做乡内货运。"跑乡内运输的 L 司机说："以前县城跑一趟是 100 元一个人，现在才 42 元一个人。"

关于交通事故增加是 T 司机主动谈起的："那时的公路硬件是没有现在好，有很长一段有泥石流和路面差翻下山崖的危险，就是这么恶劣的行驶条件也很少出事故的。"笔者问："您觉得为什么呢？"他回答："一是因为车少。那时出来和进去的人少，所以 2000 年跑长途货客运输的一共才 20 多辆车，这样减少了会车的机会。你看现在，光是跑长途客运的就有快一百辆，搞基础建设进出山的货运大车更是多。二是人的原因，这才是关键。我们都是老司机，经验丰富，对县城到乡里的路况比较熟悉；并且我们开车是有规矩的，大家都默认和遵守，比如快到大弯路口，怕会车出事，我们老司机都会相互鸣笛提醒。而现在对地况不熟、没有驾驶经验的新手多起来了。一类是交通便利后，越来越多来独龙江乡自驾私家车主，开车的时候完全不懂规矩，危险路段会车不鸣笛，还打着远光灯；还有一类是乡里免费给村民培训驾驶技术、考驾照，希望在发展旅游时他们能有更多的就业渠道，这两年好多十几岁的独龙族年轻人开始跑运输，一拿到证就上岗，完全没有经验。所以交通事故反而比道路条件差的时候多很多。"巴坡村 L 司机和贡山县司机 HH 也证实了 T 司机关于近年来交通事故增加的看法，大家均认为怒江州恶劣的路况是影响旅游业发展十分重要的因素。

（5）现代产业观念不完善是旅游发展遭遇瓶颈的深层内因

独龙江地区属季风气候，雨水充沛，树木茂密，河谷地带可耕地少，为适应当地的自然地理条件，"刀耕火种"成为独龙人最早的生存策略[1]。刀耕火种粮食产量低，难以维持日常消耗，所以清朝至民国时期，该地又发展了采集药材进行贸易交换和渔猎的生计方式。"直过"后至改革开放阶段，国家在独龙江乡开展了山区改造，由刀耕火种跃进成犁耕农业，开展互助合作和家庭联产承包，进行了深入的农村经济体制改革。"十二五"

---

[1] 张劲夫，罗波. 独龙江文化史纲：俅人及其邻族的社会变迁研究 [M]. 广州：中山大学出版社，2013：15.

扶贫之前，除为数不多外出打工的人，当地人基本维持着犁耕、渔猎、采集等一套传统农业生计方式。2010—2015年整乡推进整族帮扶后，虽然伴随经济社会发展与现代生产、生活方式影响，独龙人的知识和认知发生了一定程度的转变，但由于传统山地农耕影响较深，当地普通群众对于第三产业发展的概念并无明确认知。接受访谈的34名独龙族务农群众，仅文化程度较高的两位知道何为"民族文化旅游"，并表达了愿意支持本地旅游业发展，参与其中改善经济生活的意愿。BXL（男，独龙族，24岁，大专，孔当村丙当二组，个体经营者）告诉笔者："乡里以前送20多人到怒江州技工学校等处培训旅游管理、汽车维修、烹饪这些职业技能，除了我坚持下来，很多人都半途而废，陆续回家了。"其他绝大多数被访者均认为，扶贫就是帮助他们下山安居，直接改善其生活条件，以及发放生活补助等。问及是否会选拔从事旅游业时，或回答"不知道"，或回答"不知怎样进入"，MJY（女，独龙族，28岁，初中，巴坡村巴坡小组，务农）说："如果给我一笔钱，我不会拿去投入旅游经营，不懂这个，风险太大。我宁愿拿去买草果苗，请人多开几亩地种草果。"

### 3. "秘境"涅槃

丙中洛乡在独龙江乡的东边，从2000年开始发展旅游业，开发更早，佛教、基督教、天主教三教和谐并存，被誉为"人神共居"的地方。2010年1月到10月，游客数为11.77万人，旅游总收入达到6163.69万元。对比丙中洛乡，独龙江乡旅游开发差距比较明显，针对交通事故增多与游客满意度不高等现实问题，基层政府做出了整顿重建的决定。2017年9月13日，怒江州召开"独龙江率先脱贫全面小康"会议，决定在独龙江乡实施脱贫攻坚提升、人居环境提升、整体素质提升、基础设施提升、环境保护和基层党建提升等8个行动，力争用3年时间，完成独龙江风情旅游小镇和4A级景区建设，把独龙江乡建设成为"文面部落、秘境胜地"，带动独龙族群众率先实现小康。2017年9月22日，贡山县在怒江州府六库举行独龙江景区暂停对外开放新闻发布会，贡山县政府办、县发改局、独龙江乡党委、县旅游发展局、县交通运输局、县环保局负责人出席新闻发布会，并对媒体关心的问题一一作了解答。发布会指出，独龙江景区将从2017年10月1日至2019年9月30日，暂停对外开放。

官方通告如下："独龙江乡地处我国著名的横断山脉的高山峡谷地带，

位于云南省西北边陲，是独龙族同胞唯一的聚居地。自 2014 年高黎贡山独龙江公路（及新隧道）全线贯通以来，独龙江醉人的自然山水、独特的独龙文化吸引了大量国内外游客。随着游客数量持续倍增，游客服务需求与落后的旅游基础设施的矛盾日益凸显。县旅游发展局负责人表示，贡山县委、县人民政府高度重视，决定集中一段时间建设实施怒江美丽公路、独龙江公路安防工程和独龙江整体提升行动工程。整体提升行动包括特色小镇、旅游发展、基础设施、人居环境、环境保护等工程。为确保广大游客安全，更好地提升游客对独龙族文化的体验度和满意度，共同促进独龙江景区建设，经贡山县旅游发展局研究，并报请县人民政府批准，独龙江景区从 2017 年 10 月 1 日起至 2019 年 9 月 30 日暂停对外开放（2017 年'十一'长假已预订食宿酒店的游客除外）。请广大游客和旅行社合理调整规划行程，暂停对外开放期间不再前往独龙江。"❶ 凡进入独龙江乡的游客必须服从县委、县政府，县交运、交警、旅游部门以及独龙江乡政府的管理。通告称，凡违反上述规定，对行为人或者直接责任人员，由公安机关按照相关法律法规依法处理；构成犯罪的，依法追究其刑事责任。

之后，基层政府对旅游业进行了整顿重建，"十三五"期间投资 2200 万元创建"新农村、民族团结示范村、美丽乡村"项目，重点抓好集镇建设、新农村建设、农田水利、生态治理等方面的基础设施建设，推进城乡一体化发展。具体措施有：对原建成村落进行查漏补缺，实施基础设施、环境整治、村庄美化、公共文化、公益设施完善、伙房配套等建设；在 26 个自然村落新建垃圾回收处理点 26 个（配备焚化炉和压制处理设备），实施文化旅游产品开发、扶持产业发展等项目；完成旅游小集镇市镇基础设施二期工程，修建旅游接待中心、道路（二期）、公厕、给排水系统和主题公园等市政基础设施工程；各村落将整合建设基本农田 50 亩，配套建设机耕路 10000 米、田间沟渠 2500 米；完成红星拱桥拆除重建，建成结构形式为钢筋混凝土双肋拱桥和拉王夺河拟汽车载荷为公路Ⅱ级桥；居民生产生活安居点水土保持及应急防洪整治工程项目，修建堤防 1530 米，包括王美防洪堤 300 米、斯拉洛防洪堤 440 米、拉娃夺防洪堤 490 米。❷ 基础设施

❶ 贡山县全媒体中心. 从 10 月 1 日起云南贡山独龙江景区将暂停对外开放［EB/OL］.（2017/09/22）［2017/12/21］. http：//gs. nujiang. cn/index. php？c = content&a = show&id = 860&siteid = 4.

❷ 独龙江乡政府办公室. 独龙江乡政府工作报告［R］. 怒江州：独龙江乡政府，2016/03.

建设中，交通设施建设仍是重中之重，"十三五"期间完成独龙江乡熊当至西藏迪布里的公路、独龙江乡马库至缅甸葡萄县的边贸通道、独龙江乡老公路 K41—K63 段提升改造、独龙江乡永久性大桥等基础设施工程建设；完成肖旺当的通组公路，全长 5 公里，拟按山岭重丘区四级公路标准，路基宽 4.5 米、路面宽 3.9 米实施改造。

伴随 2019 年年底怒江美丽公路全线建成投入使用，2020 年 3 月 28 日，经贡山县疫情防控领导小组研究决定，怒江州贡山县旅游文化产业扶贫投资开发有限责任公司发布了《关于独龙江旅游景区恢复开放的公告》。经过软硬件设施的进一步完善成熟、独龙江大雪封山后公路修复工作的完成，以及观念扶贫中独龙族群众现代产业观念的不断嬗变，一个全新的"原始秘境"展现在世人面前。

## （二）无心插柳：草果种植成为产业发展的致富之路

与乡政工作人员座谈中，H 书记（男，独龙族，36 岁，大学，独龙江乡党委书记）提起："2010 年整乡推进规划里，准备投入大量资金给旅游业发展，上海 8 亿多帮扶款主要花在基础设施建设、修新安居房和旅游开发上，单建 5 个民族旅游特色村就花了 3250 多万元，所以大家一开始都对旅游业发展很看好，也寄予了极大的希望，结果最后却是种草果给了我们惊喜。"的确，相比旅游业，种植业项目初期投入相对较少。"整乡推进整族帮扶"项目规划中，旅游业资金投入是 3240 万元，种植业则为 50 万元；种植、养殖产业的发展最初目标也定得较低，户均为 5 亩以上经济作物或经济林果、2 头以上大牲畜。[1] 而独龙江乡 2017 年，只草果种植一项就达到了户均近 55 亩。[2]

### 1. 推广现代农业技术的尝试

独龙江乡农业发展经历了一个曲折中前行的过程。2010 年，产业扶贫项目启动后，基层政府、农科人员和村民花了两到三年时间对现代农业项目、种植品种与适用技术进行了尝试。

---

❶ 云南省政府办公室. 云南省贡山县独龙江乡整乡推进独龙族整族帮扶综合发展规划 (2010—2014) [R]. 昆明：云南省人民政府，2010/02.
❷ 2017 年，全乡草果种植面积累计 7 万余亩，总户数约为 1300 户。

（1）推广节能沼气池

在内陆农村，建沼气池是农业现代化节约、高效的首选。经测算，建一座 8 立方米的沼气池，种植方面如果充分利用沼肥种植农作物，可节约农药化肥 250 元；用沼液、沼渣饲养家畜、家禽，一年综合节约投入 200 元以上；同时可节约煤炭 2 ~ 3 吨，折合人民币 400 ~ 600 元，如利用沼气点灯一年可节约电费 150 元以上。所以，乡政府在产业帮扶中也规划了建沼气池，并在村民中进行了推广，但最后却不了了之。究其因还是在现代科学技术推广中未充分考虑本土因素。

首先，该乡居住空间分布不适宜建沼气池。建沼气池的常规要求是实行"三结合"，即沼气池、厕所、猪圈等养殖需结合规划。因为沼气池原理是将牛、猪、羊等粪便作为气发酵原料，生成沼气作为燃气使用，所以要保证有产生沼气稳定、充足的气发酵原料，一般来说不建议使用人的粪便和鸡鸭粪，其颗粒较大，在沼气池细菌不足的情况下容易酸化，以颗粒细、富含低分子化合物的牛、猪、羊等粪为佳。为减少沼气在输送过程中的管阻，沼气池应尽量靠近厨房，要求猪、牛、羊圈和厨房、卫生间位置较集中，能统筹安排。而独龙族无论新居旧房均不具备这个条件，每家的住房与厨房都是分离的独栋，有的人家从住处到厨房甚至有 150 ~ 200 米，至于厕所在安居工程建设后，是一个村民小组五六十人共用一个厕所。所以，以独龙族本土居住情况而言，哪怕建一个 8 立方米的小型家用沼气池，选址规划上亦存在较大困难。

其次，独龙江气候条件不适宜建沼气池。气发酵原料对温度的要求是在 8 ~ 60℃产生发酵，沼气产生温度要求 20℃以上，所以通常会选择背风向阳、水位低的地方，还要避开竹林与树林，并要求猪圈只高出住房与厕所 10 厘米。而该乡是典型的立体气候和小区域气候，年均气温 16℃，年降水量在 2932 ~ 4000 毫米，为全国最高地区之一，空气湿度高达 90%，全乡森林密布，房前屋后全是常绿灌木针叶林，作为山区住房、厨房、厕所和猪圈存在很大的坡度，较难达到建沼气池的常规温度、湿度、植被和地形要求。

最后，是经费问题。建一个家用的 8 立方米的沼气池投入在 2010 年是 1500 元左右，建成以后基层政府和国家还会给予一些现金（600 元左右）和实物补贴，比如送燃气灶、气管、过滤器、气压表等，但对于 2009 年乡人年均收入只有916元的独龙族群众来说，仍然是一个负担不了的数字。所以，就像SWZ（男，42岁，独龙族，小学，务农，巴坡村斯拉洛小组）说的一样："开始的时候，不少专家和州里来的新农村指导员热热闹闹选地址啊、测量搞了一阵子，为这还叫我们去开了不少会讲这些东西，但最后一说到花钱和让我们分摊就开始拖了，一拖一拖么没了声音呢，政府也不投钱了。不搞也好，我是觉得不太实用的。"

（2）公共猪圈和蔬菜大棚

为推进特色种植、养殖业，"整乡推进整族帮扶"工作小组还在各村民小组指导下修建了公共猪圈和蔬菜大棚，但实地观察中笔者发现基本都被荒废了。以孔当村丙当小组为例，公共猪圈2015年9月建成以后一直没有人使用，居民都是在家另辟猪圈养猪。村民反映，小组公共猪圈在规划和修建过程中技术人员没有进行仔细的实地观测，主要问题是不朝阳、没有阳光，猪容易生病长不好。然后就荒在那儿了，废弃的村民猪圈成了建筑废料堆放处。大棚的话以孔当村丙当小组为例，还有大约1/3的大棚荒着（小组共15个大棚），蔬菜大棚和露天种植的家用蔬菜长势差不多。一是因为家常菜不在大棚里也能长，在自家门前种还方便。二是村民在种植理念上跟技术指导员不一致。指导员出于经济增收的目的让大家单株密植，但村民们的兴趣并不在于经营而是供家用，要求品种多，多选择适应本地天气存贮要求的作物，如南瓜、白菜、土豆、玉米、洋芋等，对于大棚反季蔬菜的需求与兴趣不大。独龙江流域四季常温，内地和北方需要大棚种植的黄瓜、西红柿、丝瓜、茄子、扁豆、辣椒等大棚品种，在这里庭院种植即可。所以，新农村指导员1~2人在村小组待一阵子，等他们一走村民就又按自己的种，结果荒了大棚，造成了资源的浪费。访谈中村民告诉笔者，新农村指导员到村一年多，还帮村民小组规划过农产品加工的事情，前期投入2万~3万元，但也没有成功。

（3）初期现代生产技术培训

基层政府推广现代科技和产业项目的重要部分之一就是现代生产技术培训，现代科技知识和技能培训主要通过外出或在本村培训开展。实地走访中，笔者发现多家村民家乡政府发放的技术培训手册破损严重，基本上都是汉文。而独龙族村民的文化程度普遍较低，有些在人口台账上登记的文化程度虽然不是文盲，但是基本上小学、初中学的汉字也已经忘得差不多了，如果不集中进行宣讲，这些手册只能是废纸一张。与乡政府工作人员 HY（女，独龙族，26 岁，大学，乡政府办公室主任）访谈时，笔者提及在调研中发现的该现象，她说乡里也注意到了这类情况，自 2014 年开始以村为单位，重点进行技能培训的宣讲。

**2. 特色生态种植成为独龙江乡支柱产业**

现代产业规划和发展过程中，经过 2～3 年的尝试、放弃、调研、再尝试，基层政府在重点推进基础设施建设、旅游开发的同时，考虑将草果作为特色种植的主要品种。

（1）特色草果种植的可行性

一是草果为村民所熟悉。从古至今，独龙族一直保有采集的生计习惯。在进乡的山路途中，笔者偶遇了三位独龙族中年妇女，正在挖山中的野生山药、三七，然后现卖给游客或村里的小卖部。进入锄耕农业之后，采集在独龙族社会经济生活中仍占有重要地位，仅次于农业。由于独龙族生活的高山上盛产中药材，采集对象除竹叶菜、打格菜（傈僳语，意为块根植物）等食用野菜外，最多的就是草果、黄连、重楼、董棕、葛根、三七、野山药。中药材一直是独龙族与外界进行贸易交换的重要货品，有些甚至还被作为"货币"使用，比如以黄连交换盐巴、牛、铁器等。所以，草果、三七、黄连、重楼等野生药食两用的药材对独龙族来讲已是熟悉的老朋友。

**图 5 – 3　木兰当小组坡地种植的草果**

（笔者摄于 2016.08.24）

二是草果经济价值高，且适宜在独龙江乡种植。草果药食两用，性温、味辛，具有健脾祛湿、祛痰除寒、化积消食的功能，不仅是温中的珍贵中药材，还因其入菜口感好、入汤味美，能除湿腥气，还是五香之一的烹调佐料佳品，具有较高的经济价值。草果虽然较容易种植，但对气候条件要求较高，因喜欢温暖和潮湿的地方，种植气温要求平均在 16～19℃，海拔在 1800～2200 米为宜，需要在亚热带雨林气候种植，土壤微酸性、含有机物质多、砂质、肥沃、湿润的稀树林种植的草果产量高。草果的国外产地主要在越南、老挝、缅甸等国，国内则主要在云南中部、东南部和西南部，以及闽、川、黔、桂的极小部分地区。云南是我国草果的主要产区，包括怒江、保山、红河、德宏、文山州的三十几个县，其中独龙江流域的气候、湿度和土壤条件种植草果尤为合适。所以，根据独龙江乡的自然、气候特点，选择适宜生存且经济价值较高的草果种植，是推动独龙江乡跨越式发展的重要突破口。

三是契合州、县种植业发展规划，市场前景较好。为有效保护生态环境，变资源优势为经济优势、产业优势，早在"十一五"期间怒江州便提出了"百万亩林果基地""百万亩中药材基地""百万株庭院经济林果基地""百万头商品畜基地"的"四个百万"工程产业发展思路。大力实施"四个百万"工程建设后，共完成林果产业基地 169 万亩，庭院经济林 153 万株，中药材基地 50 万亩。在一些生态脆弱区域大力发展核桃、漆树、花椒等木本油料作物的同时，秦艽、五味子、当归、草果、萝芙木、薏仁等中草药的发展也方兴未艾。贡山县范围内特色种植主要为草果、重楼、三七，尤其草果是县产值上亿元的支柱产业。兴边富民战略推进中贡山县把工作重点放在基础设施建设和产业开发上，"一乡一品"培育发展产业。从独龙江乡层面，该乡土地资源丰富，具有一定数量的农村剩余劳动力，有种植、经营和进行粗加工的习惯，是发展草果不可多得的有利条件，同时有国家、企业的资金投入，能实现优势互补。此外，从 2010 年草果需求行情来看，我国年产草果约 3 万吨，市场的需求量为 6 万吨，需求缺口达到了 3 万吨，主要依靠进口补充，全国市场需求中整个西南三省为 2 万吨，占了三分之一。所以，发展草果种植前景十分看好。❶

---

❶ 四川金兴建设集团有限责任公司. 贡山县独龙江乡万亩草果基地建设项目可行性研究报告［R］. 怒江州：贡山县人民政府，2009/11.

（2）曲折的推广过程

2009年年底，县政府根据相关文件❶，组织实施了独龙江乡草果基地建设项目。草果的种植要求为：适生于温暖、半阴半阳的环境，要求郁闭度在0.5～0.7，腐殖质深厚的森林黄壤、棕壤的阴坡疏林下。经实地测量，乡政府在孔当村、马库村、巴坡村、献九当村、龙元村5个行政村推广了草果种植，建草果基地1万亩，包括标准化草果核心示范园0.1万亩，草果生产基地0.9万亩，见表5－3；2010年，按照"公司＋专业合作社＋基地＋农户"模式，供销社牵头注册了独龙江草果合作社；2011年，由贡山县荣华农资土产有限责任公司投资180多万元，建成了独龙江乡草果烘干厂。

表5－3  独龙江乡草果基地发展布局（2010年）　　单位：万亩

| 地点 | 马库村 | 巴坡村 | 孔当村 | 献九当村 | 龙元村 | 示范园（孔当村） | 合计 |
|---|---|---|---|---|---|---|---|
| 建设面积 | 0.2 | 0.2 | 0.2 | 0.2 | 0.1 | 0.1 | 1.0 |

资料来源：贡山县人民政府文件《贡山县独龙江乡万亩草果基地建设项目可行性研究报告》，2010年11月。

自此，草果被确定为独龙江乡主要特色经济作物，在村民中大力推广。然而，真正意义上的第一个种植产业在起步之初是步履艰难的。独龙江有一句顺口溜，"一种种三年，天天吃三样"，进乡调研后笔者才深刻体会到了这句话的含义。一是山区种植条件恶劣种植不易，再是粮食作物种植品种单一，每天早、中、晚三餐基本上就是红薯、洋芋和玉米三样，有时有蔬菜、肉和蛋。笔者在SWF（女，独龙族，56岁，文盲，家务，巴坡村斯拉洛小组）家吃饭时，她说："你现在能吃到蔬菜和肉已经很不错呢，前几年我们生活条件还不太好的时候，每天都是这三样。"所以，村民的传统农耕观念里，种地就是为了吃饱饭，如果不把精力拿去种粮食，难道一大家子人去喝西北风？据WGQ队长（男，怒族，55岁，中专，贡山县，

❶ 包括《中共中央关于农业和农村工作若干重大问题的决定》《中共中央国务院关于积极发展现代农业扎实推进社会主义新农村建设的若干意见》（2007年中央1号文件）、《全国生态示范区建设规划纲要（1996—2050年）》《云南省农村扶贫开发纲要（2001—2010年）》（云发〔2002〕7号）、《中共云南省委办公厅、云南省人民政府办公厅关于独龙江乡整体推进独龙族整族帮扶三年行动计划的实施意见》（云办发〔2010〕2号）、《云南省贡山县独龙江乡整村推进独龙族整族帮扶综合发展规划》。

贡山县扶贫办副主任、原"整乡推进整族帮扶"工作队队长）在座谈时说："当时还没有扶贫办，'十二五'帮扶项目主要靠工作队运作，就你们现在站的这两个小办公室挤满了人。记得 2010 年头，我和乡政府的人一起到县农业局想方设法搞到第一批免费的草果苗，那时候隧道还没有通、路也还没修好，真是好不容易才运进乡里发给 5 个村委，然后发放给村民种植，结果除了巴坡村的巴坡、木兰当、麻扒腊这几个小组种了，其他地方的村民都没当回事。你是不知道当时都把我们扶贫工作队的人急成什么样子呢！没办法啊，我们只得和村干部一家家去串门、谈心和宣讲，组织群众参观乡草果种植基地，后来村民们才慢慢开始配合推广。"

2011 年后，村民们陆续开始种植草果。熬过了最艰难的挂果期，2012 年全乡草果收成 80 吨，收入 48 万元；截至 2013 年年末，全乡种植草果由 2010 年的 1 万亩增加到 4 万多亩，产量达到 284 吨，比 2009 年净增 281.2 吨。❶ 独龙族群众在自给自足的"庭院式"劳作之外第一次有了真正的增收致富产业。以巴坡村斯拉洛小组为例，斯拉洛小组 21 户 67 人，2017 年小组草果种植面积累计达 237 亩，产值达到 329101.14 元，是 2016 年产值的 4.2 倍，草果人均产值达到了 4912 元。副组长 LM（女，独龙族，30 岁，小学，务农，巴坡村斯拉洛小组，小组副组长）家去年草果收入 4000 元，今年草果收入已达 20000 元。❷ 2017 年年底，巴坡村委统计 2016 年人均纯收入为 4263 元，❸ 其中大部分收入亦来自草果种植。当笔者跟 SWF（女，独龙族，56 岁，文盲，家务，巴坡村斯拉洛小组）说起过去持观望态度的往事，她挺不好意思地说："是呢，以前觉得草果么，山上就长着嘎，自己还种它干什么，得种粮食吃饱肚子。后来看到村里有些人种这个居然挣钱了，13 年（2013 年）孟顶小组的王军卖第一批草果挣了么 5 万元钱，然后买了一辆面包车跑客运，一天又能挣呢几百元钱。所以我家也赶紧呢种上嘛！"据后继联系，她家 2017 年的草果收入在小组里是最高

❶ 贡山县独龙江乡整乡推进独龙族整族帮扶综合发展工作领导小组办公室. 2010—2014 年度云南省怒江州贡山县独龙江乡整乡推进独龙族整族帮扶工作总结 [R]. 怒江州：贡山县独龙江乡帮扶办公室 [2014] 5 号，2014/12/20.

❷ 怒江广播电视. 预估：独龙江乡今年草果产值突破一千七百余万元 [EB/OL]. (2017/12/02) [2017/12/24]. http：//wemedia.ifeng.com/39829340/wemedia.shtml.

❸ 2017 年所得巴坡村村情数据，由巴坡村大学生村干部 XL 于 2017 年 11 月 28 日通过微信提供。

的，有 47680 元，比 2016 年的 1 万余元翻了 4 倍多。

图5－4 斯拉洛小组村民收割草果　　图5－5 巴坡小组村民晾晒草果

（由木京龙通过微信提供2017．11．24）

如今，村民们尝到了产业致富的甜头，纷纷开始扩大种植。全乡草果种植面积从最初的 1 万亩增加到 2013 年的 4 万多亩，到 2018 年全乡草果种植面积累计达 68277 亩，产量达 1004 吨，产值约 743 万元；成为乡里名副其实的支柱产业。草果种植，真正成为调整农业产业结构、推动独龙族群众整体脱贫的切入点。除草果种植以外，截至 2018 年年底，全乡耕地面积 3626 亩，粮食播种面积 2848 亩，粮食总产量 393.8 吨（不含退耕粮）；大小牲畜存栏 20285 头（只），出栏 10600 头（只）；重楼种植 1718.6 亩；招养独龙蜂 4625 箱，产量 5119.9 斤；新种植羊肚菌 403 亩，金耳示范种植 5 亩，种植黄精 40 亩。❶ 该乡立足气候、区位、生态优势，基本上形成了以草果、重楼林下产业为龙头，其他林果产业为辅的发展模式。

（三）动力与保障：基层政府的大力扶持

"草果之乡"的美誉，离不开政府行政上的大力扶持与投入。基层政府主要从两个方面做好了"领路人"的角色：一是普及科技知识，提高单位面积产量；二是优惠种植政策，减轻农民负担。

由于耕作技术落后、经营管理不善、生产工具简陋、受自然条件限制，"整乡推进整族帮扶"之前，尽管独龙族群众辛勤劳动，单位面积产量仍处于较低水平。高德荣老县长过去最大的忧虑就是："总吃低保不是

---

❶ 孔玉才. 稳步提升群众素质，产业带动群众收入，巩固脱贫攻坚成果，持续增进人民群众福祉——在独龙江乡第十二届人民代表大会第三次会议上的报告［R］. 独龙江乡政府，2019/04/01.

办法，老躺在政府的扶持下过日子更是不行。……独龙族必须提高科学文化素质，必须有产业，不然迟早会返贫。"● 而产业结构调整的关键在于提高耕作技术和劳动工具，以产量和收益激发农民的生产积极性。为此，州、县各级机构为发展草果产业提供了大力支持。某村委会 Y 主任（化名，应被访者要求详细信息略）说："2016 年，怒江州农业局帮助村里整了草果的'提质增效'的项目，草果研究所给我们发了 400 多吨有机肥和 1 万个老鼠夹。今年我们的草果多收了 20% 呢。在我们山区种草果还有一些难题，比如山的高边坡陡峭，采摘困难，生产管理也不方便，草果丰收了运输也存在问题。农业局就又给我们村投资了 110 万元，用来建了两条草果运输索道，还有实验田间通行的硬化路，大概 4800 多米。"

乡政府层面，2010—2014 年累计完成了农村实用技术、文明生活、农技人员培训等共计 25464 人次，培训驾驶员 100 名。除大量为村民提供种植技术、现代生产工具操作与种植管理的各类培训，乡政府为保护种植户利益，还统一了收购草果的最低定价；同时，通过官方网站和参与供销会为买卖双方及时提供各种供需信息，起到农户与商家交易的良好中介作用，将市场给小农户带来的风险降到最低。基层政府为小农户创造了各种销售渠道，如 2017 年草果等农产品丰收后，怒江州组织十余家企业和农民合作社参加各类博览会，如第八届广东现代农业博览会、在贡山县丙中洛镇举办的农土特产品推介宣传会等，为农民的草果等中药材，野生蜂蜜、菌干、茶叶等生态农产品作好了供销信息的沟通和中介作用。媒体上，怒江草果的新闻也是处处可见，如《做好发展草果这篇"大文章"系列报道一：你知道吗？怒江草果采收暗藏大学问！》《做好发展草果这篇"大文章"系列报道二：红彤彤的草果给足怒江群众脱贫致富大信心》《做好发展草果这篇"大文章"系列报道三：立足产业做好草果提质增效"大文章"》。

村组层面，各村委就如何为村民种植草果提供更多的惠农措施，为农民减负，亦是下足了功夫。以巴坡村为例，村农业科技协会专门就草果种植进行了可行性论证与县科普项目，为村民极力争取种植经费与技术培训的机会。以下截取可行性报告部分内容：

● 独龙江畔一面镜 [EB/OL]．[2013/10/16]．http：//www. finance. china. com. cn．

（一）项目名称

贡山县独龙江乡巴坡村草果种植示范项目

（二）项目实施单位情况

项目实施单位：贡山县独龙江乡巴坡村科技协会。协会自成立以来，在各级政府主管部门的大力支持下，在协会建设和对会员单位服务的工作中，取得较好成果。为了更好地为会员单位服务，我们建立了以章程为核心的内部管理制度，加强吸收会员入会的管理办法，并积极推广种植技术，搞种植技术培训等，通过这个载体更好地提高了种植户科技含量、促进农民增收，受到了各级政府的重视和种植业户的欢迎。提高林下产品的科技含量是促进农民增收的关键所在，近年来在农村农业产业结构调整中，在农民增收的项目比较中，越来越显现出来发展林下经济的突出地位，根据统计，2011—2012 年，巴坡村人均纯收入的60%来源于草果收入，纵观形势分析发展林下产业市场潜力巨大，发展前景十分看好。

（三）项目实施范围

项目实施范围：贡山县独龙江乡巴坡村

（四）项目实施主要内容

项目实施主要内容：1. 选购草果两年苗8 万株。2. 种植培训二期，预计参加培训人员600 人次。

（五）预期总目标

根据贡山县草果种植示范项目建设目标，将进一步完善贡山县种植示范场建设，新种植1600 亩草果，使草果种植面积达到1.6 万亩，及时完成建设目标，项目成功后逐渐向县域内推广。

村主任 WSR（男，独龙族，42 岁，党员，初中，巴坡村巴坡小组，巴坡村村委主任）无比感慨地说："我们基层干部不先干村民怎么会相信？没有办法的时候，我就只有自己试种了8 亩，头三年等挂果最是难熬了，基本没有收入的。然后就自己找书看、到乡里县里找农技站学种植技术，不断学习。到2012 年才终于有了增收，收入大概1 万多元，大家看到就跟着我们积极耕种了。"W 主任的话道出了从零起步到现在"草果之乡"产业发展的不易，除了选对品种、惠农政策、带头作用、技术培训、观念培训等一样都不可或缺。

## 二、"新小农"模式：立足本土发展山地生态农业的滇西样本

在历时五年的田野调查中，笔者参与了村民种植、收割、销售草果的系列过程。冬天，和他们一起去县城选购草果苗；夏天，蹲在田间地头看他们开垦、播种、除草、施肥，一起参加乡政府、村委会组织的种植技术培训；秋天，帮他们一起收割草果、晾晒装袋，看村寨之间、各家各户相互帮忙收割草果的热闹场面；也和老乡们一起蹲在公路旁守着像小山一样的草果，等外边的老板进来收购；见证了州民委帮助下，龙元村农民专业合作社的建成；电话追踪访谈中，倾听三乡、四乡老乡们决心规模化种植的豪言壮语……

将这些细节一点一滴地汇聚起来，笔者发现，基层政府正带领村民走一条具有本土特色的生态种植致富之路。这条适宜本土的产业模式发展道路，笔者将之总结为"新小农"模式。不仅仅限于草果种植，而是指在草果种植中形成的关于本土农业生产、经营、生态保护的理念和做法。该模式不同于传统小农模式，它较好解决了西方现代农业发展农村"空心化"和农民"边缘化"的问题。美国康奈尔大学农业科学院院长贝利曾说："一套'令人满意'的农耕方式，应可世世代代延续下去、不造成损失、不因化肥而践踏了土地，从而补充我们的欠缺。这种耕作方式，也许我们尚未发展出来。[1]"他认为，应通过发展精英治理的农业工业化和企业化找到替代方法。可令人遗憾的是，西方农村经高科技生产转化后只剩下了精英农民，非精英为生活所迫大多涌入了城市，而笔者在这个已实现整体脱贫的民族边境山区找到了"令人满意"的答案。

### （一）"新小农"模式的概念界定

#### 1. 概念提出的理论背景

我国自古以农立国，以小农户个体经营为主的小农经济是我国古代农业生产的基本模式，也是中国古代文明的经济基础。工业化进程和现代观

---

[1] BAILEY H. The Holy Earth, Ithaca [M]. New York：Comstock Publishing Company，1919：26 - 27.

念中小农阶层一度是低效、封闭的代名词，小农经济作为自然经济的一部分，亦被认为是阻碍现代农业发展的落后因素。然而现实情况是，小农户和小农式生产在我国农村还普遍存在。2012年，全国雇用年工经营的企业公司大农场和雇用年工经营的较大家庭农场只占全部农业劳动投入的3%；小家庭农场则占到将近97%。❶所以，扎根传统农耕文明千年的小农经济模式是否会很快被规模化农业经营所取代，一直是中外学者争议的问题。以黄宗智、彭玉生为代表的一批学者认为，基于中国土地集体所有的特点，小农这种经济形式将在较长一段时期内存在并发挥其作用。

范德普勒格曾在其著作中文版前言中反复强调了一种替代路径，正是指小农经济模式："在世界其他地区，小农阶级已经受到了严重的破坏。这导致了一系列问题的出现，其中一些问题在本书中得到了讨论。在这方面，中国是一个参照点。中国真实地告诉了我们，替代路径是存在的。然而，这些替代路径来之不易，甚至要付出巨大代价。当然，相对于西方世界正在前行的那一条道路，替代路径必然是存在的。换句话说，此刻，中国不仅是工业发展的先锋，也是或更是农业发展的先锋。中国是小农研究真正的实验室。❷"范德普勒格曾任荷兰瓦赫宁根大学社会学系主任，一直是意大利农业部的部长顾问，2008—2012年期间来华访学，在中国农业大学人文与发展学院担任兼职教授，得以展开中国村庄研究。他用丰富的案例告诉我们：世界各地或多或少地存在着"再小农化"的进程，但也承认世界面对的主流趋势还是普遍的去小农化，拉美、欧洲等地区的农民正在与西方主流工业"前行的那一条道路"苦苦抗衡。他认为，因为少有真正分析小农户生产和生活逻辑的研究，所以在这普遍的去小农化进程中，农业科学家以技术与科研漠视了小农与市场真正的需求。除工业化、机械化、规模化、城镇化，还有小农的方式、小农的逻辑更贴近农业的本质和人类生活，也许这就是未来农业可持续发展的替代路径。而中国小农经济历史悠久与大量存在的现实，将使我国在世界再小农化背景下，成为范德普勒格所说"农业发展的先锋"。

《新小农阶级：帝国和全球化时代为了自主性和可持续性的斗争》一

❶ 高原，彭玉生. 没有无产化的资本化：中国的农业发展 [J]. 开放时代，2012 (3).
❷ 扬·杜威·范德普勒格. 新小农阶级：帝国和全球化时代为了自主性和可持续性的斗争 [M]. 潘璐，叶敬忠，等译. 北京：社会科学文献出版社，2016：3.

书，开篇便对"小农"进行了界定❶，从普遍意义上阐述了小农的优势和理性。事实上关于"小农"理性特征的看法，范德普勒格与舒尔茨、波普金和斯科特的观点基本相同。舒尔茨在著作中提出，小农的经济行为绝非西方社会一般人心目中那样懒惰、愚昧，或没有理性，事实上在投入现代机械动力和化肥以前的"传统农业"范畴内，"小农"是有进取精神并对资源做最适度运用的人。他认为"小农作为经济人毫不逊色于任何资本主义企业家"❷，"传统农民原来也像我们一样，是个精明的经济人"，一旦有经济利益刺激，便会为追求利润而创新。波普金在《理性的小农》一书中也表述了相同的观点，认为小农是一个在权衡利益后，为追求最大利益而作出合理生产选择的人。斯科特则对"理性"和"合理选择"作出了进一步阐释，认为小农的理性体现在"避免风险"和"安全第一"的生存伦理动机上，而不是对利益的最大化追求，其集体行动是为了对抗威胁生计的外来压力、资本主义市场关系和发展话语的后殖民。黄宗智则以中国国情指出了舒尔茨改造传统农业想法中的不足，认为舒氏通过市场机制来激发农民的自发图利积极性来改造农业是正确的，但无视中国人口过多的基本国情，把大规模的美国家庭农场当作中国农业发展的范本，是完全错误的。❸

　　笔者十分认同黄先生的观点，亦觉得舒尔茨的主要理论应是被肯定的：一是他反对轻视农业的看法，强调现代化农业对经济发展的重要作用；二是如何引进现代生产要素来改造传统农业论述了三个问题，包括建立一套适于传统农业改造的制度、从供给和需求两个方面为引进现代生产要素创造条件，以及对农民进行人力资本投资。特别是在论述引进现代生产要素重要性的同时，亦强调了在"小农"长期实践中积累的本土价值。

---

　　❶ 杜威·范德普勒格将小农模式定义为：通常以生态资本的持久利用为基础，旨在保护和改善农民生计。小农农业往往以其多功能性为显著特征，从事农业的劳动力通常来自家族内部，或者通过互惠关系组织调用农村社区成员，土地和其他主要生产资料归家族所有。生产的目的是服务市场以及满足家族与农场再生产的需要。小农会通过采取诸多精明的策略，使其农业活动远离那些市场。

　　❷ SCHULTZ T. The odore W. Transforming Traditional Agricultrue［M］. New Haven，Conn：Yale University Press，1964：37.

　　❸ 黄宗智. 中国小农经济的过去和现在——舒尔茨理论的对错［J］. 中国乡村研究（辑刊），2008/12/31.

### 2. 概念表达的核心蕴涵

讲了那么多小农阶层的现实情况，是不是说我们应该重回小农经济的"黄金时代"呢？并非如此。如上所述，小农式生产的现代价值及其之于少数民族较闭塞山区的适宜性确实存在，但作为旧的生产方式其局限性亦是毋庸置疑的，规模小、扩大再生产难度大、封闭且较脆弱。所以，其一，本书所提出的"新小农"，是指在小农阶层世界范围内大量存在的现实条件下基于小农发展小农的创新思路。个案中种植草果致富的小农户，不同于传统"小农"，不同于范德普勒格所说在西方发展话语霸权下挣扎的"新小农阶级"，与波普金描述自带逐利动机的"理性农民"亦不相同，而是与黄宗智所说从事"再小农化生态产业"的农民较为相似。其二，本书提出的"新小农"模式，是山地农业发展融合了现代生产技术与观念，是小农户与现代农业的有机接合，并在现代生态产业的探索中，以本土传统农耕文化中的生态智慧契合了边疆生态文明建设的战略要求。该模式除具备上述学者们所述小农式生产方式的共性之外，更重要的是在传统小农基础上对现代科技、管理观念与地方性知识进行了糅合，使农业生产契合了乡土习惯。正是这种糅合，使草果种植从独龙江乡的众多帮扶项目中脱颖而出。

## （二）"新小农"模式的内容特点

传统小农经济属于自然经济，耕作分散、封闭、自给自足。独龙江乡以草果为主要特色作物的"新小农"生态种植模式，正是基于独龙族传统小农式生产发展而来。

### 1. 耕作具有传统小农式种植的共性

（1）源于传统山地农耕的分散性

该乡草果种植的分散性表现在两个方面：一是传统山区农耕种植区域的分散性。我们习惯把山地、丘陵和高原概括为山区，与平原地区相比，山区常发生水土流失，适合发展林业、牧业和旅游业，由于耕地资源不足并不适宜农业，但部分水热条件较好的河谷地区可以发展种植业；其中，"山地"主要指500米海拔以上、相对高差200米以上的沟谷、高地，断层山又是山地的主要类型之一。独龙族世居之地便是典型的"山地型"山区，这片中缅边境深山峡谷之中的独龙河谷位于滇西青藏高原南延的横断山脉纵谷地带，同时也是横断山脉西部金沙江、澜沧江、怒江和独龙江"四江并流"的核心区。作为典型山地地区，这里不利于集约化和机械化生产、种植，长期以来零星生产是主要农业状态。独龙族群众的草果地也是分散在村内，哪怕同一户人家的草果地也呈零散的分布状态，有的在安居房附近，有的甚至要骑摩托车 10 多分钟，或步行 20～30 分钟去对面山上种植草果，许多村民的旧居因离耕地较近都改造成了生产房做劳作时休息使用。二是劳作主体的分散性。虽然与传统自耕农不太相同，独龙江乡"新小农"式种植主体还包括了小型家庭农场和合作社，但当前主要以个体经营为主。笔者通过对全乡 6 个行政村中的 5 个行政村（最北端的迪政当村因受气温较低、山多砾石等气候和地质条件影响不适宜草果种植，特色产业为重楼种植）进行走访发现，除独龙牛因投入较大和养殖技术要求高，无论草果还是其他经济、粮食作物种植和小型养殖（包括独龙鸡、中蜂、猪、羊），全部以家庭为劳作与经营单位。男性主要从事农事耕作，女性则主要操持家务、编织独龙毯和采集，为十分典型的精耕细作、男耕女织。除收割草果时族人相互帮助，耕作时均各家顾各家，极少联合耕种。

（2）源于"神秘的峡谷"地貌的封闭性

独龙江乡与怒江其他乡镇的不同之处在于"神秘的峡谷"地貌。担当力卡山和高黎贡山一左一右守护在独龙江两侧，形成了低洼的独龙河谷，使这里被称为一朵"深谷幽兰"（见图 5－6）。虽然交通一直是制约独龙江乡发展的瓶颈，但封闭的环境又使当地保留了较为完整的传统生产模式和观念。交通基础设施改善后，虽进行了生产结构的调整，比如发展旅游业、种植特色经济作物等，但种植、养殖业仍保留了较完整的小农式特点，相较平原和内地农村具有一定封闭性，对外界的依赖较小。基于"小农"对规模性风险投资的谨慎与怀疑天性，遵循了小步走的原则，先小规模种植，能持续营利再由农民自发地上规模，受市场经济的影响和冲击较小。

（3）源于传统生活习俗的自足性

自早期的狩猎采集经济和刀耕火种，满足生存的要求就一直是独龙族农业生产的首要目标和基本特点。过去，刀耕火种收成极不稳定。或工具不足，砍出可供耕作的林地过少；或雨多，烧火山烧不足；或长出粮食被鸟兽吃了。至 20 世纪末帮扶之前，还存在缺粮情况，农业生产的粮食加上国家的退耕还林的补助粮，也仅能基本维持生活需要。产业帮扶项目推广之后，村民们也是抱着试试看的态度种植草果，并非出于营利目的，而是为了改善自身生活，以此作为粮食作物的辅助项目，补贴看病、孩子教育等的费用。BLJ（男，独龙族，28 岁，初中，务农，孔当村丙当小组，村民小组副组长）家养了两头猪，他说："我们小组里喂猪啊鸡啊基本上都是自己吃的，像我家养的这两头，一头到 12 月底'杀年猪'，过年吃；还有一头年前给巴坡的岳父家送去的，我们这边女婿呢都当儿子用的嘎，有事我们都要去帮忙的。"他的妻子在一旁补充

**图 5 - 6 独龙江乡高山峡谷地貌**

（笔者摄于 2016.08.12）

道："种了草果以后，生活好多了，额外挣的钱除了买药，给两个小的交幼儿园学费这些，改善生活是绰绰有余了，就是存下钱不多。"她憨憨地一笑说："我老公不信教，喜欢喝酒，这个比较花钱！"传统小农经济以自耕自足为主，而"新小农"种植则主要以营利为目的。

### 2. 以"三权分置"规范农村土地权利结构为生产根本

改革开放以来，从"家庭联产承包责任制"到农村土地的"两权分离"，土地集体所有一直没有改变，村民一直拥有集体土地的承包权和经营权。之后，为进一步规范农村土地的有序流转，从 2013 年年底中央农村工作会议，到 2014 年的中央一号文件和《关于引导农村土地经营权有序流转发展农业适度规模经营的意见》，提出要实行农村土地承包权与经营权的分离。2016 年，《关于完善农村土地所有权承包权经营权分置办法的意见》提出了"三权分置"的方案，农村土地"三权分置"涉及亿万农民的切身利益，是农村的重大改革、重大政策。梳理我国农村土地制度改革的进程，"三权分置"与传统土地流转方式比较，并非简单地将土地承包经营权分离为承包权和经营权，而是从我国农村发展理念转型的大视野出发，在集体土地所有权制度中着力打造主体制度，形成所有权、成员权、农地使用权"三权分置"的新的农村土地权利结构。作为最基本的生

产资料，"三权分置"进一步保障了土地经营权的有序流转和发展农业的适度规模经营，同时一定程度推动了村民自治，是"新小农"模式的运作基础。

相较过去在默认大家族生活聚落的山头范围，插草为标随机认领耕地的情况，土地所有权集体所有、承包权经营权分离的政策已得到普及。笔者对 BJL（男，独龙族，24 岁，大学，务农，孔当村丙当小组）进行访谈时，问及他多包的 30 亩草果地从什么渠道得到时，他说："承包地都分田到户了，以前跟组里我好朋友家里打个招呼，LS（BJL 的好友）就会让给我种，不收租金的。现在村里大家都要种，找别人拿地的话得给租金了，一般情况都是两家协商一个租金的金额，然后写个纸条相互签名就生效了，跟你们城里的合同一样的。"

### 3. 以现代生产及管理技术指导小农户种植

技术转变与分工将削弱农民的自主性，将其置于精细的社会大分工中，这对绝大多数农民来说利弊兼半。但不能因为害怕分工就逃避现代化。"新小农"之"新"，便是指农民在生产中对现代生产技术与观念的应用。

种植业发展之初，乡政府便制定了以农业可持续发展理论为指导、国家农业产业政策为导向，结合独龙江乡综合发展规划，建成一个科技支撑、管理科学、质量优良、综合效益显著的草果生产乡的发展规划。壮大具有较强区域带动性的特色支柱产业，有效带动独龙族群众致富和财政增收，推动独龙江乡和独龙族经济社会实现跨越式、可持续发展，是该乡发展特色种植业的目标。该乡充分利用现有科技成果，挖掘潜力，提高技术含量；规划中采取先易后难、逐步推进的策略；因地制宜，科学规划，合理配置；注重基础，讲求效益，科学经营，合理利用；调动企、事业单位积极投入项目的设计、规划和运作。

"工欲善其事，必先利其器。"生产的发展首先是生产力的发展，生产力的发展又体现在生产工具的发展上。2006—2015 年，为落实《中华人民共和国农业机械化促进法》，贡山县持续九年实施了"中央财政农业机械购置补贴项目"，全县置办各种农业补贴机械用具共 1069 台。包括砻碾组合米机 315 台、小型耕整机 504 台、微型耕整机 124 台、玉米脱粒机 10 台、饲料粉碎机 17 台、稻麦脱粒机 140 台、轮式拖拉机 2 台、电动喷雾器 5 台、农用装载机 5 台。共完成中央补贴资金 93.134 万元，受益农户 1067

个，拉动农户投入资金达 214.67 万元，累计完成机耕机耙面积 18.85 万亩，耕种收农业机械化水平达 35%。[1] 化肥施用量（折纯）2014 年为 372 吨、2015 年为 395 吨。[2] 与生产工具简单、技术低下的自耕农相比，伴随现代生产、生活技术的介入，"新小农"拥有现代农具、生产机器等先进的生产资料。

产业发展中，基层政府尤其注重以现代农业科技培训小农户。以村和村民小组为单位，乡政府组织村民们定期进行草果、重楼等作物种植技术的培训和宣讲，并将技术宣传单张贴在村委宣传栏，以供村民学习，如《草果栽培技术手册》。从这个意义上，"新小农"模式是传统农业现代改造的结果。以下是笔者在巴坡村委得到发放给村民与张贴在村委宣传栏的《草果栽培技术手册》部分内容：

耕作条件：略。

定植技术：略。

草果栽培技术：①草果园地的选择与整理。草果园地一般选择在春季相对湿度达 75% 以上，上有大的乔木林遮阴，下有长流水的山凹，山凹两边的种植高度为干季挖开土壤很潮湿的地方。清除杂草、灌木和多余的遮阴树，使荫蔽度达 50%~80%，按 1.5~2×1.5~3 米的株行距，沿山坡等高线挖鱼鳞穴（规格为 0.5×0.5×0.3 米），在移栽前于塘中施入 1 公斤腐熟的农家肥。②移栽时间最好在农历 5 月至立秋前。方法为把育好的苗移栽到整理好的塘中，每塘栽 2~3 苗。要让苗木根系在塘中自然舒展，填土踏紧，使根系和土壤密切结合。

草果园的管理：①除草。幼龄时，一年 3 次，第一次于雨季前，第二次于 7~8 月，第三次于 11~12 月进行。成龄时一年两次，第一次于栽完水稻后，第二次于收草果后结合砍老苗进行。②施肥培土。一般于 11~12 月草果采收，结合除草砍老苗进行。每丛施腐熟干细农家肥 3 斤，钙镁磷

---

❶ 贡山县农业和科学技术局办公室. 贡山县农业和科学技术局、财政局关于印发《贡山县 2015 年中央财政农机购置补贴专项工作实施方案》的通知 [R]. 怒江州：贡山县农业和科学技术局，贡山县财政局联合发文，2015/06/11.

❷ 贡山县统计局办公室. 贡山独龙族怒族自治县领导干部工作手册（2016）[R]. 怒江州：贡山县统计局，2016/06：20.

1斤，山基土6~10斤，拌匀后直接撒施于草果丛下。③调整荫蔽度。幼龄期要为70%~80%，成龄期根据土壤湿度的大小要求调整为50%~70%。④病虫害防治：本着"预防为主，综合防治"的植保方针来进行防治。花而不实：加强管理，在花期喷施昆虫诱导剂，或硼砂等微肥。

采收草果：略。

草果加工：略。

### 4. 具备传统生态观与现代生态农业的共识

"新小农"模式最重要的特征是，坚决贯彻习近平的生态思想，践行"绿水青山就是金山银山"的理念，力争实现生态保护与产业脱贫的双赢。独龙江流域的生态情况具有双重特点：一方面，生态环境较脆弱，水土流失、滑坡、泥石流等自然灾害严重，长期制约着区域经济的发展；但另一方面，这里海拔跨度为1000~4936米，原始生态环境保存完好，雨季长、气候温暖、湿润，植被葱郁，属山地地区中少有适宜农耕的类型。所以，经论证，州、县、乡政府将"统筹协调经济发展与生态保护间的关系，大力发展草果、重楼等绿色产业，进行生态环境建设"作为独龙江地区产业开发的根本点和切入点。种植达到一定规模后，草果和河谷原生植被可一起组成群落，使飞禽和小动物不断增加，生物链将不断完善。最快在三年内即可营造大面积集中成片的林下草果，四到七年后将逐渐发蓬郁闭，能保护常绿阔叶林，实现水源涵养、减少水土流失、调节气候等生态功能，能够改善区域生态环境，推动经济社会的可持续发展。

现代生态产业建设离不开独龙族的文化背景和传统生态观。《寂静的春天》《增长的极限》等著作，从生态文学和生态伦理的角度揭露了人类滥用科技给自然带来的毁灭性后果，警醒世人资源终将耗尽，我们需遵从自然的内在规律，重视人与生态圈的和谐共存。此后，人们开始去深入思考人与自然的关系，现代生态经济、生态产业、生态农业蓬勃发展起来。独龙族本土知识中，早已有人与自然协同生产的观念，对自然的敬畏与尊重，对灵魂、鬼神和天地的信仰一直是其地方性知识的核心。这种传统生态智慧与现代生态产业可持续发展的理念不谋而合，并在延续至今的"开昌哇"节与"剽牛祭天"等仪式中得到了充分、具体的表现。

"开昌哇"（意为年节或独龙年）是独龙族唯一的重大传统节日，节日期间全部族人会一起举行隆重的剽独龙牛祭天和祭山仪式。举行"剽牛祭天"仪式时，全寨村民齐集祭场，由主持年节的长者把独龙牛拴于祭场中间的木桩上，然后由一名被推选出来的年轻妇女把串珠绕在牛角上，并将独龙毯盖在牛背上。主祭人则点燃松明和松树叶并向天神磕头，念祷词，然后由事先挑选出的一名父母双全的青年男子，边跳边用竹梭向牛猛刺。此时全场人群自觉结成圆圈，敲响铓锣，挥刀舞弓，引吭高歌，翩翩起舞。独龙人用"剽牛祭天"来乞求人畜平安、五谷丰收。如今，剽牛作为一种传统民族节日被传承。"开昌哇"节间，部分寨子还会举行射猎庆典——"祭山神"。❶ 日出时，主祭人将上述祭品带至房后干净的坡地，人们敲响铓锣、皮鼓，手拉手结成一圈唱歌跳舞。从"剽牛祭天"和"祭山神"，可以看到独龙人对天地、鬼魂和山神的敬畏，他们敬畏自然，必会以感情对待自然，与自然相和谐。这种在长期生产实践中积累起来的人和自然的互动观念，以及对当地生物资源的认知，如过去的独龙族妇女把高山植物烧成粉末灰，将面庞刺成蝴蝶图案等，都成为现代生态观念形成和生态产业发展的传统文化基础。

## 三、衔接之难：现代产业推进与"新小农"的融合发展问题

据独龙江草果烘干厂提供的统计数据，至 2017 年 12 月，草果产量高达 1000 余吨，比 2016 年增收 600 余吨；按 2017 年草果市价 17 元/公斤，产值达 1700 余万元，突破了独龙江乡往年草果产量、产值的平均水平，被媒体称为"草果之乡"。2017 年 12 月 24 日，电话追踪访谈中 BJL（男，独龙族，24 岁，大学，务农，孔当村丙当小组）高兴地说，新包了 50 亩地种草果，还请了 15 个工人整地开垦。伴随着电话那头孔当村丙当小组村民欢庆草果丰收的欢声笑语，笔者陷入了沉思：与过去独龙族刀耕火种式的农作相比，当前融入了不少现代生产技术和管理理念，草果丰收固然让人喜悦，但"新小农"种植模式系在传统小农经济基础上发展而来，加之受限于历史发展和区位条件，运作中必然带有小农经济的弊端。农业之根本在农民，要解决"新小农"模式中小农户可持续发展的问题，必须去思

---

❶ 周国雁，伍少云，胡忠荣，等. 独龙族农业生物资源及其传统知识调查 [J]. 植物遗传资源学报，2011 (11).

考传统与现代有机衔接的逻辑根源，从传统小农户入手梳理其在现代产业发展中出现的问题、面临的困境，如此才能有针对性地予以协助解决。

## （一）小农户与现代农业有机衔接之难

笔者所提"新小农"之"新"，是指传统农民立足本土融合现代生产技术与观念，一定程度实现了小农户与现代农业的有机结合。舒尔茨在如何改造传统农业的论述中，也提到改造传统农业的关键在于上述二者结合的问题。而要实现小农户与现代化农业的有机衔接，必须让封闭、落后的传统农民借用现代的技术手段和开放的经营格局，同时不能脱离本土知识，还要超越本土知识。这种宗旨、方向是正确的，但是现实情况下能不能做到衔接？怎么衔接？深入思考后笔者发现其中存在技术难题。

### 1. 二元知识体系是否互相认可

农作不仅是一门技术，更是一门艺术，农民的智慧植根于农田、来自于劳动，在长期的生产实践中积累了丰富的乡土知识，这是农民的基本能力。对于农民来说，他们所耕作的土地、气候、农田、作物都是独一无二的，而科学的智慧则来自于实验室、发生于数据，具有普适性。从本质上来说，本土知识和科技知识是两种完全不同的知识体系。科技的特点是理论性强，如实验、逻辑推理、理论假设等，具有非人情化、普适性和可分析性，可以拆分成一个个流程来研究，每个流程独立、互不影响；而本土知识的特点则完全相反，它实践性强，来自于田野经验，感性化、特殊、形成基础多元，历史、灾害、口述、神话故事等都可以成为其知识来源。为解决美国农业资源耗尽、化肥滥用的现实，美国国家研究所出版了《另类农业》❶ 一书，主张以人力、人类智慧代替机械、农药和化肥；贝里一再呼吁"土知识和土技术"的重要性，布罗肯萨出版了《本土知识体系和发展》❷，提出本土知识是对外来专家知识的补充、而非对立；舒尔茨亦以相似的折中观点拿到了诺贝尔经济学奖。具备人类学视角的经济学家毕竟有限，哪怕人类学者在进入田野之后，也不能保证时时刻刻不以自己生活

---

❶ National Research Council. Alternative Agriculture [M]. Washington, DC: National Academy Press, 1989.

❷ BROKENSHA D, WARREN D, WERNER O (eds.). Indigenous Knowledge Systems and Development [M]. Washington, DC: University Press, 1980.

背景的标准审视所见所闻。基于地方性知识和现代科技理念形成的不同背景和自身特点，双方遭遇之后首先表现出的不是认可、接纳，而是怀疑。

调研期间，正值云南世博旅游集团给独龙江乡培训"农家乐"厨师，2016年8月4—11日共培训了3个村4个农庄的138名本土村民。与教巴坡农家乐村民烹调S师傅（男，汉族，42岁，初中，昆明人，云南世博旅游集团厨师）攀谈中，他有些抱怨："教了好多次，让他们炒菜时适当加糖调味，人家么就是不加，唉！算了，由他们吧！"突然发现培训者中有笔者去年冬天借宿的熟人MJY，遂过去问她关于加糖的问题，得到答复："我们这里人炒菜就是不喜欢加糖的，以前能吃的菜少，平时习惯吃的咸一点、辣一点。"究其气候原因，多雨、潮湿山区的人们口味大都以咸、鲜、辣为主。

窥豹一斑，在帮扶项目的实施过程中，技术专家和村民们的交锋应该更是不少。所以，当处于主流话语的"科技"不认可和不理解"本土"时，"本土"的平等地位甚至补充地位如何保持？持两种二元知识体系的人们能否互相认可？此难点之一。

## 2. 本土农业知识正在逐渐流逝

"新小农"式草果种植之所以成功，除了需要理解和糅合"本土"与"科技"两种知识体系，还需将现代生态产业融入本土文化，重视本土农业知识的价值。关于如何立足本土？以及"新小农"模式中体现出独龙族农业生产的本土逻辑与本土知识，笔者将在第六章内容中进行详细阐述。而目前的情况是，现代科技、观念与教育进入传统乡村，必将改变知识的传承形式。在现代化元素介入的那一刻，本土知识就面临文化的涵化，甚至同化。

亚当·斯密曾说："人类大部分智力的养成，必由于其日常职业"❶。现代产业发展进程中，货币、市场、竞争、收益已让农民们把"人的发展"直接简化成为一个致富的过程，成为社会分工的一部分。这个进程中，以科技、高效为追求目标的村民极可能根本就没有意识到本土知识正在流失，遑论认识到这种流失带来的风险。举一个例子：在独龙江乡，一

---

❶ 亚当·斯密. 国民财富的性质和原因的研究［M］. 郭大力，等译. 北京：商务印书馆，1981：338－339.

个中等普通家庭基本养猪5头左右。关于养猪的方法，笔者对孔当二组一户人家的老人和年轻人分别进行了访谈。KZX（男，独龙族，63岁，文盲，务农，孔当村孔当二组）有三个儿子，大儿子、二儿子已在县城定居，三儿子和他住在一起在家务农，他家养猪4头。当笔者问及养猪的方法，三儿子KWQ（男，独龙族，27岁，小学，务农，孔当村孔当二组）转身走进卧室，拿出一个笔记本交给笔者，称基本上按乡里培训的养猪技术在做。翻开浏览，里面是关于养猪、养蜂、草果种植等农业技术的一些笔记。养猪部分包括，"优良品种的培育、猪的生理特点、猪舍的建造要求、猪的配种、饲养要求、卫生消毒、药物预防"等内容。交谈中KWQ话不多，需要翻看笔记回应笔者的问题，父亲KZX谈起养猪的经验却滔滔不绝。经KWQ翻译，KZX说道："看他（指三儿子KWQ）拿着一个本子养猪，我就觉得挺好笑，照他那样养不行。我阿爸教我养蜂、养猪的时候，先教看天气，还有通过泥土的情况判断是不是要给猪屋加干草这些。要跟猪说说话啊，你对它有感情呢，它就听你话嘎！他（指向KWQ）那样搞，我总觉得哪里有问题。"听罢，儿子并没有接话茬，而是不以为然地回应道："你不懂。"在此，笔者无意对传统与现代作价值之争，只想表达一点，即父子代沟的背后是两种知识体系的代沟。所以，若做不到文化自觉，连本土文化的持有者都没有意识到传统生产知识的流失，那现代科技又与谁结合？

另外，传统家庭教育完全转变为学校教育，给本土知识流失带来了更大的影响。LZX（女，独龙族，70岁，文盲，务农，迪政当村熊当小组）对笔者说："现在，小孩平时都在乡里上学（乡九年一贯制学校位于乡政府所在地的孔当村），一周难得回来一次，回来一次看他们上学那么累呢，也不舍得让他们干活，他们自己也不想干，都是玩手机啦听歌（流行歌曲），现在的小孩哪会干什么农活哟！"十年之后，现在正在独龙江乡九年一贯制学校接受教育的孩子们，将是独龙族发展的生力军。但是，现在的他们却像大多数城市孩子一样远离了农事。

## （二）小农户在现代农业发展中面临的困境

"新小农"之"新"应该落脚在"现代"二字上，而不是"小农"上。除了小农户与现代农业的衔接问题，其困境还来自于受到历史发展和区位条件影响下传统小农式生产的局限性。调研中笔者发现，虽然与过去独龙族自给自足的农作相比，当前的特色种植业融入了不少现代生产技术和管理理念，小农户素质普遍得到了提高，表现为"新小农"模式的特色种植业仍然存在不少亟待解决的问题。

**1. 现代管理能力有所欠缺，生产主体教育层次待提升**

在独龙江乡，尽管村民们在长期的农业劳动和采集中，积累了传统种植的丰富生产经验。但是，伴随着农业现代化的发展，先进的耕种技术得到了广泛的推广，生产中对现代种植技术和机械化工具应用的要求日益增加。对现代农业经营的要求亦相应增加。只凭一股吃苦耐劳的干劲就能提高产量，已不能满足现代农业发展的要求。而"新小农"模式所依赖的传统小农式生产方式、理念和惯习，突出地表现出局限性。这种情况下，受到独龙江乡群众文化程度普遍偏低、市场认知不足等因素的影响，小农户们在现代农业生产与经营中，总是不能游刃有余。以孔当村为例，2016 年村农业人口 1028 人、257 户，就读学生为 192 人。其中大学生 8 人、高中生 13 人，其他 171 人为初、小学在读。❶

现代生产技术的不足容易弥补，通过职业技能培训能在短期内见效，但提高生产效率，不仅要求机械化程度和现代农技的广泛推广、应用，同时更要求农户具备现代统筹、组织规划、目标制定等经营管理的能力。而现实情况是，具备以上能力的人才通常为接受高等教育的大学毕业生，而大学以上学历毕业生更倾向在大城市谋得一份稳定的工作。据笔者了解，乡内大多数青年出乡学习大多数都是短期的职业培训；在孔当村，大学毕业回家务农的较少，大多进入了政府机关工作。生产主体的素质和知识层次不足，成为限制"新小农"模式向规模化、现代产业发展的重要因素。

**2. 现代科技的本土适应性不足，生产效率较低**

虽然贡山县持续九年给各乡添置了大、小型农业机械用具共 1069 台，❷ 但具体到独龙江乡，受到地理条件制约，却未充分享受到县的这一补贴。因乡内耕地具有地小、分散、坡度陡峭的特点，村民们在耕作中根

---

❶ 2016 年 8 月，数据由孔当村村委提供。

❷ 数据出自贡山县农业局，2018 年 8 月 23 日。

本无法使用大、中型农用机械，小型农业机械也只能在较缓的山头田间移动。比如深松机、微型耕作机、起粪机和小型耕整机、小型生产犁、耙；灭虫灯和机动喷雾；极个别农户家有一些植保和初加工机械。访谈中，很多种植户觉得纵然小型农用机械，使用起来仍然极为不便。一是搬下山后，安居房在山下，村民均傍山沿独龙河谷居住，而草果地在山上，相隔较远，将现代农用机械搬运过去或开过去十分不便；二是独龙江地区的山地不似丘陵山地，都是十分陡峭的砾石山体，且植被繁茂，哪怕小型机械农具，使用起来也极为不方便、不安全，有些甚至根本难以运上山。所以，整地、开垦、收割时，种植户们宁愿使用传统的镰刀和锄头。2016年10月，笔者跟随孔当村几户农户一起上山，新开垦草果地。翻整开荒中，村民所使用的工具就是简单的锄头和铁刀，锄头用来翻地、平整土地，铁镰刀用来砍杂树杂草，如图5-7中的小型开荒机，则因为在陡峭的山坡上根本无法使用而闲置在家。

图5-7 用于丘陵山区的小型开荒机      图5-8 村民准备开垦新草

（笔者摄于2016.10.11）          果地的陡峭山坡

（笔者摄于2016.10.11）

鉴于传统小农的落后生产力与独龙江乡耕地的地理限制，"新小农"模式在运作中出现了现有常用农业机械与技术对本土环境适应不足的问题。生产工具决定生产力，生产力决定生产效率。伴随科技不能适应于本土而来的是产量问题。据县农技站工作人员介绍，现代种植技术、工具如果广泛应用到种植中，且耕地条件较好、气候较好，正常草果亩产是500~

800 公斤,而2016—2017 年乡内草果亩产达到500 公斤以上的只有二十多户。

### 3. 个人储蓄与投资资本较匮乏,规模化不足

纳克斯在分析贫困为什么会恶性循环的过程中,提出了"资本缺乏"和"投资动机不足"两个起点。他认为:"在世界上受贫困困扰的那些地区,它们资本形成的供求两方面都存在一种循环关系。在资本的供给方面,实际收入水平低导致储蓄能力低。收入水平低是生产率水平低的一个反映,而反过来,生产率低下在很大程度上归咎于资本匮乏。资本匮乏是储蓄能力低的一个结果,这样就形成了一个循环。"❶

2016 年8 月,笔者在独龙江乡随机发放的500 份问卷里有一个问题是"您家有存款吗?(单选)",如果"有"则设置了1000 元以下、1001～5000 元、5001～10000 元、10001 元以上四个选项,72% 以上的群众填答"没有存款",有存款的中等收入家庭户大部分数额都在5001～10000 元这一档。关于这个问题的非结构式访谈中有的被访者说,"平时都不够用,有时候在下边小卖部还赊了账";有的回答"交完了孩子的学费、生活费、生病看病的钱以后,就不剩下什么钱了";还有些说:"如果收成好了有多的钱就拿一部分出来再种点儿别的,如果没钱就靠政府低保也能过。"问完"存款"的问题之后,问卷紧接着设置了一个检验性问题:"您的月收入能满足您每月的开支和生活需求吗?(单选)"答案设置了"可以,还有很大盈余""可以,刚刚够""不能,但也能过","不能,生活困难"四个选项,10.3% 的填答者选择了"可以,还有很大盈余"、46.7% 选择"可以,刚刚够"、30.2% 选择"不能,但也能过",12.8% 选择"不能,生活困难"。该检验性问题印证了上题"存款数额不多"的数据结论。从2016 年至2020 年,虽然储蓄额有了较大提升,但相对于全国总体水平尚有一定差距。人均储蓄额度却相对不高,2018 年人均5167 元。

长期"储蓄"习惯正在培育的同时,部分群众受传统生活观念的影响,又不愿和不敢贷款。在独龙族群众的传统生活观念里有"借贷"观念,但无"信贷"概念。独龙语称"借贷"为"那安",意思是"借给别

❶ RAGNALD N. Problems of Capital Formation in Underdeveloped Countries [M]. Oxford:Oxford University Press,1953:5.

人"，大多以实物为主，包括土地、粮食、刀斧、衣服、铁锅和麻布，基本上借什么还什么，图利观念在守望互助的乡土道德中不能被理解，在其传统的借贷习俗中也并没有"利息"的概念，互帮互助的集体生活中，"贷"虽然贯穿始终，但这种基于熟人社会信用而产生的"借贷"，却并不是现代意义上的"信贷"。同时，长期的自给自足中亦未形成"投资"的概念，有盈余就扩大生产或改善生活花掉，没有就老老实实做好手头现有的生计。所以，虽然信用社的扶贫大都为无息贷款，如"小额扶贫贴息贷款""贷免扶补创业小额贷款"等，但授信额度不够，新增300亩以上规模要投资20万元以上，最多10万元的贷款额度不能从根本上解决上规模的问题，❶普通群众又很少有能抵押的资产以追加投资。基于以上原因，使种植大户向大规模家庭农场发展时缺乏资金和融资渠道，集中连片种植少，难以形成产业规模。此外，虽然独龙江乡地广人稀、土地资源丰富，但可耕种面积小。以2015年为例，人均677亩土地面积中耕地面积仅0.57亩，这也极大地影响了种植的规模化。种植不能上规模，产业化经营便无从谈起。

### 4. 法制意识还较薄弱，耕地流转不规范

规模经营的最大问题就是能得到用以扩大种植规模的成片耕地，并且能保证较为稳定、长期的租赁期。在"新小农"式种植中，由于村民的现代法制意识薄弱，在耕地的土地流转和租赁中存在以下问题：一是虽然以农村土地"三权分置"为生产基础，但土地流转方式仍存在部分不规范的现象。以前，独龙族社会遵循的是习惯法，如头人公判、村规民约等。由于没有文字，借贷情况大多数也是以口头约定为主。现在，独龙江乡租地的租金每亩一般在800~1500元/年，文化程度为文盲的村民往往口头约定好就可以了。如果有同族、姻亲或关系特别要好的情况，也有无偿的情形。此外，还有自作主张替他人代租的情况，有的代租甚至没有合同，也只是口头协议流转。二是受农民惜地观念影响，土地流转租期短。农民对土地有着天生的依赖感，许多农户哪怕自己不种，让地荒着，也不愿意租给别人；愿意出租的，也不愿长期出租土地。访谈中笔者发现，乡内土地流转3~5年已算长期了，很多都是一年一租、一年一签。这样，便不能保护规模种植的稳定性。

---

❶ 2017年8—11月，孔当村村民BT与BJL一起新开草果地50亩，前期资金投入为20万元。

## 本章小结

　　受限于不太丰富的田野经历，笔者无缘似范德普勒格一般亲自造访秘鲁、意大利、荷兰多国，是以不敢从世界范围谈论与总结。但基于本章对独龙江乡产业脱贫的调研，笔者觉得本书提出的"新小农"模式可以用三句话概括：一是贯彻"绿水青山就是金山银山"的理念，探索生态保护与产业脱贫的双赢。二是落脚在"新"字、在"现代"技术和经营体系上，而不是落脚于"小农"。三是立足山地河谷地区的自然地理特点推动特色生态农业的发展，使现代农业生产契合了乡土习惯，通过本土建构和现代科技的有效接合，力求实现小农户与现代农业的有机衔接。此处提出的本土建构既包括历史文化、传统认知结构、地方性知识、核心价值观念等抽象元素，也包括生计、生态、传统乡村空间等具象方面，本土知识与现代科技相辅相成，现代科技风险之后有制度保障，小农户们当然会采取"更精明的策略"。

　　当然，作为基于传统小农式生产发展而来的种植模式，哪怕融入了现代生产技术和管理理念，在现代产业发展的进一步推进中，受到历史发展条件和区位条件的影响，源于农民的局限性，"新小农"要持续发展仍面临诸多亟待解决的问题，如科技含量不足、生产效率低、资本匮乏、法制意识薄弱、耕地流转不规范等，这些都需要我们在前行中继续摸索解决的有效方法，本书将在第七章有针对性地给出具体建议。但从当前取得的脱贫成效看，至少方向是正确的。此外我们还应认识到，作为一种适宜性模式，"新小农"模式或许可以成为我们解决扶贫与发展中其他问题的启示，但是在进一步推动我国广大山区现代农业的发展中应是"大体则有、定体则无"，它的活力在于独龙江畔和葱郁的高山峡谷之间，其经验可以借鉴但不能全盘照搬，须根据本土特色因地制宜、因族制宜。它是独龙江的经验，而不是普适性经验，笔者系希望通过扶贫攻坚背景下独龙江乡生态种植"新小农"模式的阐述与经验提炼，对范德普勒格以华北农村为主要田野点的中国农民研究以对话和补充。

# 第六章　独龙族传统农耕文化的
# 价值保护与发掘利用

20世纪80年代，人们反思"传统"与"现代"的关系，更关注文化多样性，日益增加了对乡土知识的重视。小型社会研究中不仅要关注文化的残存，更重要的是关注变迁主体的生存、政治权利和文化象征的表达。❶如何处理好传统乡村与现代产业发展的关系，是我国和发达国家农村共同面临的重要课题。过去的许多传统发展项目，正因忽视本土文化在发展中的价值，忽视本地群众的真实诉求而失败。独龙江乡草果种植产业之所以成功，很大原因来自于模式中蕴含着的乡土因素，来自于对独龙族文化习惯的理解和尊重，来自于对本土农耕文化当代价值的契合和挖掘。农耕文明是中华文明的本源，也最能体现我国各地农村文化的特质，泱泱文明农耕务本、耕读传家之风延续了数千年，直到今天它仍有伟大的文化价值。2018年中央一号文件《中共中央国务院关于实施乡村振兴战略的意见》指出："切实保护好优秀农耕文化遗产，推动优秀农耕文化遗产合理适度利用。"加强对传统农业知识、生态智慧、生产逻辑的保护利用，其本身就是农村文化建设的重要方面。本章中，笔者希望通过"美蒂斯"概念的提出，即农民在长期社会实践中形成的、蕴含在本土农耕文化中的传统生产逻辑和生活智慧，从村落空间保留、循环时间认知与生存理性取向三个部分，基于对独龙族传统生产生活逻辑的价值反思，阐述产业发展对传统农耕文化的保护利用。

---

❶ 张劲夫，罗波. 独龙江文化史纲：俅人及其邻族的社会变迁研究［M］. 广州：中山大学出版社，2013：27.

## 一、衔接之匙："美蒂斯"的传承与复兴

"mêtis"被译为"美蒂斯""米提斯"，源自希腊语。古希腊神话中，英雄奥德修斯曾参加特洛伊战争，献计攻克了特洛伊，战争结束后他率部在海上漂流十年，历尽艰险得以返回故乡。荷马史诗在歌颂奥德修斯坚定意志与豪迈精神的同时，亦赞扬他正是具备丰富的"美蒂斯"经验才能找到回家的路，"美蒂斯"因此被英文翻译为"狡猾的技能"。詹姆斯·C.斯科特在其著作《国家的视角：那些试图改善人类状况的项目是如何失败的》中对"mêtis"进行了详细的论述❶。他用"mêtis"形容传统农民在长期实践中形成与耕作相关的传统知识，如降雨、气候、自然灾害等，不仅指"在对不断变动的自然和人类环境做出反应中形成广泛的实践技能和后天获得的智能"❷，还"包括了将蕴含于地方经验中的知识形式与国家及其机构所使用更一般和抽象的知识进行比较的手段"❸。类似于一种由"本土技术知识"（indigenous technical knowledge）、"民间智慧"（folk wisdom）、"实践技能"（practical skills）、"技术知识"（techne）等概念组成的集合体。它们与自然和生态相互照顾、给予，生产了"mêtis"，这是历史和文化的产物。并且，"美蒂斯"所反映的实践和经验几乎总是地方的"，"一项特定技能每次应用都需要针对本地条件做出相应调整"❹，故此本土性为其根本属性。斯科特以"美蒂斯"的智慧认识社会，提出须处理好科学知识与实践知识的关系，并以此对国家与社会的关系重新进行了梳理。从这个意义上讲，"mêtis"就是生产生活中的本土建构。

国外人类学、民族学对于传统生产知识的研究历史久远。早在1906年，法国人类学家莫斯和伯夏（M. Mauss & H. Beuchat）就在《社会学年刊》上合作发表了《试论爱斯基摩社会的季节性变化》一文，研究因纽特

---

❶ 詹姆斯·C. 斯科特. 国家的视角：那些试图改善人类状况的项目是如何失败的 [M]. 王晓毅译. 北京：社会科学文献出版社，2012：426.

❷ 詹姆斯·C. 斯科特. 国家的视角：那些试图改善人类状况的项目是如何失败的 [M]. 王晓毅译. 北京：社会科学文献出版社，2012：400.

❸ 詹姆斯·C. 斯科特. 国家的视角：那些试图改善人类状况的项目是如何失败的 [M]. 王晓毅译. 北京：社会科学文献出版社，2012：398.

❹ 詹姆斯·C. 斯科特. 国家的视角：那些试图改善人类状况的项目是如何失败的 [M]. 王晓毅译. 北京：社会科学文献出版社，2012：406.

人伴随季节性变化而采取不同的社会生产和生活方式。1940 年，英国人类学家伊文斯·普里查德（Evans Prichard）出版《努尔人》一书，考察了非洲尼罗河畔努尔人在不同季节所采取的差异化生计方式及其政治制度。这两项被学界誉为最早的生态人类学著作，呈现了传统生计方式与经济、政治生活的互动。20 世纪 50 年代以后，越来越多的人类学、民族学者介入该领域，出版了《传统生态知识：概念与案例》（J. T. 英格利斯，1993）、《本土环境知识及其转型》（罗伊·艾伦，等，2000）等重要学术论著。克利福德·格尔兹首次提出了"地方性知识"的概念，认为它不仅指生计、生活方式，还包括文化与制度的各个方面，该概念一定程度上和詹姆斯·C. 斯科特在其著作中所提到的"mêtis"不谋而合。还有现代农业经济理论的奠基人舒尔茨，在提出以"技术变化"改造传统农业的同时，亦强调了农民在长期实践中积累知识的本土价值。

国内研究方面，主要成果归纳起来包括两大部分：一是民族学领域对少数民族传统农耕知识价值的探讨。刘旭霞以贵州黎平黄岗侗寨香禾糯为例分析了我国农业遗传资源的保护和利用；柏贵喜等阐述了土家族传统农业生产知识对现代科技合理互补、保护物种资源多样性等方面的典型现代价值，并提出挖掘和反思传统农业知识现代价值的重要意义；李技文对少数民族传统知识作了研究成果的综述；龙运荣则对恩施红烈村传统养猪技术进行了调查。二是农学领域对传统农耕技术现代价值的研究。王先明以西藏自治区为例，重点分析了传统的农作物品种、种植方式、栽培技术在西藏的实际应用，在强调传统农业技术价值的同时提倡应与现代农业技术相结合；张琦认为传统农业技术是现代农业技术的基础；李向东通过传统农业技术与现代农业技术的比较，提出在继承传统农业优点的基础上应通过技术的改造和提升来实现向现代农业技术的转型；蒋和平从技术结构、发展步骤、地域适应性、功能和技术体系角度为改造传统农业技术设计了选择路线；梁惠清则分析了传统农业技术发展的制度意义，借用现代战略管理工具重申了传统农业技术在现代区域农业发展中的独特价值。综上，无论民族学还是农学领域，以往传统知识研究主要聚焦于农业生产知识及其在产业经济发展中的技术价值，对乡村文明的整体性关照略显不足；研究内容上，多为个案知识现状的描述和归纳性研究，较少从深层逻辑出发对本土元素以解释性梳理。

受益于前人的研究成果，笔者在本章首次将"美蒂斯"的概念应用到我国少数民族农村的脱贫与发展实践中，将"传统农耕文化"拓展至更广泛的日常"生产生活"，从而使价值反思能从产业发展走向乡村文明的整体脉络，并认为在当前国情下"美蒂斯"的传承与复兴是解决上文所述传统小农户与现代农业发展衔接问题的关键所在。依据之一，上章提出知识层面的衔接之难问题实则为农村文化建设的"供需错位"，本质上需要实现农村文化基础设施的"精准供给"，也只有让文化建设精准对接农村实际需要，才能缩小文化供给与群众需要之间的差距。而"美蒂斯"作为地方性生产生活经验、知识、逻辑是农村文化建设的灵魂，对其进行合理适度利用是亟须纳入农村文化建设的重要方面。依据之二，我国目前土地资源的国情是人多地少，各地农业资源禀赋条件差异很大，不是所有地方都能实现集中连片规模经营，当前和今后很长一个时期，小农户家庭经营将是我国农业的主要经营方式。中国小农经济历史悠久与大量存在的现实，将使我国在世界再小农化背景下，成为范德普勒格所说"农业发展的先锋"。为解决世界范围普遍存在农业可持续问题，解决小农户与现代农业发展相衔接等诸多三农问题，习近平同志在党的十九大报告中提出了乡村振兴战略，十九大报告指出必须始终把解决好"三农"问题作为全党工作的重中之重，实施乡村振兴战略。随后国务院公布了2018年中央一号文件，即《中共中央国务院关于实施乡村振兴战略的意见》。乡村振兴战略牢固树立新发展理念，坚持农业农村优先发展，遵循乡村发展规律，按照产业兴旺、生态宜居、多风文明、治理有效、生活富裕的总要求，建立健全城乡融合发展体制机制和政策体系，鼓励要素聚乡、能人回乡、乡贤助乡、市民下乡，着力打通资本、技术、人才向乡村回流的通道，全力推动乡村产业振兴、人才振兴、文化振兴、生态振兴、组织振兴。所以，基于我国国情推动传统知识的传承与复兴，实现乡村的全面振兴，更是从根本上回答小农户与现代农业发展衔接难的问题。下文将以"美蒂斯"为主线，从空间、时间和观念入手展开论述。

## 二、空间：原有村落结构保留了社区的生产核心和本土性

"十二五"伊始，上海市联合地方政府对独龙江乡实施了对口援助，"整乡推进整族帮扶"项目共落实建设资金13.04亿万元，从安居温饱、

基础设施工程、产业发展、素质提高、社会事业发展、生态保护6个方面展开了民族帮扶工作。产业发展方面，经详细论证基层政府将重点锁定于两个部分：一是以"西南秘境"为主题大力发展旅游业；二是以草果为主要经济作物，推广现代农业技术，扶持特色生态种植。落实过程中，由于现有软硬件条件不能满足旅游业的快速发展与持续增长的游客数量等需求，同时为配合怒江美丽公路建设，基层政府对独龙江景区进行了暂时的停业再建，并将"十二五"产业发展的重心调整为以特色生态种植为主。

## （一）独龙族生产生活空间的"过去"与"现在"

独龙江地区过去的生产类型主要为刀耕火种、轮歇耕作，耕地主要有"火山地""水冬瓜地"和"园地"三种。过去，独龙族的家族公社之间一般都有明确的界限，只有公社的成员才能在本家族的领域范围内从事开荒种地、采集和渔猎等生产活动，越界则受到限制。家族公社的土地名义上归全体成员所有，但由于生产力的发展，作为主要生产资料的土地已逐渐有了从家族公有向伙有，以及个体家庭占有的发展趋势，并相应地产生了公有共耕，伙有伙耕、私有自耕等三种耕作方式。

"火山地"就是刀耕火种的耕地，数量最多。靠草木灰烬的肥力使庄稼生长，不需要施肥。开垦火山地一般是在春季，主要选面阳，阳光普照好的坡地上的灌木丛、小树林砍伐，等砍倒的草木晒干了再放火焚烧，播种。火山地主要耕种玉米，荞麦、芋头以及一些瓜类和豆类，气候比较暖和的南部还种旱稻谷。一般种植一两年后便丢荒，再隔三五年等草木重新成长，又重新砍伐，实行第二次耕种。在家族公社的领地内，火山地的使用权是不固定的，甲家今年丢荒的耕地，若干年后乙家可以重新开垦，耕种。

"水冬瓜地"也是火山地的一种类型，但这是一种比较固定了的半轮歇耕地。水冬瓜树是当地的一种生长快，质地软，容易砍伐的树种。水冬瓜地多在村寨附近，一块地，如果有人种上了水冬瓜树就表示这块地归他所有，别人不能随意砍伐，耕种。水冬瓜树一般过了三四年就可以长到10多米高，直径20厘米左右，头一年砍伐焚烧后，因灰烬多而肥效高，种植产量较高的玉米，第二年种荞麦，第三年种小米或稗子，此后种上水冬瓜树便休耕，过几年等树重新长成又再一轮的耕种。水冬瓜树可以用作家畜圈的材料，也可以当木柴烧，平时砍掉树枝、树叶可以放入家畜圈里作为肥料。水冬瓜地的出现，是独龙族人们在长期生活中的一项很有用的发明，既解决了耕地的问题，又满足了建材、木柴和肥料的需要，是一种有效保持水土，与自然环境和谐相处的好办法。

"园地"是房屋周围小块的耕地，面积在一亩左右，也是手挖地。独龙族都习惯在自家房屋的四周建小块的园地，四周筑起石头或围上篱笆围护。园地也是精耕细作，以火塘灰、绿肥、粪肥等做肥料，园内种植玉米、芋头、芭蕉芋、土豆等作物以及辣椒、白菜、黄瓜、南瓜、蒜苗、葱、花椒等各种蔬菜。1935 年 8 月，我国的民族学家陶云逵到了独龙江，在他的日记《俅江纪程》中曾感叹："俅子（即独龙族）虽不知种（水稻）米，但园艺甚精，各样蔬菜种类甚多。今晚吃到扁豆炒和小米粥实出意外也。"❶ 独龙族建园地的目的是食用方便，随季节的不同，随熟随吃，如果有客人到来，即刻取来招待。独龙族园地的历史是很悠久的，在氏族或家族的迁徙传说中常常提及，在独龙族先民迁入独龙江流域以前便已经存在。

以上传统种植方式表现为分散性、本土性和自足性。作为旧的生产方式，传统小农式生产规模小、扩大再生产难度大，其局限性毋庸置疑；但该生产方式之于山区种植环境与本土居民种植习惯的适宜性又确实存在。所以，基层政府带领小农户们对传统小农式种植进行了现代改造。构建了家庭、集体、合作经营共同发展的新型农业经营体系，以现代生产及管理技术指导小农户种植，加大产业扶贫力度，提高项目精准性。该乡共有 6 个行政村，除最北边的迪政当村因地质条件不适宜种植草果改种重楼，其他 5 个村均推广了草果生态种植。2017 年 12 月，经过基层政府对精准扶贫和精准脱贫项目的不断投入与调整，草果产量达 1000 余吨，产值高达 1700 余万元。

## （二）独龙族原有村落结构所蕴含传统农耕文化的保护与发掘

历时四年的田野调查中，调查组参与了村民种植、收割、销售草果

---

❶ 陶云逵. 俅江纪程［G］. 西南边疆（1941—1942）：第 12—14 期. 成都：成都西南边疆研究社，1942：47.

的一系列过程，见证着基层政府带领众多小农户成功走通了一条生态种植脱贫之路。笔者认为，村民们响应产业发展政策，积极将人、财、物力投入草果等特色作物种植中，得益因素之一在于传统农村社区生产生活空间结构的保留。虽然全乡上下产业发展之心迫切，但基层政府并未强制要求村民们开发一切可利用之耕地，而是在安居工程和现代小集镇建设规划、实施中仍然保留了独龙族传统村落的形式、功能和文化元素。

### 1. 以生产为主旨的家族聚落式安居规划

独龙族传统生产以大家族为劳动单位，家族从本氏族内部分裂出来形成独立组织，占有本家族周边的土地。每一个自然村基本上就是一个血缘集团和一个劳动单位，大者 11 户，小者 1 户，同一个家族的自称"日歪"，几个家族同一个祖先的自称"尼柔"。过去，从姓氏上识别自然村非常容易，看名字就知道他属于哪个家族。一个独龙族人的名字先是家族名称，然后是父亲或母亲的名字，最后是本人在家里的排序，比如"龙棍（家族名）·雄罗（父亲名）·朋（大儿子）"。据访谈，现在迪政当村的熊当小组就是由以前"熊当"家族的"熊当·彭戛、熊当·戛罗都利、熊当·戛冷普南、熊当·戛冷国、熊当·郭九生利国、熊当·桑利勇朗、熊当·莫拉古鲁"7 户家庭发展而来。又如巴坡村斯拉洛小组原意为"善于使用弓箭的人"，指这个家族的人都善于狩猎。这种传统居住和取名特点十分有利于生产，所以新安居规划以集中为原则，在原有家族基础上重建了村民小组社区，建成 26 个卫生、交通、用水、用电、文化等设施齐备的村民安置点，落成了具有本土特色的安居房共计 1068 户。❶ 人与空间的关系是共生的，生产生活空间凝固了人们的需要、情感和追求，并把这些传达给一代又一代人，渗透到他们的性格和日常生活中。以传统独龙族家族聚落为基础建成新农村社区，亦意味着以便利劳动为主旨保留了不同家族的特色和生产核心。

### 2. 发展传统"园地"经济

传统乡村空间是一个基于自足性、相对闭合的复合体系，由村边、住宅、庭院、地头等一系列要素构成，尤其庭院经济，过去既是农民收入的

---

❶ 参见文件《2010—2014 年度云南省怒江州贡山县独龙江乡整乡推进独龙族整族帮扶工作总结》，2014 年 12 月 20 日。

主要来源之一，亦负担了生活、消费的大部分支出。伴随过去农村城镇化的粗放推进，农民搬入新的城镇社区，日常生活缺乏空间与距离的缓冲，各种冲突与纠纷凸显并激化，生活空间被压缩的同时与所种植土地之间的距离被逐渐拉大；❶ 生产成本与劳动负担却与日俱增，水费、电费、卫生费等都是过去没有的开支。中央农村工作领导小组副组长陈锡文曾说："传统农村的宅院、村边、地头，都是农民创造收入的场所，甚至大部分的日常生活消费都来自于此。进入新社区，这部分收入没有了，而生活费用的开支却明显增加，连喝口水都要花钱了（交水费、卫生费等）。如没有新的就业机会和新的收入来源，能否长期维持就是个大问题。"❷ 生存环境发生变迁迫使农民离乡进入城市，寻找更多的收入来源和就业机会，从而导致农村"空心化""离农化"。所以，"庭院"是农民生存的最后一道"安全阀"，降低了市场对农民生存的影响和风险。斯科特将农民为应对市场、自然灾害等不确定因素风险而进行的庭院种植和手工业称之为"退却方案"❸，这种天性中对市场的远距化是农民降低风险的重要策略。

独龙族传统种植所界定的"园地"种植即"庭院经济"，通常地势较平、最为肥沃，但面积小，主要用于种植玉米、土豆、芋头等日用粮食作物。安居工程建设中，所有新建安居房不仅为村民留出了自建庭院的空间，还为每户专门规划了家禽养殖区域，村民们可在房前屋后种植蔬菜和粮食作物，饲养家禽，亦可在庭院编织独龙毯、安置蜂箱，以此补充生计、改善生活。实现整族脱贫之后，乡政府还发文组织村民们开展了"最美庭院"创建与评选活动，通过经济与人文发展的双推进，建设充满活力、和谐有序的美丽乡村。

❶ 叶敬忠. 发展的故事：幻象的形成与破灭 [M]. 北京：社会科学文献出版社，2015：123.

❷ 陈锡文. 农村改革三大问题 [J]. 中国改革，2010（10）：127.

❸ 詹姆斯·C. 斯科特. 农民的道义经济学：东南亚的反叛与生存 [M]. 程立显，等译. 南京：译林出版社，2001：79－80.

**图 6 - 1   巴坡村拉旺夺村民小组的新居庭院一隅**

（笔者摄于 2020.08.12）

### 3. 保留独龙村落空间的本土文化生态

漫长生活实践中形成的传统村落空间，不仅调节着日常生活与生产之间的节奏和距离，赋予村民以安全感，同时文化元素依附于公共空间表达了共享的集体性历史记忆和人文价值，蕴涵着丰富的文化意义。基于此，基层政府投入 6800 万元实施了独龙族特色民居改造工程。❶ 新建民居和小集镇充分尊重群众意愿，尊重民族建筑风格和本土文化生态，结合当地建筑工艺就地取材。具体实施中，以突出民族特色为核心，按照规划设计、房屋式样、建筑风格、建设标准、组织施工统一的原则进行，同时以原始古朴的独龙族民居元素为主格调，注重文化内涵以及人与自然和谐，体现一房一景、一片一景、美观实用的构思。整个民居在外墙用水冬瓜树进行包装，屋顶在青瓦上面加盖一层茅草，以独龙族红、黄、白、蓝基色装檐线、木门木窗。经重建后的独龙民居不仅保持了传统建筑的主体风格，还更加特色鲜明、美观大方、适用宜居，成为独龙江一道亮丽的风景线，有利于推动特色生态种植与民族旅游的融合发展。

---

❶ 贡山县政府办公室. 传承民族文化，展示民居特色：贡山县开展独龙族特色民居工作发展纪实 [R]. 怒江州：贡山县政府，2016/08/12.

图6-2 新居前后留出了庭院用地图

（笔者摄于2016.09.03）

图6-3 腊配小组民族特色安居房

（笔者摄于2016.09.03）

## 三、时间：传统循环逻辑契合了人与自然的协同生产与生态性

"六点左右，一丝微白的晨曦穿透密林点亮夜幕，峡谷深处的独龙寨子还在酣梦中，偶有一两声鸡鸣略显突兀。到达独龙江乡的第十天，我仍然早上七点从 BLJ 家（笔者寄宿的孔当村丙当二组村民小组组长家）出发，沿着刚做过路面硬化的乡村公路，在孔当村五六个村民小组之间边逛边看。清晨，村子里忙碌着的基本上是外来务工人员，比如开小卖部的小申，她来自四川绵阳，已经早起整理货架了，我总爱找她买东西、闲聊。一直转到八九点，才看到大多数村民的厨房冒起了早餐炊烟。与很多内地农村一样，这里劳作的人们通常每天两餐，午饭并不定时。下午两点半，饥肠辘辘的我终于在孔当村孔美小组村民 LXM 家解决了午饭。"以上文字出自笔者的田野笔记，浅描了独龙江乡村民日常生活的一隅。

### （一）"北京时间"与"独龙时间"

我们通常会用"日出而作、日落而息"来形容农村劳作节奏，而访谈中据在此务工的外乡人和游客反映，当地村民对于时间概念及时间标准的界定比较模糊，对此笔者深有体会。田野调查中由于常常要与访谈对象预约面谈时间，调研组成员便会习惯性地询问"请问我们具体约几点比较好""请问您几点在家呢"，对方的回答一般是"你们中午来"或者"晚饭后吧"；追问具体时间点，回复通常是"随便嘎，差不多就行"；如果经多次沟通，被访村民答应"下午两点可以呢"，那下午两点到该户人家家中可能还要再等一两个小时，被访对象回来后见到我们会不好意思地小声嘟囔："真是抱歉嘎，忘记时间啦！"

《宗教生活的初级形式》中，杜尔干将时间确定为人类最基本的分类概念。他认为，社会活动尤其仪礼、节庆、公共仪式等社会活动的节奏与周期性发生，一方面源于社会生活，另一方面也规范了社会生活，在此基础上形成的历法既表示集体活动的节奏，同时也保证了这些活动的规律性。同一文化中的人群以相同方式思考与安排时间，于是形成了"社会时间"。❶台湾学者林淑容也对时间进行了分析与度量。通常人类学者对时间概念的理解与诠释在于关注社会文化语境中时间与人的关系，他们试图通过一个文化的社会活动与实践来理解该文化的时间建构与时间度量。

当前已被认可的"社会时间"通常按两种原则建构：一种是基于对日夜交替、季节变换、植物生长规律等自然现象的观察与体验，发展出的循环时间观；另一种是从诸多事物的不可逆性中建构出的线性时间观。❷在各自时间观的基础上，人们进而构建出了一套为该群体所共同接受并遵守的时间度量准则，他们所有的活动都依照这一套时间准则与节奏安排，并被赋予了丰富的文化意义。在现代都市生活中的我们看来，时间就是一个连续不断的线性过程，由过去、现在、未来构成，由时、分、秒、年、月、日、周构成，它是一种客观、物理的存在，表现为"北京时间"、线性时间，是商业文明与工业化生产背景下对时间进行精确掌握和分割之后的钟表逻辑。而在农耕社会时间概念与更为具体多样的季节概念密切相关，一年分为四季，他们的界定异常稳定，通过季节人们获得了对时间的先后程序的连续性与循环性的认识。在此基础上形成的农历，是人们长期观察日月运行、四季变换、植物生长周期等自然现象的结果。独龙族传统生产生活逻辑对时间的认知便是典型的循环时间观，其传统时间认知是循环往复、遵循自然劳动节奏的"独龙时间"，线性时间观并不为独龙人所习惯，哪怕多么盼望多劳多得、增加收入，村民们仍然希望最大限度地拥

---

❶ E·杜尔干. 宗教生活的初级形式 [M]. 林宗锦，等译. 北京：中央民族大学出版社，1999：10 – 11.

❷ 黄应贵. 时间、历史与记忆 [M]. 台北：中研院民族学研究所，1999：1 – 3.

有生产生活的灵活性和自由性。正如一位荷兰农民所说："我拥有自由，安排自己的工作和时间，我们与自然和动物结伴，每天都面对着指涉生命的价值。❶"所以，用一种文化中的时间观去评价另一种文化的"不守时"，某种程度上是不同观念碰撞后的价值错位。

### （二）独龙族循环时间观所蕴含传统农耕文化的保护与发掘

民族学研究方法的特点在于整体观、主位研究和文化相对论，故而民族学者对时间概念的理解与诠释在于关注社会文化语境中时间与人的关系，能够通过文化对时间的建构与度量来理解该文化的社会活动实践。

#### 1. 循环时间观表达的生产生活实践

老一辈独龙族人有一套自己的季节历，人们根据季节和万物生长的变化安排山地农耕、采集和狩猎。独龙江下游地带的族人将一年分为花开、播种、鸟鸣等 10 个月，重视花开、鸟鸣等物候的变化，春花开放时就要赶紧播种，"崩得鲁那"鸟鸣则停止播种，对于时间节令的划分并不严格，每个月具体多少天也不固定，这种历法被称为"花鸟历"。上游族人则将一年分为 12 个以"龙"（汉语"月圆"）为单位的节令，12 个节令轮转往复：

得则卡龙：指山上还有雪，男人打猎、女人织布，意为无活可做；

阿蒙龙：指山上还有雪，开始种小麦、小米和青稞，意为草开始发芽；

阿暴龙：指砍火山地，种洋芋，意为地上有草；

奢久龙：指砍火山地，种南瓜等，意为有些鸟开始叫；

昌木蒋龙：指插秧、种玉米、稗子，意为所有的鸟都叫了；

阿累龙：指插秧、薅草、挖贝母、捕鱼，意为长竹子了；

布安龙：指挖贝母、薅草、捕鱼结束，意为麦子可以吃了；

阿送龙：指种荞麦，吃青苞谷、瓜类，收小米，意为松叶开始黄了；

阿长母龙：指收苞谷，砍草，意为山上下霜、树叶已经黄了；

---

❶　叶敬忠. 发展的故事：幻象的形成与破灭［M］. 北京：社会科学文献出版社，2015：138.

曹罗龙：指山上又有雪，收苞谷、搭苞谷架，意为稗子、苞谷要收了；

总木加龙：指山上有雪，收稗子等，意为各种粮食要收完；

力哥龙：指江边有雪，收集柴伙、狩猎，意为江水清且小。

相比线性时间，循环时间概念与生动的自然界密切相关，季节、动植物生长的规律十分稳定、可持续，人们从中获得了对时间顺序、连续性与循环性的认知，如独龙族"花鸟历""月圆历"、农历、二十四节气，均为长期观察日月运行、四季变换、植物生长周期等自然现象的结果。

## 2. 循环时间观中人与自然协同发展的生产生活逻辑

宗教的"灵魂"观念不同于哲学所指在身体中依存的精神实体概念，认为"灵"脱离身体独立存在，不随形体湮灭而死亡，是超脱物质世界的世间主宰。在生产力极端低下、生产生活严重依赖自然界的社会形态中，祖先崇拜进一步发展为对自然物与自然力的崇拜，"灵魂"得以异化为"神灵"。过去，生活于高山峡谷间的独龙族处于半封闭、自给自足的刀耕火种状态，人们对世间万物均存有敬畏，认为在构成自然界的各要素中都蕴含着"灵"，独龙族传统生态观念里自然和神灵、鬼灵神圣一体，他们用对"灵"的认知与崇拜来表达对自然的尊重和敬畏。LZX（女，独龙族，73岁，独龙江乡迪政当村熊当小组，务农，独龙族即兴说唱传承人）给笔者即兴说唱了一段祭"拉"（山神）仪式的内容，歌词大意是："村寨的男女都要你来保佑，愿我们村人口兴旺，人人长寿、长生不死，愿你永远保佑我们，我们将献给你最好的东西。"LZX用即兴说唱与"灵"沟通，祈求年年人畜平安、五谷丰收，类似的活动还有"开昌哇"节中的"剽牛祭天"。

长期社会实践中形成的独龙族历算法，其核心便是构成自然界各要素都有"灵魂"的思想，即"万物有灵"的本土原始崇拜，时间逻辑建构与原始"灵魂"分类体系息息相关。族人们将"灵"分为鬼灵和神灵，致人生病和灾祸的是鬼灵，自然界的日、月、山、风、电、树、河、花和各动物里则存在着神灵。神灵中与生产生活紧密相关的事物或动物，它们的生长规律被作为循环时间以及历法的核心要素，如"花鸟历""月圆历"，以此实现人与自然的关联和协作。这种循环时间观中人与自然协同发展的生产生活逻辑，体现了人类生产活动与自然界的统一。

### 3. 传统生产逻辑与现代发展理念达成了生态价值共识

党的十八大报告将"建设生态文明"提升到"五位一体"的中国特色社会主义建设总体布局中。为科学论述生态环境与经济发展的辩证统一关系，习总书记创造性提出了著名的"两山"理论和系列重要思想。具体到地方，"两山夹一江"是独龙江乡的地势特点，高黎贡山与担当力卡山纵向并立，中间一条独龙江南向奔流。该乡所处高黎贡山段是高黎贡山国家级自然保护区的主要区域之一，而高黎贡山国家级自然保护区以其生物多样性，被学术界誉为"世界物种基因库"；同时，这里还是世界自然遗产地澜沧江、金沙江、怒江"三江并流"的核心区域，该区域内生存着77种濒危的珍稀国家级保护动物。所以，在独龙江乡发展现代产业体系必须思考地方经济发展、人类永续发展和生态文明建设之间的关系，体现其生态服务功能。基于此，该乡树牢绿水青山就是金山银山的绿色发展理念，积极探索了生态保护与脱贫致富共建共赢的产业发展道路，着力推动以草果种植为主的绿色产业。独龙族传统生产生活逻辑中蕴涵着人与自然协同生产、可持续的生态伦理，让村民们在现代农业种植中自发使用农家肥涵养土壤、植树护林保护环境。

以下是笔者在草果地与MJL（男，独龙族，31岁，初中，巴坡村村委主任，巴坡村木兰当小组，务农）的一段对话：

问："能介绍一下您正在用的这个肥吗？"

答："可以啊，这个呢么是农家肥，我们现在种草果施肥都用这个。"

问："哦哦，是技术员教你们做的么？"

答："我们这个是老一辈人传下来的，不用（农科员）进来技术指导。"

问："会配合化肥使用吗？"

答："我们村草果种植上没有用过化肥，肥田我们用的都是农家肥。用领导的话说叫生态产业，生态环保嘎，这样种也好卖啊！化肥和地膜对土壤土质有破坏性，乡里也不建议使用。但是我们的有些农户用农家肥是自发的，因为用了一段时间磷肥和尿素发现问题，对土质不好，大家就自发不用了。"

问："那这种肥是怎么制作的呢？长辈们还有没有教别的农家肥制作方式？"

答："我们做农家肥有好几种，现在用得最多的是这种。就是往猪圈里放草，沉积一段时间后把它离（沥）出来就行了，再就是人的粪便直接施用。"

MJL告诉笔者，种植户们大多自发地使用了生态、环保的农家肥，抵制使用化肥。化肥见效快，但是效力持续时间短，长期使用容易造成庄稼对化肥的依赖以及土壤板结；农家肥则正好相反，虽然见效较慢，但是绿色、无污染肥料，不仅能实现农产品的绿色、有机，还能解决现代化肥带来的污染和土壤板结问题，长期施用会使土地越来越肥。接着，又介绍了在独龙江乡村民制作农家肥的一些方法，见表6-1。

表6-1　独龙江乡农家肥类别、成分与制作方法

| 农家肥 | 成分与制作方法 |
| --- | --- |
| 禽畜肥（主要为鸡粪、猪粪、牛粪） | 用禽畜吃的青草、玉米秆等做积肥材料，和禽畜的粪便混合在一起沤成 |
| 草木肥 | 农作物收割后，将玉米秆、杂草烧成草木灰，或是做饭燃烧枯木等产生的肥料 |
| 饼肥 | 花生、芝麻、油菜等榨油后剩下的饼（亦可喂食家禽） |
| 大粪 | 人体排出的粪便 |

货币化体系中，对于金钱的渴求容易使经济发展偏离目标，把逐利变成生存的习惯，而不是生存的基本条件。商品化社会中，传统人际关系、人与自然的联系，不再是单纯的感情关系和劳动关系，劳动对象从人与土地、人与作物，变成了人与机器、人与市场。而小农户在千百年来的劳动实践里，却异常清醒地理解着人与土地的关系。人类以自己的劳动照顾土地，使土地孕育收成，与土地之间是"施"与"受"的关系，同时也是一种互惠互利的关系。农民知道，与有机肥料相反，化学产品会"灼烧大地"❶，并"消耗"它的力量。在小农户的逻辑里，"好的产出"是劳动的最终目的，"好"不仅表示产量高，还要可持续。他们不会用强制的方式，

---

❶　阿图罗·埃斯科瓦尔. 遭遇发展：第三世界的形成与瓦解［M］. 汪淳玉，等译. 北京：社会科学文献出版社，2011：111.

而是精心地照料庄稼和作物。劳动之于他们是一整个体系，是完整的一件事情，不能被分割，而不仅是翻土、播种、收割等环节的机械组合。粮食作物从土地中吸取能量，人类转而又从粮食作物和养殖产品得到赖以生存的资料和能量，人类的力量用于土地上，这种耕作劳动又会产出更多的力量。建立在量力而出的逻辑之上，他们以劳动善待自然，尊重生物和生命，自发抵制不利自然的生产方式。"地育万物、量力而出"❶——这种生态逻辑正是人与自然和谐相处的精髓。这些传统农耕技术与高耗农业相比，充分地利用了自然资源，成本低廉并且具有很好的土壤保护效果，不仅适合山区农业发展，还契合了独龙江乡生态服务功能的要求，有益于边境生态屏障安全、生物多样性维护、水土保持和水土涵养。

诚如梭罗曾感叹的："农事曾经是一门神圣的艺术"。❷独龙社会千百年来积累而来的传统生态观、人与自然协同发展的逻辑，以及"有灵"论对生物多样性价值的推崇隐喻，一直是独龙族地方性知识的精髓。传统生产生活逻辑为现代生态文明建设打下了认知基础，并在实现脱贫致富的工具理性层面上，完成了传统智慧与现代发展理念对接的产业摸索，满足了本土文化可持续的价值需求。

## 四、观念：传统生存理性实现了经营的自主性和风险共担

"自进入文明时代以来，财富的增长是如此巨大，这种财富对人民来说已经变成了一种无法控制的力量。人类在自己的创造物面前感到迷惘而不知所措了。只要进步仍将是未来的规律，那么单纯追求财富就不是人类的最终的命运了。"❸1877 年，摩尔根质疑了财富积累是否是人类追求的意义，认为对于金钱的渴求容易使经济发展偏离目标，把逐利变成生存的习惯而非生存的基本条件。所以，继时、空结构之后，"生存理性"认知是传统农耕文化更深入的表达，是从价值观层面对"美蒂斯"的探寻。

❶　阿图罗·埃斯科瓦尔. 遭遇发展：第三世界的形成与瓦解［M］. 汪淳玉，等译. 北京：社会科学文献出版社，2011：111.

❷　江浩. 浅析梭罗生态思想的理论渊源［J］. 湖北函授大学学报，2014（11）.

❸　路易斯·亨利·摩尔根. 古代社会［M］. 杨东莼，等译. 北京：中央编译出版社，2007：400－401.

### （一）"懒"与"闲歇性劳动"

欲深层剖析独龙江乡村民对草果种植"新小农"模式的选择，必须深入其文化结构先弄清他们"需要"（need）什么。塞林斯曾说，"'市场—工业'以一种特殊并无可比拟的方式设置了短缺"，"'劳碌一生'这句话似乎是特别为我们铸造的"❶。但是对于独龙江乡当地群众来说，融入大分工体系，挣钱、消费、再挣钱、再消费是他们真正的需求吗？调研中，笔者常与州、县驻村帮扶工作队队员、大学生村干部和来三乡谋生的外乡人攀谈，多次听到他们以一个词来形容村民——"懒"。在此给出三个案例：

**案例 1：**

2017 年 12 月 25 日，笔者打电话与尚在独龙江乡龙元村驻村帮扶的朋友 CCX（女，白族，31 岁，大学，怒江州民宗委办公室主任，驻村工作队员）交流帮扶近况，她介绍道："自 2016 年春天来到这里就一直想着要做点实事，扶贫后容易出现的'等靠要'现象，多数由于没有切实带动起群众脱贫的积极性。2017 年 5 月，我们单位支援 20 万元对口帮助龙元村建立合作社，由我负责落实。找合作社带头人、动员村民真是费了不少功夫，好些村民都不愿意参加，几乎走访了全部的村民小组宣传员，碰到没车的时候得靠步行，来回要走 20 多公里。"的确，笔者看 CCX 该时间段的微信朋友圈信息总是在山路上，于是安慰其辛苦。她在电话那边爽朗地笑道："村里的第一个合作社'贡山县源丰养殖农民专业合作社'能如期成立，辛苦是值得的！养猪场在夏天很快就建起来了，种猪投放、技术培训等步骤都在同步进行。"

**案例 2：**

笔者："小 X，农家乐门口公路旁堆了好多钢筋，好多天了，都拦住路了，要不要处理一下呀？"XL（男，27 岁，怒族，大学，贡山县人，2015 年 8 月入巴坡村，大学生村干部）不太高兴地说："不用管了姐，没想到村里人这么懒，不然就不让他们拖进来了，还以为给村里人挣钱机会，村主任会感谢一下我呢，唉！"

---

❶ 马歇尔·塞林斯. 原初丰裕社会 [J]. 台湾社会研究，1988 春季号第 1 卷第 1 期.

经仔细询问，事情的原委是这样的：贡山铁塔公司请 XL 帮忙在巴坡村招临时工，把十几根共 20 吨发射基站铁架搬到村委后的半山腰，工费2.5 万元。按 12 人抬一根、每天 1~2 根算，如果 12 人接活，10 天左右就能干完，每个人干 10 天不到就可以分 2000 多元。半个月过去了，没有人愿意接活，问及原因说："太累"。

案例 3：

2016 年元旦，笔者约外来务工老板 ZYH（男，59 岁，汉族，小学，经商，丽江市永胜县人）在 BLJ（男，31 岁，独龙族，初中，务农，独龙江乡孔当村丙当二组）家中进行访谈。ZYH 到独龙江乡包工程已经有六年，主要做村级公路路面硬化。他一边教 MJX（BLJ 爱人）做永胜油茶一边聊在这里生活的感受："本地独龙族村民们都很热情，平时相处愉快，大家经常串门，围坐火塘喝酒、闲聊、唱歌。但用工的话我一般不愿意雇本地人，施工队里雇了几个也是看 BLJ 的面子，一大半工人包括技术工人是我从永胜带进独龙江的，自己的工人出工效率高，日工资两三百块。本地工人相对懒一点工作效率就低，早上不能按时出工的情况比较常见，日工资也要低些大概一两百块。"

从主流劳动观来看，被访者不同程度地描述了本地村民"懒"的直观感受。但站在当地村民立场，他们为什么对自己不熟悉的劳动方式持消极态度，仅以"懒"字并不能概括，在他们看来劳动也是自然的一部分，人通过劳作与自然"交流"，享受"闲歇性劳动"比刻板、程式化的"工作"更加重要。独龙村民为什么要选择"新小农"模式种植草果？为什么放弃我们看来很容易的挣钱机会，甚至不愿外出务工？仅以一个"懒"字是无法解释的。

历史上的独龙族是狩猎－采集民族，解放前处于原始社会解体时期，除了与外界为数不多的物品交换，长期以来自给自足。丰富的野生资源就是他们的食品库，独龙江流域可采集的野生植物多达 20 多种，其中绝大多数是块根植物，非常合适晾晒加工后作为食物储藏，块根植物可以加工成淀粉，储藏在房屋的仓库里，比如"阿波"（百合）、"波义"（葛根）、董棕等。年闲时，常交换生产生活物品的家族之间会经常"走朋友"，相约聚会、上山采集狩猎，孩子们通过家庭教育和娱乐活动跟随长辈学习生存和劳动技能，比如做家务、织独龙毯、打猎、挖掘、砍树、采野菜。参与观察中，笔者跟随 SLZ（男，独龙族，27岁，小学，务农，巴坡村斯拉洛小组）上山挖三七时，他指着一棵小树告诉笔者："Y老师你看，这就是董棕，要长好些年才成熟，以前我的长辈都是在它身上刻一道道横线来记年。长熟了咬一口跟甘蔗的味道差不多，把树的根砍下来，切成一块一块，用石头砸碎，用水泡一下搓搓，把渣滤掉，剩下的淀粉一样的晒干就成了董棕粉。你们外边的人看我们在山里挖东西很辛苦吧，其实这个东西弄成粉好吃着呢，我小时候最喜欢吃董棕粉了，还可以做成饼烤着吃或者直接上锅蒸着吃。"他接着说："以前爸妈带我们出去都是以火塘为准咧，一个火塘一家人一起出去，最少都有三五个人，很少有单独行动的。也有经常'走朋友'（每年年闲时通过事先认识的朋友进行物品交换，不是亲戚也不属于一个家庭，多半是在第一次交换时认识的）的几家约好一起去。去的也远咧，有时候一两天，有时候三五天。男孩子学习上山打猎、砍树、挖东西，姐姐妹妹们就跟妈妈学习做家务、采野菜和织毯子。现在还真是蛮怀念那时候的日子，虽然没有手机、电器，日子苦点，但是感觉不累，时间也多，经常聚会和串门玩。"

此外，笔者发放的问卷有一题是："业余时间您一般选择什么消遣活动？"答案设定为"上山逛、打篮球、找朋友闲（云南方言"玩"的意思）、看电视、看书、上网"，统计结果除"上网"以外，"上山逛"和"找朋友闲"都是当时常见的传统休闲方式。所以，独龙族人原有生计方式表现出的"辛苦糊口"也许并不仅仅是辛苦工作，也带有"闲歇性"劳动的性质；采集的野生食物，也许并不似我们认为的"难以下咽"和"不可想象"，有些甚至是他们喜爱的食物；辛苦、危险的山林狩猎，也许也并不完全代表风餐露宿的窘迫，集体外出的过程何尝不是加强人际互动和亲情纽带的过程，茂密的森林又何尝不是传统家庭教育的场所。正如用不同时间观去评价碰撞后的生活逻辑易产生价值错位，"懒"与"闲歇性劳动"的区别亦在价值判断的一念之间。

## （二）独龙族生存价值理性所蕴含传统农耕文化的保护与发掘

1929年出版的《牛津英语词典》对"需要"有三种解释：有需要做的某些事情；皇室颁布命令的要求；生理或身体的需要，并为满足需要而行动。[1] 正如塞林斯所说"需要"就是一种"满足"，对"生存需要"的满足是最原初的界定，以数字评估"需要"将日渐脱离本土文化与社群。人类进入工业社会后满足需要与数字息息相关，希望达到多少收入、拥有几套房子、开什么牌子的汽车，这是市场、工业背景下现代生产生活的逻辑，但对于接受援助的发展主体而言，主流文化普遍追求的是他们真正的生存所需吗？本章的最后一部分将从蕴含在独龙族生存理性中的闲暇需求、谨慎天性和集体互助惯习里寻找答案。

### 1. 根植于本土文化的闲暇需求保持了经营自主性

深度访谈中，老人们告诉我：以前，一个四五口人的火塘，通过一个成年男性的劳动就可以使一家人果腹。生活节奏是缓慢的，除一周两到三天的采集、庭院农耕、打猎、捕鱼以外，大多数时间都用来家庭之间相互走动、歌舞和睡觉了，白天晒着太阳睡个觉是非常惬意的事情。"现在每天给建筑工地打工，真是太累了，老婆说我喜欢喝酒，那是干了一天活太累了，不喝点酒怎么放松疲劳、熬到明天咯！"BLJ 闷闷地说。可见，独龙族传统生活观念中的闲暇可是货真价实的。通过前文"懒"与"闲暇"的阐释，可见"闲暇需求"是独龙族传统生存伦理较为重要的部分，在生产生活实践中表现为对经营自主性的要求。基于丰富的资源和物产，以少量的时间获取了必要的生活资料以后，他们并不持续工作，其生活价值在于是否能够通过劳动获得支配剩余时间的自由。当前我们常说"只有实现了财务自由，才能实现时间自由"，但对于独龙人来说，"财务自由"和"时间自由"并没有必然联系，劳作是为了余下闲适时间用以休歇和娱乐，以此作为与劳动的互补、转移和补偿。

以草果为主的小农式生态种植正是满足了深植独龙文化中的"闲暇"需求与自主理性。一是，草果生命力极强，发蓬郁闭快，有利于河谷森林景观的恢复，有利于形成高产稳产的农业生态环境和人居环境。用当地人的话来说，种草果比种别的省心多了。BJL 说："这当然是主要原因啊，头一年开荒、播种打理好以后，再就不用花什么时间和精力去打理它了，好长着咧。然后，就有时间去和小伙伴们一起去打个猎、钓个鱼啦嘎！"再者，在村民们看来，一旦过多地陷入了市场，就不能自主支配时间和休闲

---

[1] 许宝强，汪晖. 发展的幻象 [M]. 北京：中央编译出版社，2001：397.

生活，这在他们看来是不能忍受的，钱可以不挣，但休息和族人们聚在一起歌舞不可少，这也是永胜 Z 老板总抱怨本地工人迟到的原因。以家庭为单位的小农式生产则完全满足了村民们远离市场支配的愿望——园地（庭院）经济、种植规模有限、市场依赖性不高、自主安排量产劳作时间与生产规模等。一言以蔽之，"新小农"模式发掘和满足了独龙族传统农耕文化认知中对"闲暇"的需要，满足了小农户不被模式化生活和市场支配的生存诉求。小农基于过去的生产经验，选择了自己所熟悉的生产方式，希望在对市场产生的有限依赖中保有更多支配自我的自由，可以自由支配时间，有充分的闲暇用于娱乐等文化活动。

### 2. 农民天然的谨慎取向降低了投资风险

虽然不景气的年度，基层政府会择情予以最低收购价保护农民的利益，但变化无常的市场仍然令村民们担心和迷惘。面对波动的市场，谨慎是农民在生产经营中天然的价值取向，因为对于他们来说最重要的生存理性不是营利，而是安全、稳定、低投资风险。斯科特曾这样描述市场之于农民的风险："（生存经济中）在小规模的有限市场内，当地的收获量越少，单位收获物的价格越高，反之亦然，因为供求是由收获量本身决定的。而在世界性的市场上，地方收成和价格的关系被打破了，世界价格的变化或多或少地独立于地方的谷物供应量——收成少时的单位价格很可能跟收成多时一样……世界市场的不安全性比传统的地方市场更大。❶"打开网络搜索页面，"大凉山入冬，百万斤苹果快要烂在枝头""1000 万斤贡酥梨逐渐腐烂，让陕西老农痛心疾首""辽宁大白菜烂地里，五分钱一斤没人要"等报道一拨拨跳入眼帘。因受供需波动影响而破产、不能保障基本生计，农民的唯一出路就是进入城市，以打工的方式赚取生存所需。虽然乡供销社在市场不景气的年度，会择情予以最低保护定价，但变化无常的价格杠杆在独龙江乡村民们的眼里，却仍是令他们担心和迷惘的存在，此时生存理性发挥作用降低和分担了市场带来的风险。生存理性是农民在生产经营中最天然的价值取向，对于他们来说，最重要的不是营利，而是安全、稳定和低风险。独龙族产业发展过程中，这种生存理性通过农民

---

❶ 詹姆斯·C. 斯科特. 农民的道义经济学：东南亚的反叛与生存 [M]. 程立显，等译. 南京：译林出版社，2001：75－76.

的谨慎天性和根植于独龙生产、生活文化中的集体主义互助行为体现出来。

访谈中笔者了解到，虽然草果种植收入可观，但村民们考虑是否扩大种植规模时仍然十分谨慎，选择种植规模的主要条件为本家族的劳动力数量和可投入资金。BJL（男，独龙族，27岁，大专，务农，独龙江乡孔当村丙当二组）谈起他新开的草果地时说："其实有人劝我多开一些地种草果，村里分给我闲着的地上百亩，我一个人开不了（BJL未婚，跟随父母居住、耕作、经营，父母身体不好，全劳动力主要为他1人，其大哥、二哥已分家单过），本来准备只开20亩，后来大嫂给我在迪政当村找了十几个亲戚过来帮忙，现在还是开了50亩，但不能再多了，家族里人手也有限。"笔者追问："开这些地要投入不少资金，有没有想过把家里的积蓄都亏进去怎么办？会不会出去打工？"他答道："乡里有保护政策，有最低定价的话应该不会亏很多吧！真亏的话就在家里种点别的，暂时没有出去打工的打算。"可见，村民们在扩大种植规模时仍以家庭为单位、量力而行。这种谨慎的天性归根结底来源于农民生存理性的价值取向，亦有其民族性格中保守内向特征的影响，生产生活中体现为"守土性"，如果投资失败其备选项里没有离乡进城打工这一条，种植失败即意味着生存堪忧。

### 3. 传统集体互助惯习分担了生存风险

基于过去落后的生产力水平，小农户的"生存理性"还体现在一定程度的集体主义互助行为上，以此分担自然灾害、疾病、市场等不可控因素带来的风险。独龙族的集体互助行为源于历史上的"共耕"习俗（独龙语称为"马哇木朗"），直至现在独龙族家庭还保留着"主妇管仓""轮流煮饭""主妇分食"的遗俗。大家庭储备粮食也有两种方法：一种是"捧千"，即属于整个大家庭的大仓房；另一种是以火塘为单位的小家庭里的粮食和物品的小仓库，称为"捧秋"，由小家庭的主妇管理。大家庭内部由各个火塘的主妇轮流煮饭，粮食先从大仓房取用，待用尽以后再到小仓房去取用，各个小家庭不能拒绝，这已成为一种传统的义务。❶

不仅家庭生活，家族交往中也特别讲究有难同当、有福同享，家族成员有互相帮助和保护的责任。不管哪家起房盖屋，全村都会主动登门无偿

---

❶ 赵沛曦. 独龙族传统生活中的价值观 [J]. 中共云南省委党校学报, 2009 (9).

相帮，建材等方面也都尽自己所能支持对方。婚丧嫁娶则不请自到，家族成员有大家共同出聘礼、共同吃彩礼的习俗，团结互助的美德蔚然成风。❶几个大家庭之间，经济上互相协作，生活上则相扶相济，杀猪、杀鸡或猎获猎物时，也要共同分食，通常是一家无粮全家族共同予以帮助。因此，社会上从来没有乞讨和流浪的现象，生活贫困的人走到任何一家，主人分食时都会和家人一样平均分得一份；鳏寡孤独、老弱病残都能得到全村的无私帮助，幼儿孤哀，家族必有人抚养，寡妇改嫁也是夫家必需的义务。独龙族热情好客，从不拒客进门，"人敬礼而膳之，不取值，卫之出"❷。调研期间，笔者还发现大多数人家的大门都没有锁，夜不闭户也是常事。

独龙族朴素的道德伦理观是人人有房住、大家同生存，穷者可以对富者提出帮助要求，确保弱者能渡过难关，特别强调传统乡村家族分担风险的保护性功能。所以，制度保障之外，独龙族这种"有肉大家吃、有酒大家喝、有事大家帮"的集体主义互助惯习，是根植独龙族社会的又一道"保护网"。

## 五、旗帜：乡村传统权威与制度权威的本土融合

此部分的研究重点不是对传统权威进行政治学分析，而是要表达乡贤所代表的族群精神亦是传统农耕社会文化的重要构成，在社会经济与文化发展中彰显极为重要的力量和发挥极为重要的作用。今天，独龙江乡的经济社会发展、"草果之乡"建成乃至独龙族的发展，都离不开一个重要人物——老县长高德荣。高德荣，男，独龙族，1954年生于贡山县独龙江乡，1984年至1990年先后任独龙江区（乡）副区长、党委副书记、乡长，1993年至1998年任贡山县人民政府副县长，2001年至2006年先后任贡山县委副书记、县人民政府县长，2006年至2012年调任至怒江州人大，2014年退休。至今，高德荣同志荣获"全国优秀共产党员""全国民族团结进步模范个人""全国脱贫攻坚奖""时代楷模""全国道德模范"等荣誉称号。在新中国成立70周年前夕，党和人民授予他"人民楷模"国家荣誉称号。习近平总书记亲自给他颁奖。

---

❶ 赵沛曦. 独龙族传统生活中的价值观［J］. 中共云南省委党校学报，2009（9）.
❷ 赵沛曦. 独龙族传统生活中的价值观［J］. 中共云南省委党校学报，2009（9）.

（一）"领头人"和"老县长"

访谈中，提及现在丰裕的物质生活和草果带来的好收成，村民们的话题都离不开高老县长。仅翻开 MJL（男，独龙族，31 岁，初中，巴坡村村委副主任，巴坡村木兰当小组，务农）的朋友圈链接，近年来关于老县长高德荣的报道就多达 16 条，如"老县长高德荣在独龙江畔暖人心的宣讲，画出了独龙江未来美好的蓝图"（怒江报 2017/11/07）、"十九大时光——高德荣：早日实现小康，独龙族要做好榜样"（怒江广播电视 2017/10/21）、"十九大代表高德荣：要把独龙江的巨变和基层党员群众的心声带到大会上"（怒江广播电视 2017/10/16）、"十九大代表高德荣风采——老县长的新产业（重楼）"（贡山发布 2017/10/13）、"人物风采：省政协老党员眼中的高德荣：高黎贡山不老松"（怒江在线 2017/02/04）、"高德荣：为了独龙江不再贫穷"（优酷视频）、"点赞云南：云岭楷模——高德荣：独龙江畔的'钉子官'"（怒江报 2016/03/29）、"高德荣获'时代楷模称号'"（云南日报 2014/12/30）。2015 年中共云南省委宣传部、海润影视制作有限公司、云南润视荣光影业制作有限公司还以他为题材拍摄了电影《独龙之子高德荣》。

初次访谈时，当地群众都亲切地称呼他为"领头人"和"老县长"，后来渐渐和村民们熟悉了，闲聊中感觉高县长在大家心中并不是行政领导那么简单，在大家的心目中他就是一面旗帜。MXY（男，独龙族，58 岁，文盲，务农，巴坡村孟顶小组）："这几年草果的收成好，两个儿子都结婚了，我和他们三家一起种，今年（2016 年）我种的 30 亩算算大概可以卖 5 万元钱，过了元旦就准备给大儿子买辆车，这样收割以后运草果么就方便得多。感谢党的扶贫政策啊，还要感谢老县长，当时要不是他挨村地宣传，承诺我们草果不挂果就不出乡，一定提供支持到见收成为止，大家当时也就不会放心去种啊！他是我们的好头人啊，没有他把路修通，就没有现在咯。""头人"是独龙族社会传统权威的代表。由于自身的社会生产力条件所限制，政治资源缺失、财富积累不足，独龙社会阶层尚未形成，其社会形式是一个松散的氏族社会组织，进行社会管理、处理纠纷时都由头人召集，共同商议。所以，在过去的独龙族社会中，政治合法性源于社会传统。成为头人的条件一般是年轻时机智勇敢、经济富裕、有威信和号召力，能按习惯法处理纠纷。基于特定的社会背景，这种传统的民间权力结构，是维系社会秩序、调节社会关系和处理社会事务的一种策略性设置。在独龙社会事务的决策中，头人一直起着非常重要的作用：纠纷发生于村寨界限内，由村寨头人解决；原告双方不是同一村子，则由所在地头人参加解决；纠纷解决时所凭借的证据是人证物证，若无人证物证，则用神判捞水锅方式解决。❶

当然，社会发展中头人也不一定都起到了正面的作用。比如："互助组成立后也并不是没有斗争的。首先是头人阻碍势力的斗争。第二行政村（现龙元村）有大小家族头人 16 人，成立互助组时他们说：'成立互助组后，不能大喝酒了。'几年来党领导独龙族人民开了大量水田，由于独龙族人民过去从未种植过水稻，技术还很低下，加上自然条件（如水田沙多、山水温度低等）的影响，水稻产量很不高，甚至没有收成的。这时他们（头人）却说：'共产党好是好，开了水田又丢，浪费了劳动力。'又说：'水田越开越多，粮食越收越少，肚子越搞越饿。'在推广牛耕时，他们也不相信这一先进的耕作方法。他们说：'这里山高高的，坡陡陡的，那（哪）能用牛，没有地方放牧，又不准杀牛。'在运进小麦到独龙河地区试种时，因为气候不合而失败。于是他们说：'我早就说过这里不能种，我的话你们为什么不听。'总之，家族头人在每推广一项先进技术和经验时，都要加以阻碍……二村最先在齐当试办互助组时他们不相信互助组能办好，说：'你们齐当先办互助组，为什么现在生产还搞不好，还这样穷。'"❷

毋庸置疑，与从前"头人"的消极与封闭比起来，独龙江乡经济社会发展中作为"领头人"的高老县长起到了积极的推动作用。他不仅是政府委派的行政领导，更是大家心目中的好领导，是独龙江的民间权威。他的故事甚至传到了国境的另一边——缅甸的独龙人那里。独龙族在我国不过万数，但在一山（担当力卡山）之隔的缅甸却有十万之众。由 IT 男变身藏地作家的微博博主刘文杰，在其公众号里描述了聘请缅甸独龙人帮助翻

❶ 解语. 云南少数民族传统社会的政治组织和政治制度：基于傣族、拉祜族和独龙族社会文化的比较研究 [J]. 云南民族大学学报（哲学社会科学版），2017（9）.

❷ 中国科学院民族研究所云南民族调查组，云南省历史研究所民族研究室. 云南省怒江独龙族社会调查（调查材料之七）[Z]. 内部刊印，1964（12）：124-125.

越高黎贡山的经历。里边有一段描述是这样的："独龙族，据说是史书上说的'太古之民'，一直称为野人、原始人。此前，他们一直过着原始部落般的生活，一起打猎，一起分肉，无论男女老少，都平均分配。在我小时候，还被列入教科书，以证明原始部落生产资料是公有制。我怎么也没想到，二十多年后，我会走进这个民族。小江措说，独龙族有一位'头人'，受到历任国家领导的接见。他经常去北京开会，'握过手''吃过饭'，以一人之力，带领独龙族走向新时代。修路、打隧道、搞旅游、修房子啊等，所有人都听他的。这段文字未明说头人的名字，但显然指的是高德荣老县长。虽然文学作品对其生活表述有夸张之嫌，但文中提到"受到历任国家领导的接见（习总书记在昆明接见）""去北京开会（参加十九大）""修路、打隧道、搞旅游、修房子（"整乡推进整族帮扶"发展项目）"等却都是事实。

### （二）发挥双权威型乡贤的精神引领作用

从国家和社会的关系看，权威和秩序可分为两种类型：一是传统社会形成的内生性权威；一是由外部力量加之于社会形成的制度性权威。❶乡贤便是典型的传统权威持有者，一般指乡村中品德、才学为乡人推崇、敬重的人，他们并不像官员那样拥有行政权力，却拥有基层社会赋予的"天然"权威。过去，皇权并不能直接深入到乡村社区，要顺利地完成各项公务，行政官员重要的依靠力量就是乡贤，面对幅员广阔而相对城市又具有闭合特点的中国乡村社会，借助乡贤这一社会文化权威力量，能让国家的统治更好地延伸到乡土社会底层。新时代，如何让乡土社会更好地凝聚起来，让社会转型中的村民和家庭得到社群的关注，现代乡贤是起到这种作用的关键人物。他们扎根本土，对我国传统文化、乡土民俗民风和乡村情况比较熟悉，能利用自身优势及声望，以身作则影响、感染周边的人，用村民能够接受的方式传递现代资讯让同乡信服。乡贤包括"在乡"和"不在乡"，以"在乡"乡贤作用尤其重要，而"在乡"乡贤中又有受认可的村民、外出事业有成回乡者和在职或已退休的党政干部、教师、劳动模

---

❶ 吴毅. 村治变迁中的权威和秩序：20 世纪川东双村的表达［M］. 北京：中国社会科学出版社，2002：6.

范等。

这位老县长便是典型的第三类"在乡"乡贤，不仅是行政权威的执行者，还是自然秩序和建构秩序的集中代表。在他的极力促成下，乡内高效地落实了交通及其他基础设施建设，将草果建成独龙族的"绿色银行"。传统内生式权威和行政制度性权威在边疆民族地区的融合治理，是该乡乡村治理的本土特点，前文标题中的"和"字表达了两者兼有之意，只有将制度权威融合个人魅力成为内生性权威，"领头人"＋"县长"才能真正由内至外实现推动民族发展的效果。推动民族发展需要旗帜、标杆和个人力量，需要领头人投入大量时间、精力甚至一生。2012 年退休后，当高德荣放弃怒江州府的舒适生活，主动回到独龙江乡，并同意担任"独龙江乡整乡推进整族帮扶工作领导小组"副组长的那一刻，他就把自己的一生都给了独龙江。直到今天，他仍然活跃在田间地头，为群众宣讲十九大精神，宣讲习近平总书记对独龙族"建设好家乡守护好边疆"的殷切希望，几年如一日地带领大家种草果、种重楼。LM（女，独龙族，30 岁，小学，务农，巴坡村斯拉洛小组，小组副组长）笑着说："他说不能赌博、不能打麻将、不能破坏生态，就肯定是对的，家长说的我们当然要听。"

就像被誉为台湾创意农场的桃米村，世人只看到从 1999 年台湾地震后的"垃圾村"到生态创意产业园的繁花似锦，媒体上亦只展示了"精油城堡""有机农场""纸教堂""花色餐厅""花露农场"的大获成功，却鲜有人知道"新故乡文旅基金会"的董事长廖嘉展与妻子，以及他们倾尽财力把家庭所有都投入桃米村里的半生光阴。正是村民把他看作了桃米村里的民间权威，才会放心笑言："大家愿意政府、社会组织和大学教授们把我们当作'小白鼠'啊！"❶ 同样，被村民们认作"咱们头人"的高德荣老县长，正是独龙族传统农耕社会制度文化中的乡土权威因素和实现跨越式发展的人脉线索。

---

❶ 该句台湾桃米社区村民访谈，由浙江师范大学人文学院社会学民俗学研究中心王道教授提供。

## 本章小结

　　通过对独龙族传统农耕文化要素与现代产业发展互动的梳理笔者认为，传承与复兴乡村传统文化、发挥"美蒂斯"的现代价值是实现小农户与现代农业有机结合的文化基础和落实乡村振兴战略的有效途径。坚持乡村全面振兴是实施乡村振兴战略的基本原则之一，《中共中央国务院关于实施乡村振兴战略的意见》明确提出要"准确把握乡村振兴的科学内涵，挖掘乡村多种功能和价值"❶，其中"切实保护好优秀农耕文化遗产"的思路对如何传承、发展、提升农村优秀传统文化进行了深入诠释。在小农阶层还将在我国长期存在的国情下，推动优秀农耕文化的合理适度利用，就意味着需挖掘、利用蕴含在传统农业文化中的本土逻辑、智慧和地方性知识。该生产形式并不简单表现为现代生态种植，作为一个知识系统，更包括蕴含在生态种植中关于本土农业生产和发展的逻辑、理念。发掘如"新小农"模式中蕴含传统农耕文化的现代价值，通过传统生产智慧与现代科技的接合，以此为总体思路回答上一章中舒尔茨所说小农户与现代农业有机衔接之难的问题。这些深植地方社会的"美蒂斯"元素，尤其农民在长期精耕细作中养成对土地的热爱和"守土性"，不仅是乡村的灵魂，更是农民们融入市场后生存的退路与"安全阀"。

　　结合本次新冠肺炎疫情，这场重大公共卫生突发事件让我们重新去审视乡村的多种功能和价值。乡村是一个综合性地域空间，具有社会、文化、经济、自然、地理等多重属性，兼具生产、教育、生态、养老等多重社会功能，本身就是一个自足体系，小规模、低流动的特性是天然的防疫机制和空间。农民工回乡后生活成本降低且有农业收入，能经得起失去工作机会的同时，还在疫情期间保证了城市封城、歇工后的粮食供应，尤其城市蔬菜的供应，从种植、收获、运输到销售都以农民为主完成。这使得中国具备了应对新冠疫情的强大能力，在重大危机来临时乡村成为国家安

---

　　❶　国务院办公厅. 中共中央国务院关于实施乡村振兴战略的意见［EB/OL］.［2018/02/04］. http：//www. gov. cn/xinwen/2018－02/04/content_5263807. htm.

全的"稳定器"和化解危机的"蓄水池"。而要让"稳定器""蓄水池"正常发挥作用、缓解"离农化""去农化"趋势，不仅生产生活中本土智慧需挖掘，传统空间结构的功能保留、守土爱土的心理情感、乡贤回乡的路径探索、城乡融合发展的机制构建……一系列乡村传统文化要素的传承与创新势在必行。乡村振兴不仅仅是单纯的产业发展，更是"美蒂斯"的传承与复兴，是乡村文明的整体复兴。

# 第七章　巩固脱贫成效推动乡村全面振兴

正如阿马蒂亚·森曾论述的："经济发展主要关注的根本不是收入和产出，而是人们的生活质量及其享有的幸福和自由。"❶ 当前发展的主旨早已不再是单纯的经济增长、物质飞跃，而是各个体系、产业之间、经济与文化之间的协调和全面发展，是基于地方性知识、历史条件、文化习性等本土构建的均衡发展。新的发展理念是系统和全方位的，这是我们求索、求证少数民族贫困山区现代化发展路径的根本。针对前文所提出，传统观念现代转型、小农户与现代农业衔接、"新小农"模式原生局限、"美蒂斯"的进一步传承与创新等问题，笔者认为还应从党的十八大所提出的五大发展理念入手，牢固树立并切实贯彻"创新、协调、绿色、开放、共享"的发展理念，深入思考经济发展与生态建设、社会和谐、民族团结、铸牢中华民族共同体意识的关系，立足于发展主体所处原生背景，借助历史、生态、社会、民族文化等各类本土元素，探索巩固脱贫成效、推动乡村全面振兴的适宜性发展模式和差异化治理路径。包括继续完善"新小农"模式，创新旅游大发展的新思路，建立现代特色产业体系；引导独龙族群众增强文化自觉，推动文化再生产；深化教育改革，继续加大基础和职业教育事业投入；落实素质教育与现代观念发展，进一步激发群众发展的内生动力，防止因文化变迁滞后经济社会发展所引起的社会问题；完善基层组织建设，综合施策、共同发力，协调、发挥各帮扶政策的效能最大化。

---

❶ 阿马蒂亚·森. 从增长到发展 [M]. 刘民权，等译. 北京：中国人民大学出版社，2015：11.

## 一、着力培育新型农民组织，持续完善本土生态农业模式

乡村振兴，不仅是单纯的物质富裕，更重要的是产业兴旺和生计发展。鉴于民族贫困地区大多分布于山区、牧区农村的共性特点；同时针对前文"新小农"模式运作中本土知识与现代技术衔接、小农户缺乏现代生产管理能力、资本匮乏、法制意识薄弱、小农式生产科技含量不足、规模化不足、耕地流转不规范等个性问题，应坚持"创新发展""开放发展"和"绿色发展"的理念，着力培育新型农民组织，与国际市场接轨，探索具有本土特色的生态产业发展新模式，在独龙江乡着力点为对"新小农"模式的进一步完善。

### （一）培养本土新型农业经营主体

首先，坚持国家的积极引导和扶持，确保现代发展方向。思考中国的农业问题，需认识到小规模农业将长期延续的现实，需突出国家引导小农户、培育小农户关键角色的必要，而根本问题在于怎样激发、扶持小种植户的积极性。应包括一系列的制度选择，如提供以小家庭农产为主要目标的融资渠道，如免息或低息贷款；触发以小家庭农业为主体的农业协作，为其生产、运输、销售提供必要条件；为他们提供经济能力范围内必要的科技技术；由国家为农民提供基本医疗保险，解除农民今天在城乡对比下强烈的不安全感。这样才有可能创建舒尔茨所强调的使用新技术低成本、高收益的经济环境，凭此充分发挥小农户的创新性和积极性。❶ 也唯有在国家的积极领导和扶持下，才可能触发舒尔茨理论中那种农民的积极性。

其次，发展农民专业合作组织。十九大报告提出，"深化农村集体产权制度改革，保障农民财产权益，壮大集体经济"，以及"发展多种形式适度规模经营，培育新型农业经营主体"，这亦是解决"本土"与"科技"结合问题的答案。所以，本着"创新发展"和"开放发展"的理念，可大力引入中小微农业企业，建立"企业＋党组织＋合作社＋农户"等模式，提高特色产业组织化水平；以家庭承包经营为基础，发展专业大户、

---

❶ 黄宗智. 中国小农经济的过去和现在：舒尔茨理论的对错 [J]. 中国乡村研究（辑刊），2008/12/31.

家庭农场、农民合作社，甚至农业产业化龙头企业；还可依托农村"三资"盘活村级资产，发展壮大集体经济，建立乡级土地流转平台，培育农业专业合作社，增加农民资产性收入。通过建立新型农业经营体系、大力培育新型农业经营主体，让小农户接触更多的发展形式，最终形成内生性新型农业经营体系；培育本土新型农业经营主体，亦能促进传统与现代两种知识体系的交流、碰撞和创新。目前，独龙江乡已有专业合作社8个，分别是贡山县独龙江乡巴坡宝健独龙鸡养殖专业合作社、贡山县独龙江乡普卡旺乡村旅游专业合作社、贡山县独龙江乡巴坡胜荣竹笋采收林农专业合作社、贡山县独龙江乡独龙蜜蜂养殖专业合作社、贡山县独龙江乡农旺独龙牛养殖专业合作社、贡山县独龙江乡建龙种养农民专业合作社、贡山县源丰养殖农民专业合作社、贡山县独龙江绿缘草果种植林农专业合作社。发展项目离不开项目区群众的参与，参与到企业化运作中，不仅能形成规模优势、具有较强的抗市场风险能力，对于提高群众的素质，有效实现小农户与现代农业发展的衔接，是极为有效的另一种措施。

## （二）引导小农户适度扩大种植规模

"新小农"模式运作的最大问题是规模"小"而"散"，这也是传统小农生产的典型特点和问题。在由传统农业向现代农业转型的过程中，标准化和规模化是两个重要方面，标准化比规模化更重要，但规模化却是标准化的基础。没有规模种植，土地生产率、资源利用率与劳动生产率便都是纸上谈兵。针对前文所述资金匮乏、土地流转不规范、种植规模小的问题，就如何帮助小农户实现规模化种植，基层政府可从三个方面入手：

一是善用财政补贴政策，建立用于扶持种植的专项资金。如可以增加农业补贴、农业保险保费补贴和财政奖补贴资金等，尽可能通过财政补贴鼓励小农户种植的数量和规模。并由基层政府牵头，建立用于扩大土地规模的专项扶持资金。在此基础上，引导种植大户、家庭种植户、私营专业合作社与乡供销社签订特色种植品种的长期供销合同。联合信用社提供低息和无息贷款，鼓励农户扩大生产。同时，基层政府制定、发布种植大户应达到的规模标准，健全专项扶持资金的各项登记备案工作，建立信息共享平台。二是形成稳定的生产用地制度。传统小农生产不能上规模的主要问题，就是土地"小"而"散"，集中连片、土地适当集中是主要解决方案。所以，在"依法、自愿、有偿"的前提下，基层政府首先应做好土地流转的法律与政策宣传工作，使农户能正确看待土地流转。此外，还应完善农村土地流转的服务体系，增强小农户的法律意识，规范土地流转的过程。同时，搭建土地流转沟通和交易平台，鼓励土地的"互换并地"。减少农户耕作的地块数，探索"土地入股"流转、"中介服务"流转、"大户承包"流转等多种模式，促进土地连片集中。三是积极引导独龙族群众在原有基础上，寻找产业亮点，自发新建农村合作社，推行"公司＋合作社"的发展模式，建设特色作物产业基地，销往其他地区。基于此，坚持不懈抓好产业品牌创建和保护工作，打造独龙江原生态品牌，提升产业品牌效益，提高产业产品经济附加值，形成品牌区域的规模产业。

### （三）着力在提升特色生态农业上下功夫

独龙江乡草果的最大卖点是生态种植，而生态农业又是对技术要求较高的农业类型。矛盾的是，"新小农"模式运作中存在着科技含量不足、生产率低的问题。所以，仅仅提高种植的科技含量只能解决一时，还需系统提供特色种植的生态农业技术支持方能长远，科技对农业贡献率上升的同时也能带动优良品种覆盖率和科技成果转化率。应坚持"绿色发展"的理念，在着力培育特色产业上下功夫，实施生态农业提升行动，坚持走以生态优先、绿色发展为引领的高质量跨越式发展新路子，做好做实做精特色产业这篇文章。

一是增强生态农业技术的有效供给。改善管理体制，努力形成以市场管理为主、政府引导为辅的管理体制。同时政府要加强对技术研发的扶持力度和手段，激发企业科研队伍、政府科研机构、群众中的技术能手等社会力量进行种植技术开发，并且加大研究经费的投入。注重组织农业科技培训，为种植农户答疑解惑，引导农户开发实用的和具有可操作性的关键技术，如绿色耕种技术、农产品无公害技术、节水灌溉技术、良种良法技术、病虫害防治技术、环境综合整治技术等，发展特色种养业确保农民持续增收。

二是引导小农户学习农业技术的内在需求。农业技术只有在能够保障农户从中受益的前提下才能被农户主动选择和接受。

三是将乡内草果、重楼种植较好、生态技术应用有成效的专业大户，树立为科技生态示范点，发挥其在生态种植中的示范作用。科技生态工程的示范工作是推动生态农业技术广泛应用，加速生态农业普及速度，使其他小农户能够切实看到生态农业技术所带来的效益的最有效途径。

四是在建设特色小镇上下功夫，推动生态农业和生态特色小镇的一、三产业融合发展，积极创建"绿水青山就是金山银山"实践基地，将生态环境优势转化为生态农业、生态旅游等生态经济优势。

### （四）加大拓宽融资渠道的力度

拓宽融资渠道、增强小农户的种植动力，一是县、乡政府应积极支持金融机构，如独龙江乡农村信用合作社，加速金融服务创新，推出更多、更新的信贷产品。二是鼓励设立农业担保公司为小农户和专业大户提供融资服务。三是展开对独龙江乡村民的信用等级评定工作，对信用等级高的种植户予以较高的贷款额度。四是针对独龙江乡群众文化程度较低的现状，应简化信贷的办理手续，提高贷款发放效率，对小农户贷款给予更优惠的利率，降低融资成本，真正解决融资难的问题。五是建立降低种植业风险的农业保险类别，提高种植业险种的政府补助额度，将天灾人祸等不可测力带来的损失降到最低。

### （五）面向市场完善社会化服务体系

针对独龙江乡小农户面向市场不充分的问题，基层政府应主导建立一个与生产配套的社会化服务系统，包括物流服务系统、信息化服务系统和市场服务系统等。一是物流服务体系，应负责在草果收割后，为小农户提供方便、快捷的交通运输服务，修建具有广泛市场覆盖度的地方配送中心。二是市场服务体系，应致力于稳定公平、公正的市场环境，规范草果、重楼等生态产品市场的批发与销售，同时规范乡村的各类市场、超市和小卖部。三是信息化服务体系，乡政府应引导各类社会资本与小农户对接，共同投资特色生态种植品种的生产与加工，鼓励各种类型的合作模式和经营模式。同时，鼓励在乡内成立草果种植的行业协会，作为联系政府、企业与小农户的中介，推动市场交流、监督与贸易往来。目前，乡政府做到的细节有：进行草果销售的最低保护定价，最大限度地降低市场风险，保障农户利益；收割之后，举办和外出参加各种供销见面会，做好小农户与外界的供需信息沟通；鼓励农民集资成立专业农民合作社，培训现代化经营管理理念等。

### （六）全面推动特色种植品种的产业化经营

草果在我国的需求缺口一直很大，产量不足的部分仍然靠进口。而国内适宜种植草果的产区，集中分布于较贫困、迟发展的西南少数民族亚热带气候区。由于农业现代化程度低，生产规模普遍较小，存在小规模生产与大需求市场的矛盾。欲解决该矛盾，需全面推动草果种植的产业化经营，逐步以生态种植的专业化和规模化，替代独立、分散的种植。具体可以从三个方面入手：

一是完善特色生态农业生产基地建设。目前，独龙江乡草果生产基地仍为 2010 年所建，基地生产种植规模为 3 万亩，并不能跟上当前独龙江乡草果种植的势头与需求。所以，扩展基地的种植规模、升级种植基地的种植和管理技术，确保生产的标准化、规范化，做到播种、施肥、收割、加工、销售的科技性和统一性，都需要加强种植基地的基础设施建设，保证标准化生产的顺利进行。二是对于规模较小或还未形成规模的小农户，推动其尽快壮大；对特色生态种植的龙头大户进行重点扶持与改造。三是调整好特色种植业产业化建设中的利益关系。发挥各类中介服务机构的作用，调节好供销社、生产基地、投资企业、专业合作社、专业大户和小农户之间的利益关系。建立由企业、龙头大户和小农户共同组成的利益共同体，使之互惠互利，共担风险。这样不仅能够提高广大农民参与的积极性，也为草果种植的现代产业化发展引进新的活力。

## 二、结合"一带一路"倡议，探索旅游发展新思路

十九大报告中党和政府对发展提出了新的要求，要"贯彻新发展理念，建设现代化经济体系"，同时指出"我国经济已由高速增长阶段转向高质量发展阶段，正处在转变发展方式、优化经济结构、转换增长动力的攻关期"❶。所以，构建独龙江乡的现代产业体系，除有针对性地解决特色

---

❶ 习近平在中国共产党第十九次全国代表大会上的报告［EB/OL］．［2019/10/12］．http://www.china.com.cn/19da/2017－10/27/content_41805113.htm.

种植业中的问题、完善"新小农"模式，更应创新旅游大发展的工作思路，促进一三产业的融合发展。现阶段，发展第一产业的确是带动独龙族村民致富的适宜方法，但随着独龙江乡产业结构转型的持续推进，鉴于山区农耕在现有科技条件下难以实现农业纯机械化和上规模化的现实，加之独龙族具有发展民族旅游得天独厚的条件，构建现代产业体系的重心最终还是要落实到旅游发展上。秘境关闭两年后已经开放，基于"创新发展"和"开放发展"的理念，立足本土探索旅游业大发展的新思路，推动独龙江乡迈向现代产业的新台阶，已势在必行。

## （一）新思路：整合"一带一路"倡议的历史文化元素

"新小农"模式的关键是将本土知识与科技相结合，进行有机衔接。笔者认为，旅游业发展亦然，可将区域旅游发展置于国际环境和国家战略背景中进行综合设计，与"一带一路"倡议的相关历史文化资源进行整合。

"一带一路"倡议规划在我国大致由三条主线组成，一是"一带一路"北线，即"丝绸之路经济带"的"古丝绸之路"部分，涉及陕、甘、宁、新；二是"一带一路"南线，即"南方丝绸之路"部分，由长安（今西安）到成都，再由保山出境到缅甸，经印度到欧洲，涉及省份有陕、川、滇、渝；三是21世纪"海上丝绸之路"沿线，从扬州、泉州、珠海，经马六甲到欧洲，范围包括浙、闽、桂、粤、琼。滇西北边境地区位于"一带一路"南线"南方丝绸之路"所涉及之区域，以昆明为汇集点，经保山、腾冲入缅，沿缅甸北线进入孟加拉国，成为"孟中印缅经济走廊"的一部分。该区域位于横断山纵谷地带，是东亚、南亚和青藏高原的交汇处，地势以高山峡谷为主，怒江、澜沧江、金沙江等大江穿流而过。北面与西藏和四川相连，西面与缅甸毗邻，省内东连楚雄州，南接保山、临沧和思茅地区。❶ 主要包括大理白族自治州、丽江市、迪庆藏族自治州和怒江州。地处中缅边境的独龙江乡正位于这条"藏彝民族走廊"的西部。

笔者认为，立足"一带一路"倡议的历史文化内涵及其对沿线地区的

---

❶ 云南旅游政务网. 滇西北香格里拉生态旅游区发展规划［EB/OL］.（2009/11/12）［2017/3/23］，http：//www.ynta.gov.cn/Item/995.aspx.

经济推动作用，在原有旅游规划中融入"一带一路"的历史文化元素，必能成为未来旅游发展新的带动点。当然，"一带一路"倡议的实施，不仅能促进边境地区旅游业的发展，对其他产业、边境贸易乃至整个经济、文化社会的发展所产生的积极影响都是不可估量的。

### （二）思路依据："一带一路"倡议的契机

#### 1. "孟中印缅经济走廊"建设的促进作用

"一带一路"立足国内全面开放，东牵亚太经济圈，西连欧洲经济圈，被认为是"世界上最长、最具有发展潜力的经济大走廊"❶，相关项目特别是大型基础设施项目，在欧洲、中东、中亚、东南亚开始兴建。"新亚欧大陆桥""中蒙俄经济走廊"等六条经合走廊有三条在中国东南和西南周边，分别为"中国－中南半岛""中巴"和"孟中印缅经济走廊"，它们从北到南贯通中国及亚洲内陆与印度洋，将"丝绸之路经济带"与21世纪"海上丝绸之路"联结起来。❷ 三条走廊中，无论陆地骨架还是海上丝路，位于东南亚的"孟中印缅经济走廊"是极重要的中间重合区域，它从我国云南省纵贯缅甸南北部，延伸至印度东北部和孟加拉国，直通印度本土。独龙族聚居乡正位于"孟中印缅经济走廊"与缅北克钦邦东部接壤的区域，是滇西北区域与缅北连通的重要边镇之一。基于此，独龙江地区可以借力"孟中印缅经济走廊"，在产业发展设计中融入国家战略背景元素，为旅游产业的发展注入新的活力。

#### 2. "南方丝绸之路－蜀身毒道"对沿线城市旅游开发的带动作用

"南方丝绸之路"是古代中国西南陆上通往中亚和欧洲古老的国际通道之一，可将"丝绸之路经济带"和21世纪"海上丝绸之路"有机连接起来，构筑内外联通、海陆并进的全方位开放体系。其起点在四川成都，西南方向进入云南省，入滇后分为两支，一支从云南西北部通往缅甸北部，进入印度东北恒河，即历史上著名的"蜀身毒道"；另一支从云南省中部地区南行至越南和南海岛屿；唐宋时期又出现了著名的茶马古道，分

❶ 王义桅. "一带一路"：机遇与挑战 [M]. 北京：人民出版社，2014：34.
❷ 刘宗义. 我国"一带一路"倡议在东南、西南周边的进展现状、问题及对策 [J]. 印度洋经济体研究，2015（4）：94.

别由四川和云南进入西藏，连接尼泊尔与印度。❶ 据四川师范大学巴蜀文化研究中心屈小玲教授研究，这一支在由缅甸出境之前分为西线灵官道和东线五尺道。1381 年，明政府拓展了经大理至缅甸的驿道，完善了西南六道❷的缅甸道，不管西线还是东线，至大理后均要西行至保山，过腾冲、翻高黎贡山出境，到缅甸密支那。或从瑞丽入缅甸八莫，再西行经印度东北阿萨姆至恒河平原，经巴基斯坦、阿富汗至中亚和西亚。❸ "汉置永昌郡以统理之，乃收其盐布毡罽之税，以利中土。其国西通大秦（罗马），南通交趾（缅甸），奇珍异宝，进贡岁时不阙。❹" 对 "永昌道" 沿线城市 "大理－保山（腾冲）" 的开发，将带动怒江、高黎贡山等横断山脉地区旅游经济的繁荣，成为旅游产业发展的又一助力。独龙江乡虽未处于 "蜀身毒道" 沿途，但与 "蜀身毒道""永昌道" 路段的保山毗邻，面对怒江大峡谷，背靠高黎贡山北端，处于 "南方丝绸之路" 和 "藏彝民族走廊" 文化生态圈之内，至 20 世纪 90 年代仍保留着以马帮为主的交通方式，其旅游产业的发展更应善用此历史文化资源。

### 3. 中缅贸易迅速增长带来的积极影响

"中国－东盟自贸区" 虽已成为日渐成熟的经贸发展和人文交流平台，其内部贸易交流结构却呈现出不平衡状态。我国与新加坡、马来西亚、泰国、印尼、菲律宾的贸易额占 "中国－东盟" 贸易总额的95%以上，而与缅甸、柬埔寨、老挝、文莱的贸易额不足5%。❺ 过去数年，贸易额的巨大差距直接影响了中缅边境贸易。其实，缅甸一直都是我国发展多边关系的重要伙伴，是我国矿产、能源的供应地，油气和天然气管道向云南等省输送能源，其仰光、皎漂等又是我国至印度洋、波斯湾、红海等海上贸易的重要港口。作为 "一带一路" 的重要节点，我国将提升中缅贸易交往作为近年国际经贸合作的重点，近年来，中缅贸易额迅速增长。据商务部统

❶ 屈小玲. 中国西南与境外古道：南方丝绸之路及其研究述略 [J]. 西北民族研究，2011（1）：172.

❷ 1250 年到 1850 年间，中国西南 6 条主要道路分别为：成都道、重庆道、汉口道、南宁道、越南道和缅甸道。每道都把昆明与主要目的地城市相连。

❸ 屈小玲. 中国西南与境外古道：南方丝绸之路及其研究述略 [J]. 西北民族研究，2011（1）：176.

❹ 《旧唐书·张柬之传》，卷91 列传第41。

❺ 王义桅. "一带一路"：机遇与挑战 [M]. 北京：人民出版社，2014：64.

计，2011年至2013年，中缅进出口总额同比增加分别为73.2%、1.8%、35.6%，到2014年，中缅贸易额达到了249.7亿美元，同比增长了144.9%。中国还是缅甸最大的外资来源国，至2014年中国累计向缅甸投资140亿美元，占有缅甸吸收外资金额的近三分之一。❶而独龙江乡连接了缅甸东部克钦邦的大部分地区，中缅贸易的复苏和繁荣，将为边境沿线县市发展提供良好的边贸环境，一定程度减缓缅北政治动荡带来的不利影响，为旅游发展创造稳定的国际环境，促进该区域产业结构的顺利调整，提升旅游产业经济效益。

### （三）整合资源推动旅游产业升级发展的具体对策

基于"一带一路"倡议与沿线地区的地缘关联，推进沿线民族贫困地区旅游业发展、提升独龙族群众的内生式发展能力，除继续加大政府主导、统筹、协调、推进的力度和资金扶持投入，继续落实旅游开发的常规举措外，应重点关注两个方面。一是针对前文旅游开发中的问题，特别加强旅游产业观念的培育，提高从业者的专业技能和服务意识，以不影响传统生计观念为前提，树立边境少数民族群众发展第三产业的观念，培育其自主发展的能力。二是将独龙江地区置于"一带一路"背景之下，结合"丝路"文化内涵和其经济影响，按照发展精品旅游、高端旅游的思路，紧紧围绕国家4A级景区创建、5A级景区升级，完成旅游规划编制，推动旅游与文化、生态、特色小镇和美丽乡村建设融合发展，大力发展乡村民族文化旅游产业。具体对策如下：

### 1. 实施旅游产业升级行动，为结合"一带一路"发展旅游业提供良好环境

首先，从政府层面大力推进旅游基础设施建设，加快建设一级、二级、三级游客中心，提升改造龙元、献九当、巴坡村和拉旺夺组旅游基础设施，可新建1~2个汽车营地；建设巴坡—县城、丙中洛—独龙江旅游步道和麻必罗河景区旅游体验路，沿途建设驿站、观景台、休息亭、露营地、服务站，以及导航系统、环保系统、安全系统、太阳能定位救援灯杆等装置；启动边防公路绿化工程，全部使用本土植物，加挂标识牌，打造

---

❶ 李敦瑞. 中缅经贸合作前景及其战略价值 [N]. 学习时报，2015/09/07.

成独龙江生物多样性展示区和植物科普路；对 80 公里独龙江公路加快优化提升改造；健全医疗、娱乐、餐饮、健身、酒吧、休闲等服务配套设施，建设公共服务平台。其次，从组织层面创新管理机制，明确各机构的权责构架，以市场需求为导向，合理配置本地旅游资源。再次，从个人层面加强培训，加快旅游服务能力提升，以乡村旅游人才培训为重点，开展酒店管理、农家乐经营、旅游向导、礼仪接待、特色餐饮培训及景区服务管理等方面的培训，提升旅游从业人员业务水平；同时规范旅游秩序，净化旅游环境。

### 2. 整合"丝路"文化内涵与本土文化要素，推动旅游产业的集群化

文化在民族区域经济发展中的作用至关重要，而要发挥这种作用就必须整合和发掘民族文化的内涵和外延，通过特定和良好的传导机制来实现民族文化的价值转移，将其精华转移到如旅游产品、旅游表演和旅游服务等物化载体中去，[1] 这是文化作用于经济的关键。针对独龙族旅游产业市场化程度低、经营分散、产品单一、配套设施不足的情况，可将"南方丝绸之路"之文化内涵融入表演集群，并以此为核心实现旅游产业的集群化，建立旅游产品集群、手工业集群和销售市场集群，实现产品创造与生产的循环，构筑复合式产业链。在民族艺术表演中可穿插"剽牛祭天""独龙族即兴说唱""最后的马帮""丝路叙事"等多种表演形式，并以表演集群为核心发展相关的生产和销售集群。对目前零散的个体制造类旅游商品进行产业化集群整合与新增，建立以旅游服饰、食品、农产品为主的产业集群，以独龙毯、手工编织品为主的特色手工业集群，同时建立配套的旅游商品销售市场集群，设立蜂蜜销售区、草果（独龙江乡主要经济作物）销售区、中药材销售区、独龙毯销售区等专门售卖区。在实现各类旅游产品销售集群化的基础上，实现民族旅游产业的集群化。同时以县为依托，联合"一带一路"南线滇西北各边镇，如福贡、泸水、腾冲、瑞丽等县市，进行省内旅游资源和市场的整合，形成"南方丝绸之路旅游经济带"，推动"一带一路"南线旅游产业的区域集群化。

---

[1]　王兆峰. 湘西凤凰县民族文化旅游创意产业发展研究 [J]. 中央民族大学学报（哲学社会科学版），2010（2）：22.

### 3. 依托"南方丝绸之路"历史语境，实现民族旅游产品的多样化

萨林斯认为"不同的文化，就有不同的历史性"❶，格尔兹则将文化作为文本来解读，无论文化图示以历史方式进行安排，还是历史过程为文化面貌所界定，格尔兹类比的共时性方法都启发我们，去发掘历史的共时性特点，让历史与当下进行对话。知道如何悬停时间，要比知道如何叙述其流逝更为重要❷。所以，创新旅游发展思路方面，可依托"南方丝绸之路"历史语境，在独龙族发展的横剖面中，理解与融入"丝路"文化的历史内涵，实现旅游产品设计的多样化。因独龙族旅游业发展存在线路不成熟、与市场对接力度不够、交通不便等问题，消费群体多为深度游游客，文化程度相对较高，对旅游产品深度和内涵的要求也相应较高。针对这一情况，独龙族旅游产品设计仅定位于民族风情，其层次与内容远远不够。基于战略推进后中缅边境良好的互联互通环境，结合"一带一路"南线"南方丝绸之路"的历史文化内涵，可提出"缅甸文化""南丝路文化""马帮文化"和"独龙族传统文化"四个关键词，在原有"民族民俗文化旅游产品"的基础上，增加"中缅跨境文化旅游产品""南方丝路文化旅游产品"和"蜀身毒道－马帮文化旅游产品"，并据此设计独龙江旅游的精品线路和组合线路，充分发挥跨境优势，呼应"南方丝绸之路"高黎贡山段的历史语境。持续开发传统特色旅游产品。如推进独龙族发源地马耕当、哈滂瀑布、普卡旺等旅游景点以及戴帽猿猴、珍稀鸟类、独龙萤火虫观景台建设，加快完善相关旅游配套；围绕南代、钦兰当、迪政当、普卡旺等特色村打造精品民宿，提供中高端定制服务，与独龙江四星级酒店、哈滂瀑布酒店等差异化发展，引入社会资金将群众旧房量化入股；开发独龙毯、独龙服饰、草果编织制品、竹制制品、独龙乐器、木雕木碗、独龙刀裹等传统民族手工艺品，以及独龙生态食品。

### 4. 加强互联互通的地缘关联，增进外部区域合作和部门联动

推动独龙江地区旅游发展，可加强地缘关联，尝试构建"一个主体三个联合"的联动机制。"一个主体"是指建立以独龙族为主的多民族文化

❶ 马歇尔·萨林斯. 历史之岛［M］. 蓝达居，等译. 上海：上海人民出版社，2003：7.

❷ 威廉·H. 休厄尔，历史的逻辑：社会理论与社会转型［M］. 朱联璧，费滢译. 上海：上海世纪出版集团，2012：175.

旅游区。"三个联合"是指从三个方面加强内、外部区域的合作和联动：首先，建立与其他民族旅游地区的区域联合，与周边旅游资源共同构成合理的空间布局；其次，加强与省、市、县各级旅游市场的区域合作，利用广播、电视、报刊、图片等多种媒体形式加大旅游产品的宣传与促销，提升智慧旅游系统，将精品旅游线路、主要景区景点接入"一部手机游云南"平台；最后，建立"一带一路"南线沿线地区旅游产业的区域合作和各部门联动，扩大产业集群。

作为我国独龙族唯一聚居区，独龙江乡虽然在民俗文化资源上拥有较强的优势和垄断性，但旅游发展的不利因素也很明显。一是地处滇北边境独龙江峡谷，离昆明、大理、丽江等客源地较远，且地理环境复杂，雪山连绵，峡谷陡峻，交通不便；二是怒江州主体民族为傈僳族，占州总人口的51.6%，其余还有怒族、普米族、白族、彝族、纳西族等。相近民族在民族文化和民俗风情上，因相似的地域分布具有相似的文化特点，比如西邻独龙江乡的贡山县丙中洛镇，共有16个少数民族，基督教、天主教、藏传佛教三教并存，交通更便利，民族风情更多样化，必然会分走更多的市场份额。所以，需重视推进联动机制，加强互联互通，通过增加与外部区域合作的机会，带动本地旅游业的发展。

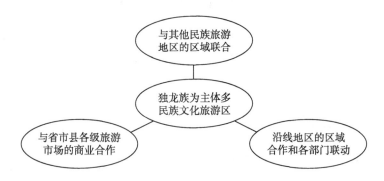

图 7-1　独龙族旅游发展区域联动关系

### 5. 发动边境民众，建立跨境开放体系

在落实兴边富民行动"十三五"规划和精准扶贫的相关策略中，不仅要拓展发展理念，将边疆地区的产业发展与"一带一路"倡议规划紧密结合，还要建立独龙江乡旅游业发展的全方位开放体系。将政策导向与市场

杠杆紧密结合，❶ 提升沿边开放水平和发展的可持续性，引导"一带一路"沿线群众和境外民众积极参与区域经济的转型与发展，增强旅游产业发展的自生能力。

### 三、推动文化再生产和乡风文明建设，铸牢中华民族共同体意识

历史变迁的动力不仅在于生产方式，其更广泛的意义在于文化与观念❷，对于较封闭的小型社会而言，文化变迁是一根贯穿始终的主线。帮扶后，伴随产业转型、信息发达而来的，是现代主流文化对当地传统文化的冲击和冲击下传统文化的传承与保护问题。在此背景下，应激发本土群众的文化自觉，立足独龙族历史文化传统推动民族文化再生产。坚持"创新、协调、绿色、开放、共享"的发展理念，以帮助群众在实践中增加对本土文化的认知为知识基础，以创建独龙风情小镇为创新依托，以铸牢中华民族共同体意识为价值核心，推动文化再生产。文化产业创新不仅是乡村经济振兴的内容，其本身更是乡风文明建设的重要方面。此外，文化的交流与交融，亦是解决"新小农"模式中本土与现代"有机衔接"的知识基础。

### （一）帮助群众在实践中增加本土文化认知

前文中，笔者用斯科特提出源自希腊的概念"mêtis"（美蒂斯）❸，形容传统农民在长期实践中形成与耕作相关的各种地方知识，即在本土文化背景下包括民间智慧、技术技能、技术知识等一系列的文化元素，亦即"本土建构"。然而，在与外部世界现代技术的融合与博弈中人们正在逐渐失去它，独龙社会许多"mêtis"元素的社会功能亦在现代性碰撞中减弱甚至消失。比如，笔者问一个独龙族织毯妇女为什么要用 5 色的麻线编织独龙毯以及麻线的制作工艺，她却并不能用语言来表达其技术包括的全部。还有独龙族非物质文化遗产"即兴说唱"，现在能"说唱"的人已为数不多，丙当小组只有 70 岁的 LWH 和 55 岁的 MKL 两位还掌握着这门演唱技

❶ 蒋利辉，冯刚."一带一路"：民族地区的重大战略机遇 [J]. 中国民族，2015（5）：13.

❷ 郑广永，胡存之. 历史变迁与文化变迁 [J]. 北方论丛，2003（6）：85.

❸ 詹姆斯·C. 斯科特. 国家的视角：那些试图改善人类状况的项目是如何失败的 [M]. 王晓毅译. 北京：社会科学文献出版社，2004：426.

艺，自然村聚会上大家纷纷提议 MKL 以"即兴说唱"的形式来欢迎笔者，其他人唱的则为流行歌曲；迪政当村能"即兴说唱"的只有三位（52 岁的 LSY、70 岁的 LZX 和 61 岁的 LWS）。

费孝通在北京大学举办的文化人类学研讨班上，第一次提出了"文化自觉"的概念，意为在特定历史文化背景下生活的人们对自己的文化有自我认知，对自己文化的发展规律与未来也有清晰认知，简单地说就是文化的反省、觉醒与自我创新。❶ 面对独龙族"美蒂斯"要素传承复兴的发展要求，可从三个方面入手帮助群众增加本土文化认知：一是重启传统活动，形象地推动本土文化的传承和保护。独龙江乡乡政府已意识到该问题，开始采取措施挽救、传承文化事象，如政府出资买牛，组织村民在"开昌哇"节第二天举行"剽牛祭天"仪式，以及组织百人织独龙毯等。二是基层政府通过宣传、宣讲，帮助群众对本土文化元素及其功能，进行系统、全面的理论认知。如"开昌哇"节的传承功能、独龙毯编织行为的交往功能、火塘的凝聚功能、原始宗教的生态功能、独龙族即兴说唱的教育功能等。三是鼓励大家在日常生活中重拾文化实践。以即兴说唱为例，其中包含着丰富的劳动实践内容。LWH（男，独龙族，59 岁，文盲，务农，孔当村丙当小组，乡内"剽牛祭天"活动担任剽牛猎手）唱道：

> 剽牛的时候
> 牛身上要挂珠子和披上独龙毯
> 要念咒语说'今年我们把牛献给山神'
> 希望山神保佑我们来年能猎到野兽
> 要手持长竹矛
> 从两端跳舞
> 手拿竹矛刺牛的腋下
> 这是只有勇士才有的光荣。

这是教年轻人剽牛的技艺，还有翻雪山出行、狩猎和采集的过程与方法（略）。歌词翻译 BJL（男，独龙族，28 岁，大学，务农，孔当村丙当小组）。正是通过生活实践，通过言传身教，传统文化元素才能一代代地

---

❶　费孝通. 反思·对话·文化自觉［J］. 北京大学学报（哲学社会科学版），1997（3）：22.

传承下去。增强独龙族群众的文化自觉，不仅能实现当地群众的全面发展，还能推动良性的文化适应、乡风文明建设与文化再生产。

### （二）创建独龙风情文明小镇为乡风文明建设打好基础

文化与经济从来都不是割裂的，经济行为有其文化基础，文化行为亦包涵经济要素，文化再生产的结果与经济社会的再生产互为作用。所以，创建独龙风情文明小镇的文化意义与经济意义同样交织相融。因为乡风文明建设本身就是一种乡村文化复兴和再生的过程。乡风文明建设产生的乡村文化内涵，从传统和现代文明的角度，可以为农业和农产品赋予更多文化内涵价值，有效提升农业和农产品的品质及产业附加值，大幅提高农民收入。同时还可通过赋予农业和农产品以乡村传统文化内涵，有效提升民族文化品牌效应，实现产业发展、文化禀赋和生态资源的深度有机融合。❶

创建独龙风情小镇具体建议有：充分发挥独特的民族文化、优美的自然风光、良好的生态环境等优势，将独龙江乡打造成为"魅力独龙、生态典范、和谐人居、边陲明珠"独龙风情小镇。应科学编制独龙风情小镇总体规划，在发展理念和思路上、在发展方向和定位上、在用地功能布局上、在具体建设项目策划上和建筑设计方面，既体现民族特色、又要融入现代元素，尊重自然，顺应自然，保护自然，保留独龙江的原生态和神秘性，把独龙风情小镇打造成为独具特色的迷人之境。包括：①实施独龙文化保护和传承工程，留住乡愁，为乡风文明建设打好文化基础。如用好扶持人口较少民族发展项目，提升改造独龙族博物馆，充分展示独龙族"两次跨越"发展成效；以独龙文面、独龙手工纺织、独龙编织、独龙原始歌舞、剽牛祭天等为载体，开发完善文面体验、独龙服饰、独龙器具、独龙面具等产品，建设独龙风情体验馆、独龙文化传习所；收集和整理一批独龙族历史文化典籍，建立独龙族历史文化的数据库，编撰独龙族历史文化丛书；丰富"开昌哇"节活动内容。②落实生态宜居，为乡风文明建设打好物质基础。如依托风情小镇积极创建"绿水青山就是金山银山"实践基

---

❶ 丁立江. 乡风文明是乡村振兴重要的动力源［EB/OL］.（2019/04/24）［2020/10/05］. http://images1. wenming. cn/web_wenming/ll_pd/llzx/201904/t20190424_5090010. shtml.

地，把独龙江生态环境优势转化为生态农业、生态旅游等生态经济优势。大力实施特色小镇环境提升工程，引导群众精心绿化美化庭前屋后，适度装饰室内环境，将村庄内路灯由电杆式改造为壁挂式，不仅富起来，还要美起来；严格管控"两违"建筑，严格规范建筑用地审批和建筑物风格风貌审批，形成长效机制；积极开展环境卫生整治，推动旱厕改水厕，推动畜圈相对集中，推进安置点生活污水处理全覆盖。

### （三）善用"互联网＋"推动民族特色文化产业发展

推动本土特色的文化产业发展既是文化再生产的内容，亦是目的。乡村产业振兴的持续推进中，基层政府应立足于独龙族历史文化传统，进一步找出契合市场需求的传统文化要素，巩固产业脱贫成果，吸引更多资源，从而在发展文化产业的同时，推动文化自觉、传承与保护。具体实施过程中，应善用"互联网＋"的数字化手段，加强与社会公益力量与企业的横向联合，共同推动独龙族群众的文化再生产。"互联网＋"代表一种新的经济形态，即充分发挥互联网在生产要素配置中的优化和集成作用，将互联网的创新成果深度融合于经济社会各领域之中，提升实体经济的创新力和生产力，形成更广泛的以互联网为基础设施和实现工具的经济发展新形态，将新一代信息技术与现代制造业、生产性服务业等融合创新，发展壮大新兴业态，打造新的产业增长点。

由联合国开发计划署（UNDP）主办、北京当代艺术基金会（BCAF）联合主办，针对独龙族援助的"中国少数民族文化发展与保护"项目，就是一个十分成功的案例。该项目的宗旨是：发展保护、传承和弘扬少数民族本民族传统技艺，创造就业机会，带动周边产业发展；联合文化、艺术、设计、企业界等社会各界人士关注、传播、创造具有创新特色的产业模式，达到传统工艺与当代多元文化共存——生产性方式的保护，帮助少数民族更好地开展文化资源管理，发展文化经济，形成产业链；助力发展经济，为少数民族社区尤其女性，开创更美好的生活。该项目的重点是：以文化创意产业带动经济发展；建立大数据体系，在全球视野下进行文化研究，有机融合传统经典与当代设计；达到社区自我持续发展的长续目

标；拓宽创新型线上及线下的销售及推广渠道，开发国际国内受众。❶

2015 年 4 月，由联合国开发计划署、上海素然服装公司、北京当代艺术基金会、云南省青年创业协会一共八人组成的考察团，在怒江州团委工作人员的陪同下，到独龙江乡 6 个行政村进行了实地考察。之后的 2016 年 3 月，两位独龙族织毯妇女碧玉莲和金春花来到上海，由上海素然公司进行了为期一个月的培训和指导。内容包括素然提供纱线在独龙族织造设备上进行一系列的技术测试、设计织毯色彩和材料方案、用织出的布块尝试设计衍生品，参观上海素然店铺，学习经验，并通过"互联网＋"进行该项目的产品销售。在该援助项目中，专家和村民互相交流编织技术，碰撞出了艺术的火花，威尼斯双年展中国馆外立面设计中，门窗部分的装置就是独龙毯做成。接受培训的学员回乡后，在独龙族地区组建生产合作社，带动了更多独龙族妇女和青年参与到项目中。

近年来，伴随各种网络销售形式的普及，大山中的独龙族村民们有不少也参与到"互联网＋"之中。白忠平，今年 31 岁，家住独龙江乡献九当村，平时常玩"抖音 App"，2019 年便做起了自己的抖音号。他给自己的抖音号取名为"独龙族独立松"。在独龙江，家庭排行第二的男孩儿通常叫"都里"，"松"是"宠"的意思。闲时，白忠平把手机拍摄的独龙江景色、文面女、织独龙毯、上山采药找野菜、徒步登山的视频发到抖音上，他说："刚开始我只想把家乡独特的东西发到网上，给粉丝们看看这里，没想到粉丝越来越多，评论和私信的网友都非常好奇我们在大山里的生活。"在网友看来，大山深处贫困地区的生活异常艰苦，甚至难以想象。白忠平解释道："我们只是学会了'靠山吃山'，这和城里人的正常生活没什么两样。"如今，"独龙族独立松"抖音号里的粉丝有 2.3 万余人，是整个独龙江乡内粉丝量最大的抖音号。凭着韧劲，白忠平和粉丝的缘分从线上转移到了线下。2019 年，两名"背包客"在网上搜寻独龙江"游玩攻略"时发现了该抖音账号，一番联系后白忠平和两个网友见面了，并作为导游带着他们去深山领略原始风光，去中缅边境线界碑打卡，去看神奇的

❶ 北京当代艺术基金会. 中国少数民族文化发展与保护：独龙族项目报告［EB/OL］. ［2018/01/01］. https：//www.docin.com/p－1978592676.html.

文面女，去听上一辈老人讲神话故事，两天一晚白忠平收入 700 多元。❶ 白忠平意识到，自己在抖音号上发布的内容，不仅能传递家乡自然风光和民俗文化，还能交朋友、涨收入，他越做越有劲了。翻看白忠平的抖音视频，从随意地取景拍摄到有计划地构思内容、翻译字幕、加特效、补滤镜，从单一的画面记录到现身讲解，他呈现给"山外头"的内容越加丰富，这些视频穿越崇山阻碍，连接了每一位对独龙族感兴趣的朋友。

基于以上案例，在推动本土文化产业发展的过程中不应局限于一江、一乡、一村，应立足于独龙族历史文化传统，坚持"创新发展"和"共享发展"的理念，创新思路，开创横向合作的新模式，联合国际、国内社会组织、机构、企业与当地实现协作发展；还应拓宽发展平台，应用数据库，调动各类社会资源，进行资源整合，形成优势互补。在文化产业发展的过程中，促进当地群众的文化自觉和文化保护。

图 7 - 2 独龙族妇女与
上海技师技术交流
（图片源自当代艺术基金会）

图 7 - 3 2015 年威尼斯双年展
中国馆的独龙毯装饰
（图片源自当代艺术基金会）

## （四）结合感恩教育铸牢中华民族共同体意识

伴随市场经济体制在民族地区的逐步建立，物质现代化使传统的知识和价值观内容发生了巨大转变，观念脱贫成为推进现代化更深层次的表达，如能以先进文化促进观念进步，这种观念的现代嬗变便可匹配物质社

---

❶ 邵维岑，汪明婷. 独龙江畔有个抖音"红人"［EB/OL］.（2020/09/04）［2020/10/16］. 贡山发布，https：//mp. weixin. qq. com/s/ygyMIJQEzYsY57UMz8PKKQ.

会发展，成为推动内生式脱贫、巩固发展成效的知识基础。而观念发展中，基于民族认同的价值取向是其最核心的内容。故此，将民族文化和感恩教育有机融合，在现代观念培育中着力铸牢中华民族共同体意识和核心价值体系的构建，增强民族自豪感与"四个自信"，增进人民福祉与获得感，巩固全国民族团结进步示范乡成果，促进民族团结，是坚持"共享发展"理念的题中应有之意。

事实上，独龙族群众的确以文化再生产的方式加强了国家认同。即兴说唱中，LSY（女，独龙族，53岁，文盲，迪政当村熊当小组，独龙族即兴说唱传承人）有首歌唱的内容是：

> 以前什么吃的都没有　从山上要吃的　哟哟哟
>
> 现在领导关心我们独龙族
>
> 这里通了车　去三乡方便　交通方便　哟哟哟
>
> 不需要我们用三天三夜去很远的地方买东西
>
> 邻里乡亲都好起来　哟哟哟
>
> 感谢国家领导人
>
> 感谢社会上的好心人
>
> 这里跟以前不一样了　哟哟哟。

歌词翻译 MJZ（男，独龙族，20岁，大学，西南民族大学预科，迪政当村木当小组）。传承人在传统形式中融入了现代生活，以及对国家的认同与歌颂，旧调谱新曲，形成了新的文化表达。所以，为继续巩固"四个认同""四个自信"的成果，可从如下举措入手，帮助群众在认知与价值观层面逐步形成健康的现代观念，建设充满活力、和谐有序、民族团结的乡村社会。包括深入开展"学回信、听党话、跟党走、感党恩"等主题教育活动，推动创作一批本土影视、歌曲、舞台剧等文艺作品；恢复一批"历史记忆""红色记忆"，重建藤篾桥、溜索，修缮一批历史建筑，建设"原始部落"和村史馆，让独龙族群众留得住记忆、记得住乡愁；打造独龙江新时代中国特色社会主义理论教育基地，充分展示中国特色社会主义的制度优势，充分彰显中国共产党领导的政治优势，充分体现习近平总书记和党中央不让一个民族兄弟掉队的决心，使独龙江成为新时代党员领导干部深化对中国特色社会主义的认识、增强"四个自信"的现场教学基地；丰富现场教学内容，以习近平总书记"一次批示、一次接见、一次回信"和独龙族整族脱贫成效为题材，拍摄一部专题片、一部情景剧，策划一个报告文学，争取从国家层面创作一批影视和歌曲。

### 四、持续加大基础及职业教育投入，落实素质教育推动观念转型

基于独龙江乡经济社会发展的实践与观念发展状况，我们应去思考两个问题并探索良策：一是如何才能变被动为主动，将外源帮扶变为内生发展动力？二是如何实现差异化治理，采取更有针对性的举措？笔者认为，关键还得落实到"人的全面发展"上，体现为基础教育、高等教育、职业教育及素质教育等贯穿人生的各教育阶段。正如马克思所说，社会发展与进步的程度取决于人的解放与发展的程度，❶无论产业发展还是文化发展，归根结底还是要通过"立智"和"立志"，实现人的发展。人的发展不能脱离教育发展和学习型社会建设，实现人的全面发展的根本途径是教育与生产劳动相结合，对村民的教育是关键。独龙族受教育状况正逐年改善，2016 年青壮年 2512 人，其中非文盲 2510 人，❷受教育状况初中及以下文化程度者占多数，青壮年村民非文盲率达到了 99.92%，不过中老年村民文盲率依然较高。笔者认为可从以下四个方面推进教育事业的发展，巩固脱贫成效，衔接乡村振兴。

### （一）加大教育改革力度推进基础教育事业发展

欲巩固脱贫成效，持续加大教育投入是阻断贫困代际传递的重要途径。❸具体可将 5 个方面作为抓手。

### 1. 不断加强师资队伍建设

一是不断充实教师队伍，加快打造一支数量足、层次高、结构优的骨干教师队伍，培养一批具有较高管理水平、教学水平和教科研能力的学科带头人。2015 年，独龙江乡九年一贯制学校有在职教师 69 人，初中部教师 20 人，小学部教师 49 人，小学部教师专科以上学历 46 人，占教师总数

---

❶ 于幼军. 马克思的社会发展理论及其当代价值 [J]. 中国社会科学，1998 (4).

❷ 数据由独龙江乡乡政府办公室提供，2016 年 8 月 23 日。

❸ 李程骅. 扶贫减贫的中国智慧 [EB/OL]. (2017/09/04) [2018/03/10]. http://theory. people. com. cn/n1/2017/0904/c40531 - 29512068. html.

的 94%，初中部本科学历 20 人，达到 100%。2018 年，教师数量增加到 74 名。其中，年轻教师、高学历教师正逐步成为独龙江乡教育工作的中流砥柱。为了适应素质教育的要求，还应增加外部教师交流和教师志愿者服务力度。只有这样，才能把先进的教学方法和教育理念带到乡内，改变独龙江乡的整体教育、教学观念，为独龙江乡义务教育的均衡发展注入新活力。二是重视在职教师培训，提高教师队伍业务素质。针对独龙江乡实际情况，要积极向上级有关部门汇报，请上级部门协调，在争取外面老师进乡的同时，还要争取乡内教师出乡，增加参加培训和交流的次数。同时动员年轻教师通过各种教育途径努力提高自身的业务素质。学校也应根据实际情况，自行组织符合本校实际的班主任教研活动、教师职业道德素养和集体备课等业务培训。

### 2. 不断深化教育科研工作

一是继续深入推进新课程改革工作，努力探索实施新课程评价机制，全面提高教学质量。包括不断创建适应素质教育的相关要求，加强教研队伍建设，开展教育理念学习与实践活动，增强其研究与指导教学的能力；以县、乡教师教学经验交流、课堂教学研讨实践、教材整合、师生活动等教研活动为载体，激励全体教师积极自主地开展教育教学研究，不断提高教师专业能力，稳步提高教育质量。二是加强对青年教师的"传、帮、带"，促进青年教师快速、健康成长，逐步培养成为学科带头人或骨干教师，有力促进教师队伍专业成长，推动学校教育教学质量进一步提高。

### 3. 合理配置教学资源

一是积极向上级部门争取资金和教师编制，加大对薄弱学校教学设施、师资力量的改善，促进全乡义务教育均衡发展。二是优化教育教学资源，合理布局行政村校点，着力解决学生上学难问题。因献九当村和迪政当村离位于孔当村的九年一贯制学校较远，应积极向上级部门争取恢复献九当村委会办校点和迪政当村委会办校点，让所有学龄儿童能够就近入学，解决学生上学的交通问题。三是资金、设备和人才适当向村级薄弱学校倾斜，把义务教育均衡发展工作作为教育工作的重点来抓，让独龙族学生都有平等接受义务教育的机会，实现独龙江乡义务教育的均衡发展。

### 4. 加大学前教育力度

独龙江乡幼儿园于 2013 年建成，11 月份开始招生，结束了独龙江乡没有学前教育的历史。2015 年，乡政府与中心学校组织志愿者到献九当、龙元、迪政当三个村委会，进行了为期 10 天的学前教育培训，❶ 有效地解决了独龙江乡因缺少幼儿园，独龙族学前儿童无法享有学前教育的难题。所以，未来应增加此类活动，加大学前教育力度，增加独龙族学生接受教育的年限。让国家认同、民族团结、铸牢中华民族共同体意识，从学龄前儿童做起。

### 5. 加大针对成年村民的扫盲力度

乡党委、乡政府应广泛组织干部群众，认真学习贯彻落实《扫除文盲工作条例》。提高认识，明确扫盲工作目标，结合独龙江乡基本情况，具体部署各村扫盲工作指标和要求，在全乡 6 个村委会开展扫盲巩固提高与学习培训工作。如 2015 年，全乡共举行扫盲巩固提高班六期，累计扫盲巩固提高 2600 多人，❷ 是十分有效的教育发展举措。

### （二）强化职业技能教育创造就近就业条件

除继续加大基础教育事业投入，还应强化职业技能培训。适应首先是能力的适应，包括日常生活、人际交流和社会生存技能等各个方面。❸ 提升了对现代生产和生活的适应能力，就能有效解决因适应不良带来的具体社会问题，缩短被帮扶者现代过渡的适应期，顺利推动现代化进程。迁独龙族群众下山是为了使其能更好融入现代社会，不仅要学习新的技术，还要培养其能力。而现有职业教育重技术轻能力，重实用轻观念，极大影响了独龙族群众的就业和发展。对此，可以从两个方面入手：一是注重综合能力的培养。职业教育不能仅限于劳动技术，还应从管理、文化、心理等方面进行综合能力的培养。过去五年中，素质提高强化工程培训了 25464 人次，均集中在烹饪、汽修、编织、驾驶、种植等技术类培训项目上。❹所以，职业教育差异化治理时应将重点由单一的职业技术培训转到综合性职业技能培训上，特别需要增加自我管理、社区管理和职业规划等内容，

❶ 数据由独龙江乡乡政府办公室提供，2016 年 8 月 23 日。

❷ 数据由独龙江乡乡政府办公室提供，2016 年 8 月 23 日。

❸ 陈会昌. 德育忧思录 [M]. 北京：华文出版社，1999：152.

❹ 中共贡山县委，贡山县人民政府办公室. 在全省扶贫开发工作会议上的交流发言材料 [R]. 怒江州：贡山县人民政府，2015/06/24.

从根子上杜绝返贫的问题。二是为雇主和村民提供畅通的就业信息渠道。基层政府可联系省、市、县各级人力资源市场，收集可靠、合适村民的就业信息。在职业技能培训的同时，专设公告栏，进行配套就业信息的发布。并针对短期内独龙族人不愿出乡的情况，尽量创造就近就业的条件。

### （三）创新素质教育形式，"立志"推动观念全面转型

尚在精准扶贫阶段时，习近平同志便指出要注重扶贫同扶志、扶智相结合，以"精神脱贫"深化精准扶贫。扶贫先"扶志"，需坚持开发式扶贫方针，把发展作为解决贫困问题的根本途径，将扶贫同扶志相结合，引导贫困群众依靠自己的勤劳双手实现脱贫致富。❶ 实地走访中笔者发现，小学及以下文化程度的群众基本不识汉字，而宣传材料均为汉字。许多村民家的宣传册破坏、破损了，有的甚至被当作草稿纸。群众提升个人素质的自我需求又十分明显。问卷有一题是"您还希望村里进行哪些方面建设？（限选三项）"，设"村集体经济组织""学校""卫生室""农家书屋"和"其他"5个选项。统计后排名第一的是"农家书屋"，占85.4%；需求排第二的是"村集体经济组织"，占54.8%；排第三的是"学校"，占44.3%。可见，社区素质教育形式与群众"立志"需求之间还不协调。

当前，独龙族已实现整族脱贫，"立志"亦不再是过去阶段的产业发展志向，而是须实现传统观念全面地向现代转型。不仅要学习新的职业技能，更要养成生活、婚恋、就业、经营等全面的现代观念，提高文化素养。否则，就会使观念发展各部分不同步，产生宗教、酗酒、失婚等各种问题。产业发展亦是如此，如果不解决人生观和价值观的问题，小富即安，扩大草果种植规模就是一句空话；如果没有主人翁意识和第三产业致富的观念，即使路修通、基础设施完善，村民们也会处于"被旅游"的产业发展状态。所以，在各类培训、宣传、宣讲中，应增加现代生活观念、经营观念和价值观念的培养内容。唯有加大各类现代观念的培育力度，才能与现代社会有效对接，保证当地群众的健康生活方向，推动乡风文明建设，加快农村社区建设步伐。

---

❶ 李程骅. 扶贫减贫的中国智慧 [EB/OL]. （2017/09/04）［2018/03/10］. http：//theory. people. com. cn/n1/2017/0904/c40531 – 29512068. html.

具体举措上，在落实原有素质培训的基础上，可从以下几个方面进行补充：一是以视频、讨论、宣讲等方式，在素质教育培训中增加社会主义核心价值观的案例教育和国家大政方针的理论宣传。二是针对人口较少民族因区位、生态、历史发展等特殊情况引起的男性失婚等婚姻挤压现状，在精准识别、建档立卡中增加失婚情况统计。失婚情况严重的村民小组，组织活动宣传健康婚恋观念，定期组织适婚青年联谊。三是以村民小组为单位，每月固定安排消费规划等现代生活观念的集中培训，保证形式多样，内容丰富，具有趣味性，如独龙江乡实施的家庭内务"每日一晒"评比活动，"最美庭院"创建评选活动；引导独龙族群众向上向善、孝老爱亲、重义守信、勤俭持家，加强对酗酒群众进行教育引导等。四是针对人口较少民族的文化特点，在素质教育中注意有的放矢，有针对性地使用宣传方式。如独龙族没有自己的文字，平时独龙语、傈僳语和汉语混用，汉字识字率低，对傈僳文反而比汉字熟悉，所以，可在教育宣传中增加傈僳文宣传资料。五是加强对基督教工作人员的政治培训，进行社会主义意识形态和核心价值体系教育，积极引导宗教力量与社会主义相适应。六是以村民文化活动室为依托，定期组织文化娱乐活动。

### （四）活用激励机制激发主体发展的内生动力

马斯洛需求层次理论提出，人的需求从低级到高级，分生理、安全、爱和归属感、尊重和自我实现 5 个阶段，每个需求阶段都有不同的激励机制和措施。帮扶后，独龙族人靠低保、边民补助和退耕还林补助，生存无忧。以巴坡村斯拉洛小组为例，2015 年第一季度发放低保 429～2547 元不等❶，草果成为支柱产业后更是大幅增收。生理、安全、爱的需求被满足以后，需要有新的激励作为精神动力，让人体验到尊重和存在的价值，否则就会失去生活的动力，迷失人生方向。目前，从乡到各村、组，在教育、劳作、基础设施维护方面，奖惩等激励机制明显不足。乡规、公告中常见"禁止""罚款"的字眼，表扬、奖励方式较少，与尊重、价值相关的软性激励措施不足。

针对此现实：一是可以加大以工代赈建设力度，满足低层次需求。页

---

❶ 数据出自 2015 年 12 月 31 日巴坡村委非正式文件"低保发放花名册"。

山县"十二五"期间共争取到以工代赈项目 11 个，国家投入资金 965 万元。独龙江乡以工代赈资金主要用于基本农田改造、基础设施建设、小流域治理和水利工程，共投入 340 万元。❶ 据现任贡山县交通运输局办公室主任 L 介绍，县里还要推进通用机场前期建设、52 条通用公路建设，还有水利二期工程。所以，"十四五"规划中可继续扩展以工代赈项目范围，有计划、按程序地逐步加大以工代赈建设力度，项目建设中注意改善劳动条件、提高福利待遇、规范规章制度和医疗等各项职业保障。除解决乡内就业，还可引导剩余劳动力参与县内其他以工代赈项目，从而拓展独龙族群众的工作、生活圈，以就业带动社会融入。二是善用精神激励，满足高层次需求。对主动维护公共基础设施的村民、劳作收成最好的家庭或培养出高学历人才的家庭，除予以物质激励，还应进行公开表扬，运用精神激励机制，引导独龙族群众实现自我价值。比如在公路养护、公共基础设施维护中，责任到人、补助到人，对履职不到位的进行批评教育，扣发补贴，对好的予以奖励。

## 五、发挥衔接政策的综合效能，探索乡村治理体系与能力现代化

实现独龙江乡全方位的发展，党和国家各阶段的发展战略和发展政策缺一不可。2019—2020 年，学界对脱贫攻坚与乡村振兴战略衔接的研究主要从二者的逻辑关系、衔接的逻辑机制、实现机制、衔接本身、衔接内容、面临障碍及保障策略等领域展开。笔者就独龙族本土情况，除在本章前四个部分从经济、文化、教育各方面，提出更好地巩固脱贫成效、与乡村振兴战略进行衔接的建议，还希望从政策效能视角切入，去探讨实现两个战略衔接政策的最大效能和综合效能。多个政策运行中，如何协调、发挥每项政策的综合效能，达到综合施策、共同发力的效果，是制度层面建设不可或缺的。效能建设的根本目的是运用各种科学管理的手段、制度和载体，调动施政人员的积极性、主动性和创造性，不断提高政策效率，保证习近平新时代中国特色社会主义理论的新理念、新思想，以及由新理念引领、新思想统领转化为一系列战略目标、布局和举措的新战略，得以贯

❶ 杨晓明，和文昌. 贡山县"十二五"以工代赈项目实施显成效 [EB/OL].（2015/06/03）[2018/03/05]. http：//www. nujiang. cn/html/2015/gongshan_0630_24100. html.

彻落实。

## （一）增强基层政府执行力发挥政策的综合效能

从政策实施的流程来看，应包括政策的制定、执行与宣传；从影响政策效能的因素来看，各方面因素，如政策执行主体、政策质量、执行方式、执行环境、执行资源等，都对政策执行效果产生较明显的影响。所以，基层政府主要可以从四个方面入手，发挥各扶贫政策的综合效能，避免政策冲突导致的效能抵消。包括提高政策质量、提升政策执行主体能力、加强政策宣传与传达，以及优化政策执行的观念环境。

首先，落实政策制定的系统化、科学化。实现政策制定的系统与科学化，必须基于翔实的调查，不能凭空臆想、想当然，否则就会造成政策效能的抵消，甚至浪费。比如，整体式扶贫中的沼气池推广、公共大棚和洗澡间，由于独龙江乡的地理和气候不符合沼气池的修建条件，不得不放弃；由于单一、上规模的蔬菜种植，与多品种间作的传统种植理念冲突，公共大棚基本一半被闲置；因民族性格保守、内向，部分独龙族女性村民不愿在公共洗澡间洗浴，部分村民小组的公共浴室成了小组共用的杂物间；还有在各村民小组建立的深加工产业，由于不能落实加工品种，投入2万~3万元购买的加工机器最终被闲置。从中，我们所领悟的是"精准性"和"系统性"两个方面。包括扶贫、脱贫"六个精准"，扶持对象精准、项目安排精准、资金使用精准、措施到户精准、因村派人精准、脱贫成效精准，以及项目设计的系统和全面。同样，与乡村振兴战略衔接中，除抓牢"全面"，还要点面结合，落实精准性和系统性。总之，顶层设计精心构建，具体实施要调查研究、层层落实、系统科学、精准滴灌、靶向治疗❶。

其次，增加基层政府的政策执行力。影响政策效能的因素是多方面的，既有主观原因，如执行主体的行为态度、思想认识、价值取向等，也有客观方面，如政策本身、政策资源、政策环境、组织机构、权责分配等，而基于政府能力基础之上的政策执行力是影响政策效能最为关键的内

---

❶ 李程骅. 扶贫减贫的中国智慧［EB/OL］.（2017/09/04）［2018/03/10］. http://theory. people. com. cn/n1/2017/0904/c40531 - 29512068. html.

容，它决定政策效能能否实现以及实现的程度。政府没有较强的政策执行力就不能很好地整合政策资源，无法迅速识别政策环境，无法有效协同执行机构和人员，也就无法实现政策的效能。如果地方政府政策执行力不强，纵使政策本身再完美也只是纸上谈兵。扶贫政策的实施，不仅有赖于完善的扶贫方案设计，更有赖于有效的政策执行。❶

其三，完善政策传达机制。政策的传达离不开对政策信息的宣传，加大对政策的宣传力度，有利于执行人员及群众对政策的了解。充分了解政策的顺利执行与他们自身利益之间的关系。第一是建立完整的信息传达网络。传统的信息传达渠道是单一的、垂直的，由各级政府之间传达，难以满足群众对政策知情的要求，也无法顺应现代社会对政策进程高效的要求。随着传达技术的开展，电子邮件、电话会议等传达方式的出现，促进政策信息传达开展的多元化。微观政策可以经过媒体、电视、互联网等方式传达给群众，提高政策的时效性的同时，实现了信息的保真度。第二是建立政府与群众之间的互动机制。任何政策都触及利益的调整、分配，假设执行一项政策的成本大于收益，群众就有能够对政策采取不协作、规避的态度，因此，政府应该和群众之间建立互动机制，及时听取群众的意见和要求，对政策作出必要的修正。

其四，优化数字治理平台，推动政策公开的治理功能互动。以基层服务更公开化为导向，"数字乡村一张图"，优化基层治理平台的功能并拓展范围，开发"数字园区一张图"和"数字社区一张图"，将与政策落实相关的数字治理成果外化展示。如，一图显示健康情况监管；通过接入生产管理平台，实现合作社、加工工厂的安全隐患排查；将政务公开事项嵌入平台数据库，在图上全景式公开区域内垃圾投放点、公交站点、图书馆、卫生院、公共卫生间、社区服务中心等公共服务基础设施；将农村环境整治、建筑物动态变化、水土保持监测等治理结果进行点位公开；还可在数字平台一图显示乡内特色产品、产业优势、用工需求、产品供给、租房空房信息等内容和政策文件内容；实施公共服务站点服务事项的网络化办理。

最后，明确各政策是内容上相互交融，效用上互相效力的关系。比

---

❶ 黎民. 公共管理学［M］. 北京：高等教育出版社，2003：137.

如，文化扶持应注意与经济发展相结合，衡量文化整合与重构的作用，要看是否有利于人们的生产与生活；立足本土特色、推动文化再生产是文化脱贫的内容，同时文化产业发展亦是经济生活的重要部分。另外，经济扶持中亦存在文化扶贫元素。任何一种经济发展模式，都不能脱离本土文化、不与人对接。比如，正因为在现代农业发展中融入了地方农业知识元素，"新小农"模式才能成为独龙族村民通过种植业致富的本土路径。

## （二）内外兼修提升基层干部与基层政府的乡村治理能力

发挥各帮扶政策的综合效能，增强基层政府执行力是关键，好的制度如果不能得到执行，制度就转换不成治理的效能。所以，要切实强化基层政府各级领导干部的制度意识，使他们带头维护制度权威，做制度执行的表率，通过领导干部做表率增强全社会的制度意识，使尊崇制度、执行制度蔚然成风。同时，在基层宣讲中给群众讲好中国的制度故事，不断扩大中国特色社会主义制度的影响力，通过落实马克思主义大众化，不断增强民众对中国特色社会主义制度的认同。而要做好这些，我们的基层干部队伍需要内、外兼修，提升乡村治理能力，提高制度执行力和政策效能。

一是修内功，加强基层干部队伍建设。应完善村级干部担任乡镇领导干部机制，让一部分真正有能力的人才去农村建功立业，保持民族发展政策的长效机制，保证民族工作的现代化、人才化、制度化、科学化和延续化。正如习总书记在十九大报告上所说："加强农村基层基础工作，健全自治、法治、德治相结合的乡村治理体系。培养造就一支懂农业、爱农村、爱农民的'三农'工作队伍"，从而保证民族发展的可持续性。因为，"人"才是政策执行、发挥效能的基础。二是修外功，建立立体发展体系。乡村振兴的落实中，除了促进扶贫开发与基层组织建设有机结合，有效发挥基层党组织在带领群众脱贫致富中的战斗堡垒作用，使政府成为村民发展的支持者、扶持者、监督者，❶ 还要动员和汇聚全社会力量广泛参与。扶贫开发是全党、全社会的共同责任，要动员和汇聚全社会力量广泛参与，以精准扶贫理念为引领，构建政府、社会、市场协同推进的大扶贫格局，建立跨地区、跨部门、跨单位和全社会共同参与的立体帮扶与发展体

❶ 王俊秋. 论我国的政府与慈善机构的关系［J］. 沈阳大学学报（社科版），2008（4）：47.

系。最大限度调动当地群众的积极性，实现帮扶对象的自我管理和农村社区的自主发展，尤其加强独龙族群众自主发展能力的培养，变"你来"为"我要"，变"要我发展"为"我要发展"。最终，通过乡村振兴战略的持续推进，在"整族经济社会飞跃"的基础上实现观念转型，将独龙江乡由过去封闭、迟发展的原始"秘境"，建设成为文化特色明显、人民生活富裕、生态环境独特、国家认同强烈、民族关系和谐的现代社会。

### （三）持续推动社会事业与生态发展，落实公共服务均衡化

发挥衔接政策的最大综合效能，其重要部分还应有着力在推动社会事业上下功夫、落实公共服务均衡发展，继续坚持以保护青山绿水的生态治理为核心。

一方面，围绕独龙族群众最关心、最直接、最现实的利益问题，统筹推进教育卫生、公共文化、用电保障等民生事业。优先发展教育事业，打造"山水教育"品牌，实施"一村一幼"建设和学前三年教育计划，逐步配齐学前教育教师，配备学前教育玩具、教具，确保2020年新入园幼儿学前三年毛入学率达到100%；认真落实十四年免费教育，提升义务教育质量，加强控辍保学工作；加强"两后生"送学工作，确保所有"两后生"进入职业院校就读并顺利毕业；通过研究生支教团、县内送教下乡和支教交流等方式，缓解独龙江乡师资困难，将支教范围从义务教育扩展到学前教育；加强学校基础设施建设，新建校舍面积1800平方米，安装悬浮地板运动场2800平方米，实施挡墙、雨棚及食堂改造项目。推进健康乡村建设，全面提升乡卫生院硬件和软件，改善村卫生室条件，在原有基础上继续争取珠海、省级结对帮扶医院对独龙江支持帮助，通过定向培养、外出培训等方式加强医技人才建设，尽快实现乡卫生院第二门诊部投入运营；加强6个村高血压等慢性病综合防控，推进重大疾病和重大传染病防治；规划建设4个农村居家养老服务中心，2019年完成独龙江敬老院基础设施修缮及设备购置。加快电网连通工程，2019年年底前实现独龙江乡35千伏电压等级线路接入云南电网，确保满足独龙族群众基本用电需求。推进"以电代柴"工程建设，2019年内实施孔目电站至雄当20千伏主线等17个点农网改造，逐步实现新一轮农网改造全覆盖。在继续执行一类用电价格基础上，探索开展阶梯电价。实施独龙江4G网通信全覆盖

工程，开展 5G 网试验，加快启动建设 5G 网络。提高劳动力转移就业组织化水平，加强与珠海市金湾区的劳务协作，强化管理服务，每年派出工作人员到怒江州驻珠海市劳务工作站工作，开展各类关心关爱活动，每年动员 25 名独龙江适龄劳动力转移珠海就业，确保每年农村劳动力转移就业 500 人次；持续推进独龙江群众参加城乡居民基本医疗保险和养老保险，让独龙族群众病有所医、老有所养。实施安全饮水巩固提升工程，改建取水池、沉沙池 64 个、维修管道 21.5 千米，实现管道入地；完善村组活动场所建设，对已建立的村组党群活动室进行功能提升，建设 18 间厨房、9 座公厕，规划建设 10 所风雨馆，确保群众文化活动遮风避雨，丰富群众文化生活；规范农村客运，建设独龙江乡 1 个五级客运站，6 个临时招呼站，实现建制村农村客运正常运营，坚决维护旅客和经营者的合法权益。

另一方面，不断引领村民们在保护生态环境上下功夫，实施绿水青山保护行动，明确政府服务职能的生态核心。具体建议有：牢固树立"绿水青山就是金山银山"的理念，严格落实《独龙江保护管理条例》，像保护眼睛一样保护好独龙江的生态环境。保护好独龙江生物多样性，建设生物多样性研究中心、植物园、大自然基因库，积极争取建立中科院昆明植物研究所独龙江研究基地。稳妥推进独龙江国家公园规划建设工作，实现保护、科研、教育、游憩相互促进协调发展。继续实施生态补偿巩固脱贫成效，在现有生态护林员、河道管理员、地质灾害监测员、乡村卫生保洁员、护边员、护路员基础上，按照省、州关于公益性岗位选聘规定，争取政策选优配齐六大员，实现对有劳动能力的农户全覆盖。加大生态系统保护力度，强化珍稀物种保护，加强外来物种监管，深入推进和巩固农药使用量零增长行动，大力推广使用有机肥，保障生态安全和农产品质量；进一步加强独龙江流域开山采石的管理，规范工程建设采石采砂；加强地质灾害防治和森林防火工作，实施后期天然林保护工程，促进天然林资源连续保持恢复性增长，持续打击破坏森林资源和野生动植物资源违法犯罪行为。

（四）积极引导社会参与构建乡村立体治理格局

2019 年 10 月 31 日，中国共产党第十九届中央委员会第四次全体会议通过《中共中央关于坚持和完善中国特色社会主义制度　推进国家治理体系和治理能力现代化若干重大问题的决定》，坚持和完善中国特色社会主义制度、推进国家治理体系和治理能力现代化，是全党的一项重大战略任务。新时代谋篇布局，全面推动现代化进程，必须以坚持和完善中国特色社会主义制度为核心，推进国家治理体系和治理能力现代化为主轴，深刻把握发展新时期的要求和时代潮流，把制度建设和治理能力建设摆到更加突出的位置，实现第五个现代化的目标。上文对于基层干部内外兼修提升治理能力进行了建议，最后则从治理体系现代化来谈。笔者认为，发挥两个战略衔接政策的最大综合效能，还应积极引导社会力量参与到乡村治理当中，建立"社会、政府、家庭三位一体"的立体治理格局。

首先，由基层政府牵头引导社会组织和社会公益力量，积极发展社会公共事业，援助美丽乡村建设，帮助当地群众顺利完成适应与过渡，促进乡村治理由"政府治理"向"社会共治"转变。具体内容方面，体现为整合好三股社会力量。一是专业社会组织，针对大龄与适龄农村失婚男性婚姻挤压引起的心理问题，以及村民正在树立健康生活观、价值观和婚姻观的客观要求，可引入大量专业社工，按照社会工作实务接案、预估、计划、介入、评估、结案的过程，进行一对一的个案工作，对困难个体进行心理疏导和教育；二是联合学术研究机构，进行长期、可持续地驻村帮扶，特别在贫困的个案认定、标准界定和行政秩序的法制化上，发挥相关领域学术研究者的专业能力；三是发挥媒体作用，提高社会关注度，保护文化生态的原生性，吸纳社会投资共建家园。具体实施中，可以以完善政府购买服务机制为突破口，将一些"微观层面"的社会性、服务型和公益性服务职能，逐步转移给社会组织，推动其发挥社会作用，有效激发社会组织的活力，初步形成门类齐全、层次不同、覆盖较广、功能较强的社会组织体系；探索培育扶持新举措，建议以"政府立项、政府采购、合同管理、社会运作、绩效评估、公众监督、民众受益、合作共赢"为孵化模式，促进社会组织发挥本质功能，进一步规范政府和社会的关系，推进契约化管理，搭建政社合作平台。同时，以"家庭"为单位落实"村民自治"。家庭是各类宣传和教育的基本单位和最好环境，是政策落实的第一道"防线"。以家庭为单位，帮助村民了解自己的民主权利，依法办理自己的各项事务，创造自己的幸福生活，以"民主选举、民主决策、民主管理、民主监督"为核心内容，实行自我管理、自我教育、自我服务，全面推进村级民主选举、村级民主决策、村级民主管理和村级民主监督。总之，发展好社会组织、调动好家庭自治积极性，可以促进政府职能转变，为基层政府和社会、基层政府和个人的互动增加"润滑剂"，为社会矛盾化解增加"分解剂"。通过体制创新，构建"社会、政府、家庭三位一体"的立体治理格局，实施基层共治，由乡村管理真正转型为乡村治理，既是各级基层政府的应尽之责，亦是提高治理治理能力与促进治理体系现代化的当务之急。

## 本章小结

综观我国帮扶历程，自计划经济体制下的广义扶贫阶段（1949—1977年）到体制改革下大规模缓解贫困阶段（1978—1985年），从经济高速增长期的开发式扶贫阶段（1986—2000年）到全面建成小康社会时期的整体式扶贫、精准扶贫及精准脱贫阶段（2001—2020年），各级政府以渐进方式逐步推行了各阶段的帮扶工作，各类帮扶项目得到了多方参与实现。过去几十年中我国减贫 8.5 亿多人，全球减贫贡献率高达 70% 以上，2020 年脱贫攻坚任务完成以后更将有 1 亿左右人口实现脱贫。[1] 客观地讲，中国的反贫困实践较之《贫穷的本质：我们为什么摆脱不了贫穷》[2] 一书所提及的案例更具有参照价值。再者，我国 13 亿人口、7 亿农民的基本国情亦决定了，我们很难直接借鉴发达国家的反贫困和福利社会理论。2020 年 4月 20 日至 23 日，习近平在陕西考察时强调："脱贫摘帽不是终点，而是新生活、新奋斗的起点。接下来要做好乡村振兴这篇文章，推动乡村产业、人才、文化、生态、组织等全面振兴。"[3] 务农重本，国之大纲。习近平同

---

[1] 习近平：在决战决胜脱贫攻坚座谈会上的讲话［EB/OL］［2020/03/06］．http：//www.xinhuanct.com.

[2] 《贫穷的本质：我们为什么摆脱不了贫穷》获 2019 年诺贝尔经济学奖，2013 年中信出版社出版。作者阿比吉特·班纳吉与埃斯特·迪弗洛，深入五大洲多个国家的穷人世界，调查贫困人群最集中的 18 个国家和地区，从穷人的日常生活、教育、健康、创业、援助、政府、NGO 等生活的多个方面，探寻贫穷真正的根源。用大量实例，提出了一些实用性较强的建议。

[3] 田延华．做好乡村振兴这篇大文章［EB/OL］．（2020/04/26）［2020/10/03］．http：//www.12371.cn/2020/04/26/ARTI1587864197947274.shtml.

志的重要讲话指明了推进乡村振兴的深刻内涵和发展方向。2020年，是脱贫攻坚的收官之年，是全面建成小康社会的决胜之年，亦是脱贫攻坚与乡村振兴战略的衔接之年，实施乡村振兴战略是新时代做好"三农"工作的总抓手。

对于已实现整族脱贫的独龙族来说，巩固脱贫成效、推动乡村振兴——产业是基础，需持续完善具有本土生态农业特色的"新小农"模式，着力培育新型农民和农民组织；结合"一带一路"倡议，探索旅游大发展的新思路；实施独龙风情小镇建设，推动民族特色文化产业发展。人才是关键，应重点进行乡风文明建设，铸牢中华民族共同体意识；持续加大基础及职业教育投入，落实素质教育推动传统观念的全面转型和现代转型。治理是保障，要发挥脱贫攻坚与乡村振兴战略衔接各类政策的综合效能，探索乡村治理体系的三位一体格局，提升基层干部与基层政府的治理能力，"给钱给物，不如帮助建个好支部"，培养千千万万名优秀的农村基层党组织带头人是实现治理现代化的保障之保障。生态是核心，无论产业发展、社会事业建设，还是发挥边疆政府的重要职能，实施绿水青山保护行动、牢固树立"绿水青山就是金山银山"的理念、保护好独龙江的生态环境和生物多样性，都是乡村差异化治理的核心。

# 结　语

　　纵观独龙族从自给自足的原始社会解体时期迈入社会主义现代化的历程，究其如何能在短期内实现整族脱贫，除国家、社会的重点关注与经济投入，从民族政策角度归纳深层次原因主要有二。

　　一是得益于本土建构的差异化治理。语言学家索绪尔曾说："在一切变迁中起支配性作用的因素都是原有本质的继续，这就是'变迁的原则是建立在延续性原则基础上'的原因了。"[1] 从新中国成立初期山区农业改造中的"打转转"工，到改革开放时期针对独龙族实际情况"休养生息、开放搞活"的民族政策，再到走上生态种植的致富之路。无论发展以多么多元的形态呈现，本土建构都在社会大步迈进的背后悄然发生着作用，这也正是独龙江乡旅游业投入众多，在产业绩效上却不如草果种植的原因。旅游开发是村民不熟悉的，而草果种植对于他们来说却最熟悉不过。在原有地方性知识中，从事旅游业需具备的行业要求、作息要求、经营观念、管理理念，对于他们都是"全新"的认知；而从以家庭为生产单位的小农式生产，从种植方法到生态理念，从时间支配到对草果的熟悉程度，都是在村民生活中早已存在东西。所以，基层政府以历史背景和现实情况为出发点，没有罔顾传统农业山地社区的实际问题，盲目推进农业机械化和农业工业化；亦未明知时机未到，仍把所有投入都跟风压到旅游开发上。一言以蔽之，"新小农"模式何以成功，源于将现代农业发展有机融入本土建构，源于"传统智慧+制度保障+现代科技+物质资源+人力资本"的合力。本土建构亦即"美蒂斯"，既包括传统认知、地方性知

---

　　[1] SAUSSURE F. , BALLY A. Sechehaye. Course in General Linguistics ［M］. New York：The Philosophical Library, 1959：74.

识、核心价值观念等抽象元素，也包括传统生计、乡村空间等具象条件，这是原有生存场域改变以后传统农民在现代经济体系中得以生存的原生倚仗，也是遭遇如新冠肺炎等重大突发事件后启动地方应急救援的"保护网"。

二是坚持经济社会与文化观念之间的协调发展，保证发展的内生性和可持续。实现现代化更深远的意义在于文化与观念，表现为地方知识与价值体系的现代转化与主动构建。在经济全球化和文化多元化的大背景下，作为典型、较封闭的边疆山区少数民族小型社会，其观念发展体现出了复杂与多元的特征：首先，知识体系变迁中传统观念受到现代性冲击表现多元。比如观念嬗变中知识体系的"碎片化"特征，传统价值发生工具理性改变，以及对货币、市场、信贷需要重新认知。文化传承场景的改变，意味着传统观念在信仰、宗教、族群、教育等各领域发生现代转型，以新的形式出现。其次，观念变迁中对主流文化的趋同。独龙族传统生计方式具有封闭、依赖的特点，使其在自身生产生活改变的初期阶段表现出对外界力量的依赖，造成发展主要依靠外源性动力、内源性动力较弱的结果，即一个对主流文化趋同的过程。最后，现代适应方式的多元，表现在生计、生活、社会交往、价值观念适应等民族发展的各个方面。鉴于上述社会转型初期观念发展的特点，一方面，各级政府通过制度、政策，在这个较封闭的小型社会实现生产、生活的现代化，推动扶贫项目迅速、顺利地融入地方社会。另一方面，通过观念调整，推动地方性知识与观念体系的现代转化和交融，促进传统与现代要素的有机对接。从产业结构、知识结构到价值观念，现代性以多元形态内嵌到经济社会发展由浅到深的各个层面，互为条件和因果，生计转型是知识和价值观念嬗变的基础和时代背景，现代知识结构、价值观念的形成又能更好地推动内生式经济发展。相信伴随观念嬗变和文化再生产的实现，这个转型、调整的过程将成为吸收、融合和创新的过程，最终完成中华民族共同体核心价值体系的构建。

行笔至末，笔者还有三点想法要表达：其一，新时代民族工作应以马克思主义实践观为基本原则。马克思主义辩证唯物论是我们认知事物的根本方法。《关于费尔巴哈的提纲》中，马克思认为实践性是新、旧唯物主义区分的重要标志，即"新唯物主义"是马克思在《关于费尔巴哈的提纲》中所肯定的"把感性理解为实践活动的唯物主义"。❶ 中国特色社会主义已进入了新时代,"这个新时代,是承前启后、继往开来、在新的历史条件下继续夺取中国特色社会主义伟大胜利的时代,是决胜全面建成小康社会、进而全面建设社会主义现代化强国的时代……"❷ 在此时代背景下,无论解决少数民族发展不平衡、不充分的问题,还是满足少数民族地区群众日益增长的各种需求、实现人的全面发展,都要求我们从实际情况出发,因地制宜、因族施策。在对少数民族贫困地区的发展干预中,无论行政举措或经济、文化措施,都应允许小步走和反复尝试,只要经实践证明有益于于经济社会发展、人的全面发展、核心价值再生产和民族团结进步的,都可以成为推动其发展的有效途径和方法。其二,民族发展不能脱离本土建构,针对某一特定族群的特定发展,应探索适宜性的发展模式。经济学、管理学等应用学科通过技术化凝视❸,为我们开出了高效、标准的普适性药方。但我们更应该看到,无论产业发展还是文化再生产,都不应有普适模式,如萨米尔·阿明般设想借以自我为中心的自主式发展解释所有,欲在经济领域发展秩序中建立一般性的标准,是形而上学和不切合多元性现实的。因为发展不仅仅是经济问题,更是文化问题;不仅仅是物质实体,更是一种文化生产。❹ 应跳出传统发展观念的窠臼,立足发展援助对象所处的原生文化背景,借助历史、地缘、社会、文化等本土元素展开脱贫与发展的实践,就如本书提出的"新小农"模式,便是小农户基于独龙族本土建构形成的生态种植产业,是基于原生环境与文化生成的现代产业发展路径。所以,"独龙江模式"可以作为"中国经验"予以借鉴,却并非普适模式,它的活力根植于乡土,借鉴时需强调因时、因地、因族制宜,基于借鉴地区的本土情况反复思考,探索最适合本土的发展路径,不能笼统照搬。

---

❶ 马克思恩格斯选集(第1卷)[M]. 北京:人民出版社,1972:18.

❷ 习近平:决胜全面建成小康社会 夺取新时代中国特色社会主义伟大胜利——在中国共产党第十九次全国代表大会上的报告[EB/OL].(2017/10/27)[2018/01/02]. http://www.gov.cn/zhuanti/2017-10/27/content_5234876.htm.

❸ 阿图罗·埃斯科瓦尔. 遭遇发展:第三世界的形成与瓦解[M]. 汪淳玉,等译. 北京:社会科学文献出版社,2011:9.

❹ 阿图罗·埃斯科瓦尔. 遭遇发展:第三世界的形成与瓦解[M]. 汪淳玉,等译. 北京:社会科学文献出版社,2011:67.

最后，无论马克思主义中国化在民族地区的实证研究，还是中国化的马克思主义民族理论研究，均可使用民族学、人类学的学科方法，坚持"自观"与"他观"❶的互补。相比发展主体，官方与专家通常在帮扶过程中拥有较大的话语优势，易站在行政和专业立场，将发展技术化、标准化和规范化。直至今日，笔者仍在回味第一次进入独龙江乡之前的繁忙景象：事先对独龙族进行详细的资料准备，写出近三万字的学术综述；进行研究操作化，如现代化程度操作化为电器拥有率、用水、交通工具等系列一、二、三级指标；还有了解关于贫困划分的各类标准和数据等。进入田野伊始，也曾极"热心地"动员独龙族朋友出去打工、闯世界，也曾对旅游业的发展困境烦恼、不解。伴随田野调查的步步深入，独龙河谷田间地头、房前屋后正在发生着的、经历着的，都鲜活地呈现在眼前、浮现于脑海；曾经接触过、访谈过、干杯过、拥抱过的独龙族兄弟姐妹，给我讲述了他们的酸甜苦辣和所思所想。正是他们，督促我从"客位"回归"主位"❷、以"自观"结合"他观"、从问题回归文化，以帮扶对象的视角去解释和看待发展。当前，我国正处于实现全面建成小康社会后又将开启全面建设社会主义现代化国家的新征程，研究者更应将视野从专业视角拓展至更广阔的田野中，做一个理解当地文化的"倾听者"，在群众面前保持谦逊的态度，看到隐藏在"问题"中的文化需求和必然；透过对发展主体的全方位解读，揭示那些容易被政策、经济和科技覆盖或忽略的重要方面；激发本土居民的文化自觉，以科技、文化、生态、心理等多元标准去理解和推动发展，在铸牢中华民族共同体意识的过程中实现"美美与共，天下大同"❸。

---

❶ 在民族学调查过程中，自观的方法指站在被调查对象的角度，用被调查者自身的观点去解释他们自己的文化；他观的方法指站在局外立场，用调查者所持的一般观点去解释所看到的。

❷ 客位研究是研究者以文化外来观察者的角度来理解文化，以科学家的标准对其行为的原因和结果进行解释，用比较的和历史的观点看待民族志材料。主位研究是指研究者不凭自己的主观认识，尽可能从当地人的视角去理解文化，通过听取当地人（报道人）所反映的认识和观点，进行整理和分析的研究方法。

❸ 出自 1990 年 12 月，"东亚社会研究国际研讨会"费孝通题为"人的研究在中国——个人的经历"的主题演讲。

# 参考文献

## 一、学术著作

### （一）中文著作

［1］独龙族简史编写组. 独龙族简史［M］. 北京：民族出版社，2008.

［2］蔡家麟. 独龙族社会历史综合考察报告：第一集［R］. 昆明：云南省民族研究所，1983.

［3］蔡家麟. 藏彝走廊中的独龙族社会历史考察［M］. 北京：民族出版社，2008.

［4］蔡俊生. 文化论［M］. 北京：人民出版社，2003.

［5］陈庆德. 发展人类学引论［M］. 昆明：云南大学出版社，2001.

［6］陈勇勤. 小农经济［M］. 郑州：河南人民出版社，2008.

［7］邓大才. 小农政治：社会化小农与乡村治理［M］. 北京：中国社会科学出版社，2013.

［8］鄂尔泰. 云南通志：卷二十四［M］. 刻本. 1736.

［9］樊绰. 云南志补注［M］. 木芹，补注. 昆明：云南人民出版社，1995.

［10］方国瑜. 云南史料丛刊：第十卷［G］. 徐文德，木芹，郑志惠，纂录校对. 昆明：云南大学出版社，1998.

［11］方国瑜. 云南史料丛刊：第十二卷［G］. 徐文德，木芹，郑志惠，纂录校对. 昆明：云南大学出版社，2001.

［12］管学宣. 丽江府志略：上卷［M］//中国地方志集成：云南府县专辑. 刻本抄本，1743（乾隆八年）.

［13］李友祥，刘正华. 贡山文史资料：第一辑［G］. 政协贡山县文史资料委员会，1986.

［14］《贡山独龙族怒族自治县志》编纂委员会. 贡山独龙族怒族自治县志［M］. 北京：民族出版社，2006.

［15］郭来喜. 贫困：人类面临的难题——云南民族地区贫困类型研究［M］. 北京：中国科学技术出版社，1992.

[16] 郭建斌. 独乡电视：现代传媒与少数民族乡村日常生活 [M]. 济南：山东人民出版社，2005.

[17] 郭建斌. 边缘的游弋：一个少数民族村庄近60年变迁 [M]. 昆明：云南人民出版社，2010.

[18] 高志英. 独龙族社会文化与观念的嬗变研究 [M]. 昆明：云南人民出版社，2009.

[19] 高志英. 藏彝走廊西部边缘民族关系与民族文化变迁研究 [M]. 北京：民族出版社，2010.

[20] 维西县志稿 [M] //中国方志大辞典. 杭州：浙江人民出版社，1988.

[21] 胡吉庐. 西康疆域古录 [M]. 台北：台湾商务印书馆，1963.

[22] 何大明. 高山峡谷人地复合系统的演进——独龙族近期社会、经济和环境的综合调查及协调发展研究 [M]. 昆明：云南民族出版社，1995.

[23] 何大明，李恒. 独龙江和独龙族综合研究 [G]. 昆明：云南科技出版社，1996.

[24] 黄应贵. 时间、历史与记忆 [M]. 台北：中研院民族学研究所，1999.

[25] 贺雪峰. 小农立场 [M]. 北京：中国政法大学出版社，2013.

[26] 贺青梅. 小农生活社会与民生政治 [M]. 北京：中国社会科学出版社，2014.

[27] 刘达成. 独龙族 [M]. 北京：民族出版社，1998.

[28] 李恒. 独龙江地区植物 [M]. 昆明：云南科技出版社，1993.

[29] 李小云. 谁是农村发展的主体 [M]. 北京：中国农业大学出版社，2000.

[30] 李小云. 参与式发展概论 [M]. 北京：中国农业大学出版社，2001.

[31] 罗康隆，黄贻修. 发展与代价 [M]. 北京：民族出版社，2006.

[32] 陆德泉，朱健刚. 反思参与式发展：发展人类学前沿 [M]. 北京：社会科学文献出版社，2013.

[33] 雷永生，陈晓希. 皮亚杰发生认识论述评 [M]. 北京：人民出版社，1987.

[34] 马曜先. 云南古代各族史略 [M]. 昆明：云南人民出版社，1977.

[35] 《民族问题五种丛书》云南省编辑委员会. 怒族社会历史调查（一）[G]. 昆明：云南人民出版社，1981.

[36] 《民族问题五种丛书》云南省编辑委员会. 独龙族社会历史调查（二）[G]. 昆明：云南人民出版社，1981.

[37] 怒江傈僳族自治州地方志编纂委员会. 怒江傈僳族自治州志 [M]. 北京：民族出版社，2006.

[38] 潘天舒. 发展人类学概论 [M]. 上海：华东理工大学出版社，2009.

[39] 傅恒主纂编修. 皇清职贡图：卷一百八十五 [M]. 刻本. 乾隆五十八年（1793）.

［40］覃光广，等．文化学词典［M］．北京：中央民族学院出版社，1988.

［41］宋恩常．云南少数民族研究文集［M］．昆明：云南人民出版社，1986.

［42］陶云逵．俅江纪程［G］．西南边疆（1941—1942）：第12—14期．成都：成都西南边疆研究社，1942.

［43］王叔武．云南少数民族源流研究［M］．云南民族学院学报，1985.

［44］王义桅．"一带一路"：机遇与挑战［M］．北京：人民出版社，2014.

［45］吴毅．村治变迁中的权威和秩序：20世纪川东双村的表达［M］．北京：中国社会科学出版社，2002.

［46］吴飞．火塘·教堂·电视：一个少数民族社区的社会传播网络研究［M］．北京：光明日报出版社，2008.

［47］吴仕民．中国民族理论新编［M］．3版．北京：中央民族大学出版社，2016.

［48］许宝强，汪晖选编．发展的幻象［M］．北京：中央编译出版社，2001.

［49］熊清华，施晓春．高黎贡山研究文丛（第二卷）·高黎贡山民族与生物多样性保护研究［G］．北京：科学出版社，2006.

［50］尹明德．云南北界勘查记［M］．台北：成文出版有限公司，1974.

［51］于幼军．马克思的社会发展理论及其当代价值［M］．北京：中国社会科学出版社，1998.

［52］杨毓骧．伯舒拉岭雪线下的民族［M］．昆明：云南大学出版社，2000.

［53］杨将领，李金明，曾学光．独龙族［M］．北京：中国水利水电出版社，2004.

［54］向国成，韩绍凤．超边际经济学之应用研究［M］．北京：中国经济出版社，2007.［60］尹绍亭．远去的山火：人类学视野中的刀耕火种［M］．昆明：云南人民出版社，2008.

［55］叶敬忠．发展的故事：幻象的形成与破灭［M］．北京：社会科学文献出版社，2015.

［56］云南省编辑室，《中国少数民族社会历史调查资料丛刊》修订编辑委员会．中央访问团第二分团云南民族情况汇集［G］．北京：民族出版社，1981.

［57］云南省地方志编纂委员会．云南省志：卷六十六宗教志［M］．昆明：云南人民出版社，1995.

［58］周建明．民族贫困地区对策研究［M］．北京：中国科学技术出版社，1992.

［59］周大鸣，秦红增．参与式社会评估：在倾听中求得决策［M］．广州：中山大学出版社，2005.

［60］周大鸣．凤凰村的变迁：《华南的乡村生活》追踪研究［M］．北京：社会科学文献出版社，2006.

［61］张桥贵．独龙族文化史［M］．昆明：云南民族出版社，2000.

［62］张劲夫，罗波. 独龙江文化史纲：俅人及其邻族的社会变迁研究［M］. 广州：中山大学出版社，2013.

［63］赵伯乐. 新编怒江风物志［M］. 昆明：云南人民出版社，1998.

［64］赵红军. 小农经济、惯性治理与中国经济的长期变迁［M］. 上海：上海人民出版社，2010.

［65］中国科学院民族研究所云南民族调查组，云南省历史研究所民族研究室. 云南省怒江独龙族社会调查：调查材料之七［Z］. 内部刊印，1964（12）.

［66］政协怒江州委员会文史资料委员会. 独龙族［G］. 德宏：德宏民族出版社，1999.

（二）外文译著

［1］阿图罗·埃斯科瓦尔. 遭遇发展——第三世界的形成与瓦解［M］. 汪淳玉，等译. 北京：社会科学文献出版社，2011.

［2］亚当·斯密. 国民财富的性质和原因的研究［M］. 郭大力，等译. 北京：商务印书馆，1981.

［3］阿马蒂亚·森，从增长到发展［M］. 刘民权，等译. 北京：中国人民大学出版社，2015.

［4］查尔斯·泰勒. 查尔斯·泰勒：两种现代性理论［J］. 陈通造，译. 哲学分析，2016 年（4）.

［5］E·杜尔干. 宗教生活的初级形式［M］. 林宗锦，等译. 北京：中央民族大学出版社，1999.

［6］弗兰克·艾利思. 农民经济学：农民家庭农业和农业发展［M］. 胡景北，译. 上海：上海人民出版社，2006.

［7］亨利·戴维·梭罗. 瓦尔登湖［M］. 徐迟，译. 上海：上海译文出版社，2011.

［8］亨利·伯恩斯坦. 农政变迁的阶级动力［M］. 汪淳玉，叶敬忠，译. 北京：社会科学文献出版社，2011.

［9］克莱德·M. 伍兹. 文化变迁［M］. 何瑞福，译. 石家庄：河北人民出版社，1989.

［10］克利福德·格尔兹. 文化的解释［M］. 韩莉，译. 南京：译林出版社，2008.

［11］凯蒂·加德纳，大卫·刘易斯. 人类学、发展与后现代的挑战［M］. 张有春，译. 北京：中国人民大学出版社，2008.

［12］拉德克利夫·布朗. 社会人类学方法［M］. 夏建中，译. 济南：山东人民出版社，1988.

［13］绫部恒雄. 文化人类学的十五种理论［M］. 中国社科院日本研究所社会文化室，译. 北京：国际文化出版公司，1988.

［14］路易斯·亨利·摩尔根.古代社会［M］.杨东莼，等译.北京：中央编译出版社，2007.

［15］露丝·本尼迪克特.文化模式［M］.王炜，译.北京：三联书店，1988.

［16］马克思恩格斯全集［M］.北京：人民出版社，1972.

［17］马凌诺斯基.科学的文化理论［M］.黄剑波，等译.北京：中央民族大学出版社，1999.

［18］马歇尔·萨林斯.历史之岛［M］.蓝达居，等译.上海：上海人民出版社，2003.

［19］世界银行.2002年世界发展报告：建立市场体制［M］.世界发展报告翻译组，译.北京：中国财政经济出版社，2002.

［20］威廉·H·休厄尔.历史的逻辑：社会理论与社会转型［M］.朱联碧，费滢，译.上海：上海世纪出版集团，2012.

［21］西奥多·舒尔茨.改造传统农业［M］.梁小民，译.北京：商务印书馆，1987.

［22］扬·杜威·范德普勒格.新小农阶级：帝国和全球化时代为了自主性和可持续性的斗争［M］.潘婷，叶敬忠，译.北京：社会科学文献出版社，2016.

［23］詹姆斯·C.斯科特.农民的道义经济学：东南亚的反叛与生存［M］.程立显，等译.南京：译林出版社，2001.

［24］詹姆斯·C.斯科特.国家的视角：那些试图改善人类状况的项目是如何失败的［M］.王晓毅，译.北京：社会科学文献出版社，2004.

（三）外文原著

［1］ASAD, T. Anthropology and the Colonial Encounter［M］. London：Ithaca，1973.

［2］ESCOBAR A. Encountering Development：the making and unmaking of the Third World［M］. Princeton：Princeton University Press，1995.

［3］WALTER B：Sociology and Modern Systems Theory［M］. Englewook Cliffs：Prentice Hall，1967.

［4］BAILEY H. The Holy Earth, Ithaca［M］. New York：Comstock Publishing Company，1919.

［5］BROKENSHA D，WARREN D，WERNER O（eds.）. Indigenous Knowledge Systems and Development［M］. Washington，DC：University Press，1980.

［6］CILERTN. Targeting Social benefits：international perspectives and trends［M］. New Brunswick，NJ：Transaction Publishers，2001.

［7］CHAMBERS R. Rural Development：Putting the Last First［M］. London：Longman，1983.

［8］FOUCAULT M. The Order of Things：An Archaeology of the Human Sciences［M］. New York：Vintage Books，1970.

［9］ JAMES F. The Anti – Politics Machine："Development"，Depoliticization and Bureaucratic Power in Lesotho ［M］. Cambridge：Cambridge University Press，1990.

［10］ ANTONIO G. Atraso y Dependencia en América Latina. Buenos Aires ［M］. El Ateneo. RFIOC, 1972.

［11］ Jan Douwe van der Ploeg. The New Peasantries：Struggles for Autonomy and Sustainability in an Era of Empire and Globalization ［M］. London：Earthscan, 2008.

［12］ POLANYI K. The Great Transformation ［M］. Boston：Beacon Press, 1957.

［13］ GERALD M. Emerging from Poverty：The Economics that Really Matters ［M］. New York：Oxford University Press，1984.

［14］ MAIR L. Anthropology and Development ［M］. London：Macmillan, 1984.

［15］ RAGNALD N. Problems of Capital Formation in Underdeveloped Countries ［M］. Oxford：Oxford University Press，1953.

［16］ National Research Council. Alternative Agriculture ［C］. Washington, DC：National Academy Press，1989.

［17］ POPKIN , SAMUEL L. The Rational Peasant：The Political Economy of Rural Society in Vietnam ［M］. New York：University of California Press，1979.

［18］ SAUSSURE. F. , BALLY C. A. Sechehaye. Course in General Linguistics ［M］. New York：The Philosophical Library，1959.

［19］ SCHULTZ T. Transforming Traditional Agricultrue ［M］. New Haven, Conn：Yale University Press，1964.

［20］ ANDY S, TRIBLE M. International Development Studies：Theories and Methods in Research and Practice ［M］. London：SAGE, 2008.

［21］ HARRY T. Inaugural Address, January 20, 1949, Documents on American Foreign Relations ［M］. Connecticut：Princeton University Press，1967.

［22］ "World Bank Forecasts Global Porerty to Fall Below 10% for First Time；Major Hurdles Remain in Goal to End Poverty by 2030" ［C］. WorldBank. org. 2015/10/4. Retrieved 2018/1/10.

## 二、学术论文

［1］ 陈国生. 云南刀耕火种农业分布的历史地理背景及其在观光农业旅游业中的利用 ［J］. 民族研究，1998（1）.

［2］ 陈庆德. 发展理论与发展人类学 ［J］. 思想战线，1998（8）.

［3］ 陈晓毅. 城市外来少数民族文化适应的社会意义：以深圳"中国民俗文化村"员工为例 ［J］. 广东技术师范学院学报，2005（5）.

［4］陈刚. 发展人类学视野中的文化生态旅游开发：以云南泸沽湖为例［J］. 广西民族研究，2009（3）.

［5］陈前恒. 会员制村级扶贫发展基金能够瞄准穷人吗：村扶贫发展基金个案研究［J］. 农村经济，2011（3）.

［6］陈纪. 少数民族流动人口城市融入中的社会适应问题探讨［J］. 贵州民族研究，2016（10）.

［7］杜国林. 论西南边疆诸民族中氏族公社和农村公社的历史演变［J］. 民族学研究，1981（2）.

［8］杜琼. 云南人口较少民族自我发展能力提升问题研究［J］. 云南行政学院学报，2013（5）.

［9］丁昭，蒋远胜，徐光顺. 贫困村互助资金社瞄准贫困户了吗：来自四川的经验［J］. 农村经济，2014（9）.

［10］丁莉，起建凌，卢迎春. 人口较少民族地区反贫困研究：以怒江州贡山县独龙江乡为例［J］. 全国商情，2014（15）.

［11］丁芳芳，赵欣. 少数民族大学生家庭功能归因风格与社会适应的关系［J］. 内江师范学院学报，2016（8）.

［12］董泽松. 云南少数民族青少年社会生活适应研究［J］. 内蒙古师范大学学报（教育科学版），2005（8）.

［13］崔楚，郭佩霞. 四川省民族地区财政扶贫资金投入与减贫效率研究：以凉山州11个国家扶贫重点县为例［J］. 行政事业资产与财务，2011（9）.

［14］常岚. 城市少数民族流动人口社会适应研究综述［J］. 人口、社会、法制研究，2013（1）.

［15］戴岳. 少数民族离村上学儿童的社会适应：基于对 Y 省少数民族聚居地区乡镇中心学校的田野调查［J］. 学术论坛，2013（6）.

［16］邓桦. 试析少数民族文化传承中的社会适应问题［J］. 湖北科技学院学报，2014（2）.

［17］费孝通. 反思·对话·文化自觉［J］. 北京大学学报（哲学社会科学版），1997（3）.

［18］龚明华. 独龙族的婚姻、姓名和历法［J］. 民族文化，1980（2）.

［19］高志英. 唐至清代傈僳族、怒族流变历史研究［J］. 学术探索，2004（8）.

［20］高伟志. 提升少数民族大学生社会适应能力对策研究［J］. 长江丛刊（理论研究），2016（9）.

［21］辜胜阻. 提高扶贫精准性，避免贫困代际传递［J］. 中国扶贫，2014（16）.

［22］黄宗智. 略论华北近数百年的小农经济与社会变迁：兼及社会经济史研究方法

［J］. 中国社会经济史研究, 1986（7）.

［23］黄宗智. 中国小农经济的过去和现在：舒尔茨理论的对错［J］. 中国乡村研究（辑刊）, 2008（12）.

［24］黄宗智. 中国过去和现在的基本经济单位：家庭还是个人［J］. 人民论坛·学术前沿, 2012（3）.

［25］黄宗智. "家庭农场"是中国农业的发展出路吗［J］. 开放时代, 2014（3）.

［26］黄彩文. 积极引导边疆少数民族宗教信仰与社会主义社会相适应的若干思考［J］. 楚雄师范学院学报, 2008（5）.

［27］贺雪峰. 中国农民价值观的变迁及对乡村治理的影响：以辽宁大古村调查为例［J］. 学习与探索, 2007（5）.

［28］贺雪峰. 简论中国式小农经济［J］. 人民论坛, 2011（8）.

［29］贺雪峰. 关于"中国式小农经济"的几点认识［J］. 南京农大学报（社会科学版）, 2013（11）.

［30］贺琳凯, 李湘飞. 政治现代化进程中的"传统"问题：独龙族政治发展分析［J］. 云南行政学院学报, 2017（1）.

［31］侯远高. 独龙族社会经济发展研究［J］. 中央民族大学学报（哲社版）, 2002（4）.

［32］侯豫新. 发展人类学之"发展"概念与"幸福感"相关问题探析［J］. 广西民族研究, 2009（2）.

［33］侯宾, 崔瑾, 王志红. 独龙族医药文化研究的价值及思路［J］. 中共云南省委党校学报, 2012（4）.

［34］侯莹. 滇越边境地区少数民族社会适应的城镇化路径探析［J］. 北方农业学报, 2016（3）.

［35］何士荣. 蒙城：精准扶贫"四五六"［J］. 中国扶贫, 2014（19）.

［36］何乃柱. 社会组织在少数民族流动儿童城市适应与教育援助中的作用研究：以 C 组织为例［J］. 亚太教育, 2015（8）.

［37］韩小兵, 喜饶尼玛. 中国少数民族非物质文化遗产保护的法制特色［J］. 黑龙江民族丛刊, 2013（1）.

［38］蒋利辉, 冯刚. "一带一路"：民族地区的重大战略机遇［J］. 中国民族, 2015（5）.

［39］孔萌. 弹性思维理念对独龙族文化传承的启示意义［J］. 山东艺术学院学报, 2013（5）.

［40］刘达成. 试论独龙族的家族公社［J］. 民族研究, 1979（3）.

［41］刘金龙. 发展人类学视角中的传统知识及其对发展实践的启示［J］. 中国农业大学学报（社会科学版）, 2007（6）.

[42] 刘茜，李小云. 发展的人类学研究概述［J］. 广西民族大学学报（哲学社会科学版），2009（9）.

[43] 刘流. 民族地区农村扶贫瞄准问题研究：基于贵州省民族地区乡级扶贫瞄准绩效的分析［J］. 贵州民族研究，2010（4）.

[44] 刘伟. 海南少数民族社会变迁下的心理适应探析［J］. 改革与开放，2013（6）.

[45] 刘宗义. 我国"一带一路"倡议在东南、西南周边的进展现状、问题及对策［J］. 印度洋经济体研究，2015（4）.

[46] 刘苏荣. 我国扶持人口较少民族政策实施效果调查：以云南省贡山县独龙江乡为例［J］. 人民论坛，2015（7）.

[47] 吕光天. 论原始社会形态研究在民族学中的地位和作用［J］. 民族学研究，1981（2）.

[48] 李文潮. 试论解放前我国存在原始公社残余的少数民族地区私有制的产生［J］. 中央民族学院学报，1981（3）.

[49] 李宣林. 独龙族传统农耕与生态保护［J］. 云南民族学院学报，2000（6）.

[50] 李勇. 试析布鲁纳认知结构理论［J］. 安顺师范高等专科学校学报，2005（1）.

[51] 李小云，张雪梅，唐丽霞. 我国中央财政扶贫资金的瞄准分析［J］. 中国农业大学学报：社会科学版，2005（3）.

[52] 李长健，蒋诗媛，陈志科. 农民发展权问题探析［J］. 沈阳大学学报（社科版），2009（6）.

[53] 李金明. 独龙族野生植物利用的传统知识研究［J］. 学术探索，2012（2）.

[54] 李洁超. 独龙族伦理思想散论［J］. 黑龙江民族丛刊，2015（3）.

[55] 李阳，靳明明. 独龙族人口结构及就业状况变迁研究：基于全国四、五、六次人口普查数据［J］. 人力资源，2015（10）.

[56] 罗荣芬. 独龙族婚姻家庭风俗及其调适［J］. 民族学，1990（1）.

[57] 罗伊玲，刘亚彬. 基于云南少数民族贫困地区大学生志愿者旅游参与障碍研究：以独龙江乡为例［J］. 生态经济，2013（6）.

[58] 罗波. 关不住的门：19世纪90年代以来独龙江流域独龙族生存变迁研究［J］. 民族问题研究，2014（3）.

[59] 彭永庆. 建国以来党的民族发展理论与实践的历史思考：从发展人类学视角谈学习党的十八大关于民族发展问题的体会［J］. 满族研究，2013（2）.

[60] 屈小玲. 中国西南与境外古道：南方丝绸之路及其研究述略［J］. 西北民族研究，2011（1）.

[61] 全承相，贺丽君，全永海. 产业扶贫精准化政策论述［J］. 湖南财政经济学院学报，2015（2）.

［62］宋恩常. 试谈独龙族私有财产的产生 ［J］. 思想战线，1977（3）.

［63］宋建峰. 独龙文面女历史隐踪与绝地绝域民族地区发展的人类学的考察 ［J］. 黑龙江民族丛刊，2013（4）.

［64］沈新忠. 辽宁省建档立卡精准扶贫措施探讨 ［J］. 农业科技与装备，2014（3）.

［65］田继周. 略论独龙族、怒族、佤族和傈僳族的共耕关系 ［J］. 云南社会科学，1983（6）.

［66］童星. 论马克思的社会发展理论 ［J］. 江苏大学学报（社会科学版）. 2009（6）.

［67］谭宏. 从"二元"到"一元"：发展人类学视野的农村"空心化"问题分析 ［J］. 社会科学家，2014（2）.

［68］温铁军. 小农模式与王权 ［J］. 中国企业家，2013（4）.

［69］王明东. 独龙族的生态文化与可持续发展 ［J］. 云南民族学院学报，2000（3）.

［70］王春华，王日旭. 农村扶贫资金目标瞄准存在的问题及建议 ［J］. 农村经济，2006（3）.

［71］王俊秋. 论我国的政府与慈善机构的关系 ［J］. 沈阳大学学报（社科版），2008（4）.

［72］王兆峰. 湘西凤凰县民族文化旅游创意产业发展研究 ［J］. 中央民族大学学报（哲学社会科学版），2010（2）.

［73］王黎颖. 独龙族文化与生态环境保护研究综述 ［J］. 安徽农业科学，2013（4）.

［74］王宇丰. 发展人类学视野下的西南山区稻作农业困境 ［J］. 广西民族研究，2014（5）.

［75］王莉宁. 独龙语巴坡方言的声调 ［J］. 民族语文，2015（1）.

［76］维杰. 精准扶贫的难点、对策与路径选择 ［J］. 农村经济，2014（6）.

［77］吴雄周，丁建军. 基于成本收益视角的我国扶贫瞄准方式变迁解释 ［J］. 东南学术，2012（5）.

［78］吴玫. 少数民族大学生社会与学术适应的影响因素分析 ［J］. 民族高等教育研究，2015（5）.

［79］许鸿宝. 土地公有制向私有制中间的中央阶段：略论云南怒江少数民族的土地伙有共耕制 ［J］. 民族研究，1981（3）.

［80］许鲁州. 新时期少数民族地区宗教与社会主义相适应的几个问题 ［J］. 理论探讨，1995（7）.

［81］肖迎. 元、明、清时期怒江地区民族社会生活概说 ［J］. 思想战线，1996（5）.

［82］邢成举，李小云. 精英俘获与财政扶贫项目目标偏离的研究 ［J］. 中国行政管理，2013（9）.

［83］徐琼. 上海外来少数民族的社会适应：从朝鲜族社会网络的视角分析 ［J］. 西北

农业大学学报（社会科学版），2010（10）.

[84] 徐礼平. 电视对农村留守儿童社会适应的消极影响：以西部少数民族地区为例 [J]. 调查与研究，2013（14）.

[85] 于幼军. 马克思的社会发展理论及其当代价值 [J]. 中国社会科学，1998（4）.

[86] 于敏，张晓颖. 中国扶贫瞄准机制的创新与实践：以广东省连南县为例 [J]. 农业现代化研究，2012（3）.

[87] 杨小柳. 发展研究：人类学的历程 [J]. 社会学研究，2007（7）.

[88] 杨文英，罗康隆. 发展人类学在当代中国的研究 [J]. 原生态民族文化学刊，2009（4）.

[89] 杨清媚. 人类学与发展：一个两难的话语 [J]. 社会发展研究，2014（1）.

[90] 杨将领. 独龙语的施事和工具格标记 [J]. 民族语文，2015（1）.

[91] 杨龙，李萌，汪三贵. 我国贫困瞄准政策的表达与实践 [J]. 农村经济，2015（1）.

[92] 叶敬忠. 没有小农的世界会好吗：《新小农阶级》中译本序 [J]. 中国农业大学学报（社会科学版），2013（7）.

[93] 尹善龙. 山高水长隔不断：中共云南省委书记令狐安徒步深入独龙江乡调研散记 [J]. 民族工作，1999（1）.

[94] 袁辰霞. 内地高校新疆籍少数民族学生社会文化适应探析：以北京某大学的调查为例 [J]. 民族教育研究，2014（6）.

[95] 袁波澜. 对内地高校新疆少数民族学生社会适应的阶段性分析 [J]. 三峡论坛，2015（3）.

[96] 张惠君. 怒江傈僳族、怒族、独龙族贫困问题研究 [J]. 云南社会科学，1997（3）.

[97] 张桥贵，刘春芳. 云南少数民族地区基督教的本土适应与社会融入：以洒普山苗族教会本土化为例 [J]. 社会学评论，2014（8）.

[98] 张晓春，唐踔. 发展人类学对乡村变迁的历史考察：以广州市番禺县沙湾镇为个案分析 [J]. 中国集体经济，2014（9）.

[99] 张笑芸，唐燕. 创新扶贫方式，实现精准扶贫 [J]. 资源开发与市场，2014（9）.

[100] 张辰光. 民族地区农业产业化初级发展模式探析 [J]. 内蒙古民族大学学报（社会科学版）. 2015（1）.

[101] 张劲夫. 固化与再造：滇西北独龙族身份认同与边界研究 [J]. 青海民族研究，2015（7）.

[102] 张燕. 独龙族传统体育文化源流探析 [J]. 当代体育科技，2015（8）.

[103] 张凤荣. 高师院校少数民族新生学习适应与社会工作介入问题研究综述 [J]. 亚太教育，2016（9）.

[104] 曾豪杰. 多民族共聚地区多元文化认同规律及特点分析 [J]. 民族问题，2013

(10).

[105] 赵旭东, 付来友. 象征之桥：独龙族宗教信仰及其在现代医学影响下的转变 [J]. 北方民族大学学报（哲社版）, 2012 (2).

[106] 赵沛曦. 独龙族与周边民族的文化认同 [J]. 中南民族大学学报（哲社版）, 2013 (4).

[107] 赵勇. 传统小农模式对于集中商品化经营的适应 [J]. 理论观察, 2016 (7).

[108] 郑广永, 胡存之. 历史变迁与文化变迁 [J]. 北方论丛, 2003 (6).

[109] 郑风田, 付晋华. 农民集中居住：现状、问题与对策 [J]. 农业经济问题, 2007 (9).

[110] 周民良. 推动精准扶贫开发的丹凤样本 [J]. 中国发展观察, 2014 (9).

[111] 周亚涛. 培养边疆少数民族地区初中生社会适应能力的思考 [J]. 新课程, 2014 (11).

[112] 周雅颂. 新疆少数民族大学生公正世界信念与社会适应的关系研究：以广东外语外贸大学为例 [J]. 湖北函授大学学报, 2016 (10).

[113] 朱桦. 社工介入少数民族学生社会适应的探析：以内地高校 S 大学少数民族大学生为个案 [J]. 高等教育, 2014 (1).

[114] J. P. 梅森. 世界快速都市化中的发展人类学 [J]. 发展与变化杂志（美）, 1991 (2).

[115] 马歇尔·塞林斯. 原初丰裕社会 [J]. 台湾社会研究, 1988 春季号第 1 卷第 1 期.

[116] 施帝恩. 缺少的分享：喜马拉雅东部作为"整体社会事实"的分享的仪式语言 [J]. 周云水译. 青海民族研究, 2009 (3).

## 三、析出文献

[1] 阿柏杜雷. 印度西部农村技术与价值的再生产 [M] //许宝强, 汪晖选编. 发展的幻象. 北京：中央编译出版社, 2001.

[2] 洪俊. 独龙族族源初探 [G] //怒江州文史资料选辑（上卷）. 德宏州：德宏民族出版社, 1994.

[3] 李月英. 独龙江学校教育研究 [M] //高宗裕. 民族学与博物馆学. 昆明：云南民族出版社, 1996.

[4] 李金明. 独龙族对野生资源的利用及其可持续研究 [M] //许建初. 中国西南生物资源管理的社会文化研究. 昆明：云南科技出版社, 2001.

[5] 力兵. 近代云南民族历史概述 [G] //云南省社会科学院历史研究所研究集刊（中国. 昆明）. 内部刊印, 1985 (2).

［6］宋恩常. 独龙族私有财产的起源的探索［G］//云南少数民族研究文集. 昆明：云南人民出版社，1986.

［7］温继铭，温眉虎. 第四行政村独龙族社会经济调查［A］//独龙族社会历史调查（二）. 昆明：云南民族出版社，1985.

［8］张海阳. 中国农村扶贫开发［M］//宋远洪. 农村改革三十年. 北京：中国农业出版社，2009.

## 四、学位论文

［1］郭建斌. 电视下乡：社会转型期大众传媒与少数民族社区［D］. 复旦大学博士学位论文，2010.

［2］田静. 教育与乡村建设：云南一个贫困民族乡的发展人类学探究［D］. 华东师范大学博士学位论文，2011.

［3］熊吉峰. 转轨期我国小农经济改造研究［D］. 华中农业大学博士学位论文，2004.

［4］周云水. 独龙族社会结构变迁研究［D］. 中山大学博士学位论文，2010.

# 附录1  调查问卷（节选）

尊敬的朋友：

您好！此次调查用于学术研究，请如实回答，无须填写姓名，测试结果保密。请将您认为满意的答案序号填在括号"（  ）"内，没有标明多选的均为单选。若选项中没有您认可的答案，请在该题空白处填写。占用了您的宝贵时间，非常感谢您的支持与合作！

性别____  年龄____  民族____  婚否____  子女情况____
职业____

文化程度：□不识字  □小学  □初中  □高中、中专
　　　　　□大专以上

1. 您的年纯收入？（  ）元

① 1000 以下　　　② 1001～2000　　　③ 2001～3000

④ 3001～5000　　　⑤ 5000 以上

2. 您有没有存款？

① 有　　　　　　② 没有

如"有"请填答下题（  ）元

① 1000 以下　　　　　　② 1001～5000

③ 5001～10000　　　　　④ 10000 以上

3. 以下哪个方面如果您具备了，能让您在村里受人尊重（特别有面子)？（  ）

① 金钱多　　　　　　　② 权力大

③ 教育程度高　　　　　④ 职业好

4. 您有没有未来职业规划或打算？（  ）

①有　　　　　　　②没有　　　　　　③不知道

5. 您工作或劳动之后的业余时间从事什么活动？（　）限选三项

①看电视　　　　　②上网　　　　　　③打猎或钓鱼

④看书　　　　　　⑤找朋友喝酒　　　⑥体育运动

6. 您的月收入能满足您每月的开支和生活需求吗？（　）

①可以，还有很大盈余 ②可以，刚刚够 ③不能，但也能过 ④不能，
生活困难

7. 和您关系密切的朋友有几个？（　）

①20 个以上　　②19～10 个　　③9～5 个　　④5～0 个

8. 您是否参加村民小组的活动？（　）

①经常　　　　　　②偶尔　　　　　　③没有

9. 您觉得自己首先是？（　）

①中国人　　　　　②云南人

③独龙族（或其他少数民族）人

10. 您为您是独龙族或是其他少数民族自豪吗？（　）

①是　　　　　　　②否　　　　　　　③无所谓

11. 您对新居总体上满意吗？（　）

①非常满意　　　　②满意　　　　　　③一般

④不满意　　　　　⑤非常不满意　　　⑥无所谓

12. 您怀念搬迁以前的生活吗？（　）

①怀念　　②一般　　③不怀念　　④不知道

13. 对搬迁后的生活方式和状态满意吗？（　）

①非常满意　　　　②满意　　　　　　③一般

④不满意　　　　　⑤非常不满意　　　⑥无所谓

14. 您认为独龙江乡是贫困地区吗？（　）

①是　　　　　　　②不是　　　　　　③不知道

您的这个想法是怎么产生的？

15. 您还希望村里进行哪些方面建设？（　）限选三项

①集体经济组织建设 ②学校建设　　　　③卫生室建设

④农家书屋建设　　⑤其他

# 附录2 独龙江乡《村规民约》

(2013年1月7日独龙江乡十一届人民代表大会第一次会议通过)

为提高村民自我管理、自我教育、自我约束力、保障实行村民自治，促进全村的安定团结和三个文明建设，根据法规和上级有关规定，结合本村实际，征求村民和村民代表会议审议通过，制定本村规民约。

## 第一章 认真贯彻落实党的各项政策措施

**第一条** 坚决拥护中国共产党的领导，坚决走社会主义道路，认真贯彻执行党的路线、方针、政策。爱祖国、爱家乡、爱集体、爱人民、爱劳动。努力建设生产发展、生活宽裕、管理民主、乡风文明、村容整洁的社会主义新农村。

**第二条** 树立社会主义荣辱观，知荣明耻。以热爱祖国为荣，以危害祖国为耻；以服务人民为荣，以背离人民为耻；以崇尚科学为荣，以愚昧无知为耻；以辛勤劳动为荣，以好逸恶劳为耻；以团结互助为荣，以损人利己为耻；以诚实守信为荣，以见利忘义为耻；以遵纪守法为荣，以违法乱纪为耻；以艰苦奋斗为荣，以骄奢淫逸为耻。

**第三条** 饮水思源。致富不忘党和政府，积极响应党和政府的号召。自觉履行公民应尽的义务，维护祖国统一和民族团结，维护祖国的安全、荣誉和利益，依法服兵役，依法纳税。

## 第二章 土地管理

**第四条** 依照《中华人民共和国城市法》和《中华人民共和国土地管理法》及乡党委制定的有关规定，在小集镇规划区内，任何国家机关、个人未经党委政府和有关部门审批，不得私自占有国家建设用地，影响规划。违者将依法追究责任和强行拆除，并罚款5000元至10000元。临时用地占用费按照县政府规定的标准收取占用费。

**第五条** 土地属国家、集体所有。村民所承包的责任田地，未经有关部门批准，不得作为非农业生产及建房使用，违者责令其复耕。如不执行者，申请土地执法部门处理。由此造成的一切责任由当事人承当。珍惜和合理利用耕地，杜绝承包地丢荒。解放思想，更新观念，走科教新乡的发展路子。学科学用科学，勤积肥勤造肥。逐年提高粮食产量。

## 第三章 教育与卫生

**第六条** 继承和发展传统美德，尊老爱幼，尊师重教。讲文明、讲道德、讲诚信、讲秩序、讲礼貌。邻里之间团结互助，和睦相处，夫妻之间相互谦让，互敬互爱，形成人人户户讲卫生遵规守纪的良好习惯，自觉做到自家门前清，实行"三包制"（包门前卫生清洁、门前维护秩序、门前整治容貌）。若不执行者情节轻微者，进行批评教育，责令其整改，若情节严重者，依法处罚200元至1000元的罚款。

**第七条** 重视发展民族教育，全力支持教育事业。牢固树立不重视教育的民族是一个落后民族的思想，父母依法送子女入学接受义务教育，加强对子女的教育与管理。适龄儿童、少年依法完成义务教育。严格执行《独龙江乡关于义务教育阶段提高学生巩固率的实施办法》，掀起全乡党委重教，政府兴教，形成齐抓共管教育的良好局面。

## 第四章 环境保护与治安管理

**第八条** 环境保护人人有责，护林、造林，绿化家乡。严禁乱砍滥伐，严禁偷捕盗猎。保护动植物资源，保护好自己的家园，做到人与自然和谐发展，在保护中求发展。

**第九条** 村民尽量不使用塑料袋，每户村民的生活垃圾要自觉放入垃圾桶，严禁随意倾倒垃圾。实行清洁种植和养殖，大力发展生态农业，科学使用化肥，化学农药等；有效控制化肥，农药使用量。实行清洁养殖，做到人畜分离、不得散养禽畜，并自觉做好家畜的卫生防疫工作，发展生态养殖，尽量减少养殖排泄物对环境的污染。

**第十条** 保护好独龙江流域，遵守《渔业法》。严禁使用触鱼器、鱼头精、炸药等毁灭性方式捕鱼，破坏渔业资源（每年 3～9 月，严禁捕杀濒危鱼种扁头鱼，禁止一切与扁头鱼相关的买卖活动）。违者依法没收作案工具和非法所得，并处 2000 元至 8000 元的罚款。鼓励群众举报，对于举报者，经调查属实，给予罚款数额的 50% 奖励。

**第十一条** 做学法、知法、守法的公民。自觉维护法律的权威和尊严。同一切违法犯罪行为作斗争。不抢夺、不赌博、不酗酒滋事、不偷蒙拐骗、不打架斗殴。严禁横行霸道、为非作歹，严禁侮辱和诽谤他人，严禁造谣惑众拨弄是非等不良行为，严禁故意破坏桥梁、公路、水利、供电、广场等公共基础实施。自觉维护社会治安秩序、维护社会安定团结。

**第十二条** 外来人员未经有关部门批准，不准在我乡境内直接采挖药材或其他破坏资源的活动，违者没收实物及违法所得，并处 2000 元至 8000 元的罚款。

## 第五章 婚姻、家庭生活

**第十三条** 提倡婚姻自由，反对婚姻包办、婚姻买卖。严格遵守《中华人民过共和国婚姻法》，依法办理婚姻登记手续，婚龄男方不早于 22 岁，女方不早于 20 岁。

**第十四条** 坚持勤俭节约，反对铺张浪费。坚持婚事新办，丧事从俭。不搞陈规旧俗，提倡健康、文明的生活方式。

**第十五条** 坚决执行计划生育，提倡晚婚晚育，少生优生，少生快富。坚决杜绝超生、抢生、非婚生育、偷生等非法生育。对于超生的，根据《云南省社会抚养费征收管理规定》收取社会抚养费如下：

（一）非农业人口夫妻违法多生育一个子女的，对双方分别按照上年度全省城镇居民年人均可支配收入的 5 倍至 10 倍计征。

（二）农业人口夫妻违法多生育一个子女的，对双方分别按照上年度怒江州农民人均收入的 5 倍至 8 倍计征。

（三）违法多生育一个子女的夫妻，一方是非农业人口，另一方是农业人口的，按照前（一）（二）项分别计征。

**第十六条** 不准遗弃、虐待老年人。对无劳动能力、无固定收入的老年人，其子女必须尽赡养义务。父母承当未成年或无生活能力子女的抚养教育，不准遗弃、虐待病残儿、继子女和收养子女。夫妻在家庭中的地位平等，反对男尊女卑，反对家庭暴力，不准打骂配偶，夫妻双方和睦相处，共同承当生产、家务劳动，共同管理家庭财产。

**第十七条**　在实施"整乡推进整族帮扶"六大工程中，始终坚持勤劳致富，反对懒惰行为，进一步破除等、靠、要的思想，坚持艰苦奋斗，自力更生，依靠科技发展生产，永怀感恩之心，永远坚定跟党走的信心，立足现有条件带头争先致富。

**第十八条**　建立正常的人际关系，不搞宗派和宗教活动。不听、不传、不信反动言论，不看淫秽和不健康的书刊和音像等。

## 第六章　遵守法律法规

**第十九条**　增强法制观念和国家意识，自觉遵守《边境管理条例》，严禁非法出入境，自觉维护边境稳定。

**第二十条**　坚决执行党的宗教政策，不参加非法宗教活动，不参加邪教组织。严禁跨境、跨区域进行宗教活动。严禁父母带学生入堂信教。信教群众与不信教群众之间要加强团结，和睦相处。

**第二十一条**　改变观念，树立市场经济意识，公平合理买卖，促进商品流通，繁荣城乡市场经济。

**第二十二条**　崇尚科学，反对迷信。正确看待自然现象、生老病死。生病疼痛，及时就诊就医。

## 第七章　其他

**第二十三条**　违反《村规民约》的，按照情节轻重，给予相应的处罚，违法犯罪的移送司法机关处理。

**第二十四条**　本《村规民约》自 2013 年 1 月 9 日起实行。

# 附录3　巴坡村《村规民约》

为推进巴坡村民主法制建设，维护社会稳定，树立良好文明新风，创造安居乐业的社会环境，促进经济发展，经村民代表大会讨论，制定以下村规民约：

## 一、人口动态管理

认真遵守户口管理规定，出生、死亡要及时申报或注销；外来人员需要在本村短期居住的，应向村委会汇报，办理居住手续，外嫁的妇女要及时向派出所办理户口迁出手续，迁入户必须通过村民代表大会后才能迁入，不按程序者不得办理迁入手续。

## 二、土地管理

发展好畜牧业，要养好、管理好牲畜，严禁牲畜践踏他人的林下产业和庄稼，如发现牲畜践踏林下产品和庄稼，按造价进行赔偿（价格为：草果小苗：5元/苗；草果中苗：8元/苗；草果大苗：15元/苗；）严禁故意伤害牲畜。

村与村、组与组、户与户之间的林地均按照林改划分时为准执行。若出现组与组、户与户、商业开发用地等情况所占用地一方上交给被占用农户管理费，费用自行商量确定；占用到集体林地的按照所占用面积上交给被占用村小组管理费（具体金额由各小组商量确定，管理费被纳为集体经济）。

### 三、村民建房

#### （一）要严格建房审批程序

自2018年7月1日起，全乡辖区内一律禁止未经审批擅自建房行为（包括临时建筑物和构筑物），严禁一切违法违规建设行为。全乡辖区内确实需要改扩建的，依法依规按程序办理用地、建房等相关手续，并严格按照《贡山县独龙江乡旅游型特色小镇规划（2012—2030）》进行设计建设。必须办理《乡村建设规划许可证》和《村镇房屋建设准建证》。要严格执行审批制度，严格实行农村宅基地计划管理和"一户一宅"制度，严格执行农村居民宅基地审批权限，农村居民需要使用宅基地的，应当向本集体经济组织提出申请，经村民大会讨论表决通过公示后，报乡土地行政管理机构初审，经乡人民政府和县国土资源行政主管部门审核，报县人民政府批准后方可建设住房。严禁非法交易、转让农村宅基地，严禁未批无序私搭乱建住房。同时，要严格按照独龙江乡建筑外观式样规划要求，切实做好独龙江乡特色小镇建筑民族风貌打造工作。

#### （二）申请

村民个人建房以户为单位、统一建房以项目为单位，向户口所在地村民委员会提出书面申请。统一建房申请应当附参加的家庭名单及其户主签名。

申请建房应当符合下列条件：

同户中兄弟姐妹或者子女已达到法定结婚年龄要求分户的；

原有住房因自然灾害等原因灭失或损坏，进行灾后恢复重建的，因受地质灾害威胁或不适宜居住等原因需要易地搬迁新建的；

属危旧住房需要拆除重建的；

原有宅基地因工程建设、城市发展等被征收、征用需要易地新建的；

按照规划调整宅基地，需要易地新建的；

现有宅基地面积不足当地规定面积标准的80%，需要在原址改建、扩建或者易地新建的；

州（市）、县（市、区）人民政府规定的其他情形。

村民个人建房和统一建房应当由村民委员会签署意见。村民委员会接到村民建房申请后，可按照村庄建设规划或者宅基地使用方案进行审查，审查通过后，在该户所在村民小组张榜公布，公布时间为10日。公布期间无异议的，村民委员会应当在个人建房申请书上签署意见，并报送乡（镇）人民政府或者街道办事处。张榜公布期间有异议的，村民委员会应当召开村民会议或者村民代表会议讨论决定。尚未制定建设规划和宅基地使用方案的村庄，接到建房申请后，村民委员会应当召集村民会议或者村民代表会议讨论决定。建房应服从村里建设规划，经村委会和上级有关部门批准，统一安排，不得擅自动工，不得违反规划或损害四邻利益。

## 四、村风民俗

提倡社会主义精神文明，移风易俗，反对封建迷信及其他不文明行为，树立良好的民风、村风。红白喜事按照红白喜事理事会章程进行，喜事新办，丧事从俭，破除陈规旧俗，反对铺张浪费、反对大操大办。不请神弄鬼或装神弄鬼，不搞封建迷信活动，不听、看、传淫秽书刊、音像，不参加非法组织。建立正常的人际关系，不搞宗派活动，反对家族主义。积极开展文明卫生村建设，搞好公共卫生，加强村容村貌整治，严禁随地乱倒乱堆垃圾、秽物，修房盖屋余下的垃圾碎片应及时清理，柴草、粪土应定点堆放。违反上述规定的给予批评教育，出具检讨书，情节严重的交上级有关部门处理。

## 五、邻里关系

村民之间要互尊、互爱、互助、和睦相处、建立良好的邻里关系。

在生产、生活、社会交往过程中，应遵循平等、自愿、互惠互利的原则，发扬社会主义新风尚。

邻里纠纷，应本着团结友爱的原则平等协商解决，协商不成的可申请村调解委调解，也可依法向人民法院起诉，树立依法维权意识，不得以牙还牙，以暴制暴。

## 六、婚姻家庭

遵循婚姻自由、男女平等、一夫一妻、尊老爱幼的原则，建立团结和睦的家庭关系。

婚姻大事由本人做主，反对包办干涉，男女青年结婚必须符合法定结婚年龄要求，提倡晚婚晚育。

自觉遵守计划生育法律、法规、政策，实行计划生育，提倡优生优育，严禁无计划生育或超生。

夫妻地位平等，共同承担家务劳动，共同管理家庭财产，反对家庭暴力。

父母应尽抚养、教育未成年子女的义务，禁止歧视、虐待、遗弃女婴，破除生男才能传宗接代的陋习。子女应尽赡养老人的义务，不得歧视、虐待老人。

## 七、交通安全

凡拥有机动车驾驶执照的村民（包括：摩托、小车、面包车、大车、拖拉机），必须做到喝酒不开车，开车不喝酒的理念，不能抱有侥幸心理。严禁酒驾、醉驾、超载、超速的现象发生，必须做到安全驾驶。

不得在公路上打场晒粮，挖沟开渠，堆积粪土，摆摊设点，不得在公路上乱砸酒瓶，不得以任务理由妨碍交通秩序。

## 八、公共卫生

保持饮水卫生，不准在水源区或水池内清洗脏物（衣、裤、蔬菜及其他食物等）、洗澡。违者除责成其洗水池外并罚款200元。

对于有病的牲畜，不准出卖，对于病死牲畜要深埋村外。否则，罚款200元一户。

保持村容清洁卫生，不准在村里巷道、公路和村公共场所等堆放猪、牛栏肥，违者除限期予以清除外，罚款50元至100元。

## 九、水利和村公共设施

不准任何人毁坏堤坝、田埂和山水主要流域等综合水利基础设施，违者除责其恢复原状外，并处罚款200元至500元。

村民都有维护村公共财产的责任和义务，对于损毁村公共财产的除责令其恢复原状外，同时处罚款500元至1000元。

## 十、森林和防火

护林防火，人人有责。万一发现野外火源，村民都要设法在第一时间里向村两委报告，接到火警的任何人都要在最短时间内找广大群众赶赴现场扑火。

村民野外用火发生火灾损失的，除应赔偿由此带来的一切经济损失外，视情节轻重予究法律责任。

凡擅自盗伐集体和个人林木者，视情节轻重，罚被盗伐林木价值的2至5倍；夜间盗伐林木者，加倍处罚。

自然灾害（大风、大雨、暴雨、风雪、冰雹等）毁坏的林木，任何人不准进山哄抢。捡到归还集体的，给予奖励；否则，按照盗伐林木条款处罚。

凡有田埂、坝堤垮塌，需砍伐林木兴修者，必须经村委会批准后方能砍伐。未经批准擅自砍伐者，按照本章盗伐林木条款处理。

凡在省级公益林区内禁止盗伐，禁止捕猎，禁止挖药材，禁止带入烟火。违规者，视情节轻重予究法律责任。

## 十一、社会治安

每个村民都要学法、知法、守法、自觉维护法律尊严，积极同一切违法犯罪行为作斗争。

村民之间应团结友爱，和睦相处，不打架斗殴，不酗酒滋事，严禁侮辱、诽谤他人，严禁造谣、惑众、拨弄是非。

自觉维护社会秩序和公共安全，不扰乱公共秩序，不阻碍公务人员执行公务。

严禁偷盗、敲诈、哄抢国家、集体、个人财务，严禁赌博、严禁替罪犯藏匿赃物。

严禁非法生产、运输、储存和买卖爆炸物品；经销烟火、爆竹等易燃易爆物品须经公安机关等有关部门批准。不得私藏枪支弹药，拾得枪支弹药、爆炸物品，要及时上缴公安机关。

爱护公共财产，不得损坏水利、道路交通、供电、通信、生产等公共设施。

严禁非法限制他人人身自由或非法侵犯他人住宅，不准隐匿、毁弃、私拆他人邮件。

严禁私自砍伐国家、集体或他人的林木，严禁损害他人庄稼、瓜果及其他农作物，加强牲畜看管，严禁放浪猪、牛、羊。

对违反上述治安条款者，触犯法律法规的，报送司法机关处理。尚未触犯刑律和治安处罚条例的由村委会批评教育，责令改正。

## 十二、消防安全

加强野外用火管理，严防山火发生。

家庭用火做到人离火灭，严禁将易燃易爆物品堆放户内、寨内，定期检查、排除各种火灾隐患。

加强村寨防火设施建设，定期检查消防池、消防水管和消防栓，保证消防用水正常。

对村内、户内电线要定期检查，损坏的要请电工及时修理、更新，严禁乱拉乱接电线。

加强村民尤其是少年儿童安全用火用电知识宣传教育，提高全村消防安全知识水平和意识。

## 十三、违反惩戒

（1）不参加义务劳动、不支持公益事业建设者。

（2）不赡养老人、不管教子女，有家暴情形者。

（3）破坏生态、乱砍滥伐、乱捕乱猎、退耕还林复耕（高杆）者。

（4）不缴纳合作医疗、养老保险者。

（5）子女在义务教育阶段辍学、"两后生"不接受职业教育者。

（6）吸毒、贩毒、赌博和从事淫秽色情、封建迷信活动者。

（7）好吃懒做，有地不耕，有活不做。

（8）用惠农补贴捐献奉养教堂教牧人员，带未成年子女进教堂者。

（9）偷鸡摸狗、酗酒闹事、打架斗殴、拉帮结派者。

（10）焚烧秸秆、使用除草剂及乱用农药、乱扔乱弃塑料袋、玻璃瓶、环境卫生脏乱差者。

（11）私搭乱建、违规抢种苗木、违规交易土地者。

（12）挑拨邻里、违法上访、传播谣言者。

（13）不执行村两委重大决策者。

违反以上"13条"规定的人员进行公开曝光、重点通报，并采取惩戒措施。以户为单位，进行"黑名单"管理，考察期为三个月，在考察期内取消该户享受国家惠农政策补助，将扣发补助资金列为村集体经济收入，村两委也不为该户办理任何相关手续，该户如有红白两事，村两委不支持帮助，不提供方便。直到考察合格，取消"黑名单"，才能恢复其享有的权利。

本村规民约，若有与国家法律、法规相抵触之处应以国家法律法规为准。本村规民约从公布之日起实施，最终解释权归村委会所有。

巴坡村委会

2018 年 7 月 19 日